BUR
Rizzoli

Jana Randow
Alessandro Speciale

Mario Draghi
l'artefice

La vera storia dell'uomo che ha salvato l'euro

BUR Rizzoli saggi

Pubblicato per

BUR Rizzoli

da Mondadori Libri S.p.A.

ISBN 978-88-17-15475-8

Traduzione di Elena Cantoni per Studio Editoriale Littera

Prima edizione Rizzoli: 2019
Prima edizione BUR: gennaio 2021
Seconda edizione BUR Saggi: febbraio 2021

Realizzazione editoriale: Studio Editoriale Littera Rescaldina (MI)

Prefazione

di Christine Lagarde

Per me è un privilegio scrivere la prefazione di questo libro, che mette in luce gli straordinari risultati del mandato di Mario Draghi come presidente della Banca centrale europea.

Qual è stato il suo contributo personale alla BCE e, più in generale, all'economia globale? Troverete la risposta completa ed esaustiva nelle pagine di questo volume, scritto e meticolosamente documentato da Jana Randow e Alessandro Speciale.

Ma, in estrema sintesi, ritengo che il suo contributo sia riassumibile nei tre elementi chiave della sua gestione: intelligenza, integrità e leadership.

Per cominciare, l'intelligenza. Come si è guadagnato l'affettuoso nomignolo di «Super Mario»? Semplice: perché è superintelligente.

Governare una banca centrale posta alla guida di diciannove economie diverse, con 340 milioni di europei e un PIL di oltre 11.000 miliardi di euro non è un'impresa facile. La BCE punta a portare allo stesso livello l'inflazione media di tutti i Paesi dell'eurozona, ciascuno dei quali, in un dato momento, si trova in una determinata fase del ciclo economico. E se già così il suo compito non fosse abbastanza complesso, la banca centrale è anche responsabile del Meccanismo di vigilanza unico, ed è tenuta a mantenere la più rigorosa indipendenza tra le sue funzioni di vigilanza e di politica monetaria, garantendone al tempo stesso un funzionamento armonico.

Insomma, stiamo parlando di un'istituzione davvero unica, e solo l'intelligenza, la perizia tecnica e le grandi capacità diplomatiche di Mario potevano permettergli di gestirla così bene e con tanta efficacia.

Perché quelle sue tre parole – «Whatever it takes» – sono considerate le più potenti nella storia delle banche centrali? Per l'integrità e la credibilità di chi le ha pronunciate. Il peso delle parole dette quel giorno – io ero presente – rispecchiava appieno la sua capacità e disponibilità a prendere tutte le misure necessarie in una partita la cui posta in gioco era la più alta possibile: la sopravvivenza dell'unione monetaria europea e il futuro economico dell'eurozona.

Per questo non sorprende che quando Mario parla tutti gli prestino ascolto. Insieme abbiamo partecipato a moltissimi summit e riunioni ai quattro angoli del mondo, e si poteva sempre contare su di lui per mettere fine alla (frequente) cacofonia, identificare i problemi chiave e proporre soluzioni in modo chiaro e succinto.

Mario Draghi usa «le conoscenze dell'analisi teorica come guida per l'azione pratica», la definizione stessa dell'economia politica nella formulazione dell'illustre economista italiano e suo primo mentore, Federico Caffè.

E poi c'è il suo carisma di leader, che gli ha permesso di condurre la BCE, e in un certo senso l'intera eurozona, fuori da un periodo di crisi cruciale – esistenziale, addirittura – rendendola più forte di prima.

Se lo chiedete a lui, Mario vi dirà che questi traguardi non sono merito suo, ma dell'istituzione e del suo staff. Il garbo e la generosità sono tratti caratteristici della sua leadership, insieme al coraggio e alla sicurezza.

È stato un grande piacere leggere questo resoconto dell'operato del mio amico Mario. Come disse Dante, «noi non potemo perfetta vita avere sanza amici».

Mario Draghi
l’artefice

Introduzione

È quasi un cliché: un uomo potente – quasi sempre si tratta di un uomo – guarda fuori dalla finestra del suo ufficio. Segue una descrizione del panorama mozzafiato che si spalanca ai suoi piedi, di solito carica di velate allusioni alle sfide e alle responsabilità del suo alto compito. È improbabile, tuttavia, che Mario Draghi indugi troppo sul potenziale simbolico della vista dal suo ufficio. La sua scrivania è rivolta verso il centro della stanza, perciò a godersi il panorama sono gli interlocutori che gli siedono di fronte. Lui è un uomo indaffarato, pragmatico, senza contare che il suo incarico lo costringe spesso a lasciare il quarantesimo piano della sede della Banca centrale europea, nonché Francoforte stessa.

In un certo senso è un peccato. La vista dal suo ufficio è davvero notevole. Domina la scena il piccolo agglomerato di grattacieli concentrati nel distretto finanziario della città, imponenti ma non mastodontici, visto che ben pochi superano i 185 metri della BCE. Come un borgo medievale abbarbicato tra castello e cattedrale, con il potere temporale e quello spirituale che si guardano da colline opposte, la città vecchia di Francoforte, ricostruita dopo la guerra, sorge tra la cittadella finanziaria e le solitarie torri della Banca centrale. L'orizzonte è chiuso dai modesti rilievi del Taunus mentre, in cielo, gli aerei che attendono di atterrare all'aeroporto cittadino si allineano come grani di un rosario.

Ai piedi della struttura di vetro e acciaio della Banca centrale, un ponte ferroviario attraversa il fiume Meno e conduce a un terminal brulicante di container. Ma questo promemoria dell'economia reale che sta alla base delle prestidigitazioni finanziarie di «Bankfurt» – l'odiato soprannome affibbiato alla città – resta perlopiù nascosto alla vista di Draghi, occultato dalla mole del palazzo della BCE. A chi volesse leggerci qualcosa di più di una semplice coincidenza, il banchiere rammenterebbe gli oltre dieci milioni di posti di lavoro creati nell'eurozona negli ultimi sei anni. La prova che, nel corso del suo mandato, lui ha tutt'altro che trascurato l'economia reale.

Al di là del panorama, chiunque si trovasse a visitare il penultimo piano della torre sud della BCE dovrebbe guardarsi anche dal cercare messaggi nascosti nell'arredo dell'ufficio. Certo, la grande cartina dell'Europa rinascimentale che occupa una delle pareti intorno al tavolo da riunioni non è messa lì per caso. Però c'era già ai tempi del predecessore di Draghi, Jean-Claude Trichet. La grossa moneta esposta nell'angolo era stata donata al primo presidente della BCE, l'olandese Wim Duisenberg. È la replica di un tallero del tardo Seicento, e reca l'incisione di una vista di Francoforte e del fiume Meno. Draghi decise di conservarle entrambe nel 2011, quando Trichet gli passò il testimone, e poi tre anni dopo, quando si trasferì nella nuova sede della Banca centrale europea, dalla parte opposta della città. A tutt'oggi sono questi i due elementi della stanza che più catturano l'attenzione.

Per trovare tracce dell'impronta lasciata da Mario Draghi nei suoi otto anni alla BCE bisogna concentrarsi su oggetti meno vistosi, disposti con discrezione tra i libri: l'elmetto prussiano donatogli dal giornale tedesco «Bild»; la stella di vetro che racchiude un esemplare della nuova banconota da 5 euro, entrata in circolazione nel 2013; il modellino di una Citroën, seminascosto su uno scaffale in basso.

Nel prepararsi a lasciare il timone dell'unione monetaria europea, Draghi non sembra preoccuparsi troppo del giudizio dei posteri, ma un possibile indizio di come sarà ricordato nei libri di storia spicca sul mobiletto posto sotto la cartina dell'Europa: la targa di cui è stato insignito in occasione della sua ultima visita ufficiale al Parlamento europeo. «Al presidente Mario Draghi, per aver salvato l'euro» recita l'incisione.

Se resisterà alla prova del tempo, l'impresa di aver tenuto insieme l'intricatissimo mosaico di diciannove nazioni, ciascuna con una propria lingua e cultura, una propria economia e un proprio sistema giuridico e politico, a fronte della peggiore crisi finanziaria dal secondo dopoguerra, si imporrà senz'altro come il maggior successo ottenuto dopo l'istituzione stessa della moneta unica. Quel che è già certo è che, in un momento storico in cui i politici e persino i cittadini della UE sembravano rassegnati al pessimismo, al declino e al possibile fallimento dell'audace progetto sorto dalle ceneri della Seconda guerra mondiale, Draghi ha saputo indicare una via pratica per uscire dalla crisi, e almeno un accenno di direzione futura.

Tutto questo assume un'aura quasi mitica se si considera che il suo nocciolo programmatico consiste di tre parole – «Whatever it takes», tutto il necessario –, pronunciate nell'estate del 2012 a Londra, quando il tracollo della Grecia sembrava destinato a contagiare altri Paesi dell'eurozona e la moneta unica pareva spacciata. L'importanza di quella dichiarazione d'intenti fu evidente fin da subito. Il punto di svolta nella crisi europea, secondo molti. «Un colpo da maestro» nell'opinione di Stanley Fischer, mentore di Draghi ed ex vicepresidente della Federal Reserve americana.

A uno sguardo più attento, però, il quadro si complica. In senso stretto, salvare l'euro non rientrerebbe nelle responsabilità del presidente della BCE, carica di cui l'economista italiano è solo il terzo detentore. Il suo compito, stando ai dettami dell'Unione Europea, era di mantenere la stabilità dei prezzi nell'eurozona: l'inflazione «su livelli inferiori ma prossimi al 2 per cento nel medio termine», per la precisione. E in questo Draghi ha avuto meno successo dei suoi due predecessori, Trichet e Duisenberg. Durante il suo mandato l'inflazione si è attestata a una media dell'1,2 per cento, contro il 2 per cento registrato dal 1999 fino al suo arrivo a Francoforte.

In realtà, viene da chiedersi di quale inflazione avrebbe senso parlare se l'euro stesso fosse venuto a mancare. Che la dinamica dei prezzi negli anni di Draghi sia stata più debole rispetto a quelli dei suoi predecessori in larga parte è conseguenza del fatto che l'italiano ha dovuto raccogliere i cocci della peggiore recessione degli ultimi settant'anni, evitare la dissoluzione dell'euro e combattere la deflazione. E di certo nessuno potrebbe accusarlo di non essersi impegnato con tutte le sue forze. Tassi di interesse negativi mai tentati prima da nessun'altra grande banca centrale, acquisti di asset finanziari per oltre 2500 miliardi di euro, miliardi prestati alle banche a condizioni estremamente favorevoli: Draghi ha dato fondo a quasi tutti i nuovi strumenti escogitati dalla moderna politica monetaria, sfidando i limiti di ciò che si può fare in un'economia disomogenea di Stati sovrani discordanti e impegnati in continue schermaglie.

All'inizio i detrattori – in genere indottrinati dall'ortodossia monetaria della Bundesbank tedesca – avevano pronosticato che inondare l'eurozona con denaro a basso costo si sarebbe ritorto contro la BCE, scatenando un'inflazione galoppante. Quando questa profezia si è dimostrata sbagliata e l'inflazione è scesa persino sotto lo zero, i suoi critici sono passati a sostenere che la deflazione non era un rischio reale. Viene da chiedersi cosa sarebbe accaduto se la BCE – ovvero Draghi – avesse dato retta ai paladini della linea dura tedesca che facevano leva sulla memoria collettiva dell'iperinflazione in Germania negli anni Venti, dimenticando che era stato il breve fenomeno deflattivo successivo ad aprire davvero le porte del potere ai nazisti.

Una cosa è certa: la deflazione, l'incubo degli economisti, uno scenario in cui la costante diminuzione delle aspettative aggrava la povertà generale a una velocità maggiore del calo dei prezzi, è stata sventata. Ma, nonostante tutte le misure di stimolo approntate dalla BCE, il rialzo dei prezzi procede ancora a passo di lumaca, e la crisi ha dimostrato che un'inflazione vicina al 2 per cento da sola non basta, sul lungo termine, a sostenere una struttura complessa e ardita come l'euro.

L'Europa ha bisogno di crescita economica, ha ripetuto spesso Draghi. Su questo fronte il verdetto è decisamente più positivo. L'economia ha recuperato il terreno perso nel corso di due recessioni, la disoccupazione non è quasi mai stata così bassa, consumi e investimenti continuano a crescere. «È difficile essere pessimisti oggi perché la situazione attuale mostra segni di forza» è il messaggio mandato da Draghi nell'estate del 2019.[1]

Ma c'è anche un'altra storia da raccontare, una che non nasce nell'eurozona e che è senz'altro meno ottimistica. L'imprevedibile agenda politica degli Stati Uniti sotto Trump; lo spauracchio di una guerra commerciale globale; la transizione della Cina da Paese fortemente dipendente dalle esportazioni a potenza mondiale sempre più autonoma; il rischio crescente di un'uscita caotica della Gran Bretagna dall'Unione Europea; le spaccature interne all'Unione stessa: tutti questi fattori stanno cominciando a incidere sull'economia. Per più di un anno Draghi e i suoi colleghi si sono accontentati di osservare questi sviluppi. È quello che chiamano ignorare il rumore in attesa che si definisca un segnale. Ma a un certo punto arriva il momento in cui è necessario intervenire per proteggere l'economia europea e assicurarsi che la crescita non si arresti.

Per i detrattori, il cambio di rotta di Draghi è la prova che la sua strategia era destinata a fallire sin dall'inizio.

Gli appelli di chi chiedeva di mettere fine a un periodo di sostegno monetario senza precedenti erano caduti nel vuoto nel 2017, quando si registrava la crescita più rapida da un decennio ma l'inflazione era ancora debole. Adesso trovare rimedi efficaci sarà ben più arduo. L'arsenale della BCE è agli sgoccioli, e non è chiaro quale strategia la Banca centrale potrà adottare per fornire un aiuto sostenibile all'economia senza venir meno al proprio mandato. Certo non aiuta il danno inferto alla sua reputazione in alcune parti dell'unione monetaria: in Italia, per esempio, ma per motivi opposti anche in Germania.

Dunque Draghi lascerà la BCE più debole di come l'ha trovata quando ne ha assunto la presidenza, otto anni fa? Probabilmente no. È pressoché innegabile che senza il sostegno della BCE oggi la crescita sarebbe molto più debole, se non addirittura inesistente. Malgrado i tanti rischi, le proiezioni odierne danno un'economia in crescita. Di sicuro uno dei compiti principali che Draghi lascia in eredità al suo successore sarà quello di inventare nuovi strumenti per riempire una cassetta degli attrezzi – il *toolbox* della politica monetaria, come lo chiamano abitualmente gli analisti – ormai quasi vuota. Ma il fatto che oggi la Banca centrale europea sia più potente rispetto a otto anni fa non è in discussione.

Gli eventuali dubbi in merito alla sua determinazione, alla sua capacità di prendere decisioni autonome e a largo raggio sono stati dissipati. Il credito di cui gode presso i leader della UE è alto (anche troppo, creando una sorta di riflesso pavloviano per cui i politici chiedono aiuto a Francoforte ogni volta che qualcosa va storto). La sua sfera di influenza si è ampliata, i suoi strumenti si sono fatti più incisivi e diversificati, l'organizzazione interna è stata potenziata per rispondere alla sfida di gestire la seconda valuta più importante del mondo.

Ma al tempo stesso la BCE è anche diventata più

vulnerabile, e non soltanto perché aver assunto la vigilanza sulle principali banche private della regione la espone a cadute di credibilità e a conseguenze legali ogni volta che persino il più piccolo istituto bancario locale annaspa o fallisce. L'acquisto di migliaia di miliardi di euro di debito pubblico ha dato un peso sproporzionato alla BCE nel mercato obbligazionario, e l'impatto delle sue decisioni in merito ai finanziamenti agli Stati ne fa il bersaglio per eccellenza delle ire dei politici eletti di volta in volta ai governi. A detta degli scettici, ad andarci di mezzo sarà la sua indipendenza, anche se proprio l'indipendenza della Banca centrale ne fa il parafulmine ideale dei governi a caccia di un capro espiatorio per le sofferenze economiche del proprio Paese. E a maggior ragione quando le sue decisioni devono puntare al bene delle diciannove euronazioni nel loro complesso. Ciò significa che almeno una di queste (e più spesso parecchie) avrà sempre motivo di lagnarsi. Un certo grado di squilibrio è un elemento intrinseco del sistema.

La domanda fondamentale resta aperta: l'euro è destinato a durare? Draghi è davvero riuscito a salvarlo? «È presto per dirlo» risponderebbero i saggi. Ma sarebbe una scappatoia troppo facile. Dopotutto possiamo pur sempre valutare la situazione allo stato attuale.

In un certo senso, tutte le politiche implementate da Draghi dall'estate del 2012 sono state la conseguenza delle parole pronunciate a Londra. «Tutto ciò che ha fatto in termini di politica monetaria nel suo complesso aveva lo scopo di tenere in vita questa struttura» dice Mervyn King, governatore della Bank of England dal

2003 al 2013. «In altre parole, quel "Faremo tutto il necessario" non è stato soltanto un'indicazione del momento per rispondere alla crisi. È stato l'obiettivo prioritario di tutto il suo mandato.»

Non c'è dubbio che oggi l'euro sia più forte. Non soltanto è riuscito a conservare tutti i suoi Stati membri, compresa la Grecia, malgrado la crisi peggiore nella sua breve storia, ma si è esteso per includere Lettonia e Lituania, con altri Paesi dell'Europa orientale in lizza per seguirne l'esempio. È stato istituito ed è operativo un fondo salva-Stati. Almeno sulla carta esiste un certo grado di disciplina e coordinamento delle politiche economiche. Il fatto che gli istituti di credito dell'intera area siano supervisionati dalla BCE ha esorcizzato quella scarsa fiducia nelle istituzioni nazionali che induceva gli investitori a temere che ci fosse del marcio nei libri contabili di qualsiasi banca. E sebbene nel 2012 ci fosse chi dava per imminente la scomparsa dell'euro, né Draghi né i vertici delle banche centrali nazionali hanno mai anche solo preso in considerazione l'ipotesi. «Nessuno di noi ha mai davvero creduto che l'euro sarebbe crollato» dice Yannis Stournaras, ministro delle Finanze greco dal 2012 al 2014 e poi governatore della banca centrale del suo Paese.

Ma anche tenuto conto dei progressi conseguiti dai governi nel corso di innumerevoli, estenuanti summit a Bruxelles, sul fronte politico resta ancora molto da fare per rendere più efficiente la politica monetaria. L'eurozona non dispone ancora di un bilancio unico che le permetta di compensare gli effetti degli anni negativi con quelli degli anni positivi; l'unione bancaria è incompleta; permangono limitazioni al libero flusso di capitali, merci e lavoratori nella regione, il che rende fragile l'economia dell'euroblocco e acuisce le differenze interne invece di smussarle.

Quando le cose vanno male, la reazione automatica di investitori e uomini d'affari (per non parlare dei politici) è ancora quella di asserragliarsi entro i confini nazionali. Certo, le elezioni europee della primavera del 2019, cinque mesi prima della fine del mandato di Draghi, hanno segnato una battuta d'arresto per i populisti euroscettici, dimostrando che il progetto congiunto che tiene unito il continente è ancora importante per 340 milioni di cittadini dell'eurozona. Ma il messaggio dei nazionalisti conserva comunque una forte attrattiva. «Riprendiamoci il controllo» è uno slogan che trova risonanza tra quanti vorrebbero recuperare la sovranità sui propri affari e guardano con sospetto alle decisioni prese a Bruxelles o nelle capitali dei principali Stati dell'Unione.

In nessuno Stato europeo queste correnti sono più forti che in Italia, Paese d'origine di Draghi. I suoi tanti successi hanno un retrogusto amaro se si pensa che proprio nella terza maggiore economia della regione, nonché uno dei membri fondatori della UE, l'euroscetticismo si è radicato presso una significativa minoranza della popolazione e, cosa per lui ancora più preoccupante, in buona parte della classe dirigente.

Da un certo punto di vista, l'ondata nazionalistica che sulla scia della crisi ha spazzato l'Europa è la reazione logica alle tante carenze che la crisi stessa ha portato allo scoperto. E ha dimostrato particolare virulenza in Italia, un Paese che nel 1999, dopo una serie di riforme e innovazioni, era riuscito a essere tra i primi undici a adottare l'euro, ma che in seguito si è dimostrato incapace di cogliere le principali opportunità offerte dalla moneta unica – il crollo del costo del suo gigantesco debito pubblico e un vasto mercato per i suoi beni e servizi –, trascurate dalle élite politiche e finanziarie nazionali.

Allo scoppio della crisi l'Italia viveva già da decenni una situazione di ristagno e di lento declino economico: un terreno fertile per i populisti e per il loro vagheggiamento di uscire dall'unione monetaria o di infrangere il delicato sistema di regole che ne sta alla base. Le elezioni che nel 2018 hanno portato al governo la Lega e il Movimento 5 Stelle hanno lasciato Draghi, per due decenni abile navigatore della politica italiana, quasi del tutto privo di influenza sulla nuova classe dirigente, e pressoché impotente nel raddrizzarne la rotta. Di tanto in tanto il presidente della BCE offre un consiglio ai pochi che, come il capo dello Stato Sergio Mattarella e il sottosegretario alla presidenza del Consiglio Giancarlo Giorgetti, sono ancora interessati al suo parere, ma spesso le sue raccomandazioni si perdono nel frastuono dell'infuocato dibattito politico italiano. Quanto alle altre figure del governo uscente, per lui si tratta in gran parte di illustri sconosciuti. Giovanni Tria, il professore messo al timone del ministero delle Finanze per rassicurare i mercati, Draghi non l'aveva mai incontrato prima della sua nomina. Il collasso del governo gialloverde e la fragile alleanza tra Movimento 5 Stelle e Partito democratico hanno raccolto, almeno all'inizio, la fiducia dei mercati, ma basteranno i primi accenni di litigiosità e paralisi a rovesciare il giudizio.

Forse varrebbe la pena ricordare a Roma che l'Italia potrebbe avere in mano la chiave del futuro dell'Europa e della prosperità delle generazioni a venire. Tutta questione di proporzioni. La sua economia rappresenta circa il 15 per cento dell'eurozona, il suo debito quasi un quarto. Un debito pubblico di poco più di 2000 miliardi di euro è ben altra cosa rispetto ai 300 che la Grecia aveva scaricato sulla porta dei suoi vicini quando gli investitori persero la fiducia nelle sue capacità di far fronte agli obblighi. In un'analoga situazione, l'Italia rischia di essere l'ultima goccia in grado di far traboccare per sempre il vaso della solidarietà europea.

Certo, il «bazooka» di Draghi, la capacità di acquistare migliaia di miliardi di euro di titoli di Stato per immettere liquidità sui mercati finanziari, è uno strumento potente e virtualmente illimitato. Ma lui e qualsiasi altro presidente della BCE passerebbero all'azione soltanto se si ponesse un reale rischio alla sopravvivenza dell'euro. Tirate le somme, un fatto resta innegabile: l'Italia dovrà risolvere da sola i suoi problemi, senza poter contare sulla mano miracolosa di Francoforte per ripescarla dal baratro.

Nel vuoto di idee e di volontà politica che aveva paralizzato l'Europa durante la crisi, non soltanto Draghi ha saputo approntare soluzioni pratiche ai problemi più immediati, ma ha anche saputo suggerire una visione, indicando un possibile indirizzo per il futuro. Ma pur con tutta l'autorevolezza che i suoi primi successi gli hanno guadagnato presso i leader europei, il presidente della BCE non è riuscito a convincerli fino in fondo a rinsaldare i legami dell'Unione.

Per Draghi l'euro è qualcosa di più di un'iniziativa finanziaria ed economica. È l'incarnazione stessa del progetto politico a lungo termine di unità europea, nato in risposta alle guerre che hanno devastato il continente nella prima metà del XX secolo e baluardo contro l'insorgere di conflitti futuri. Ecco perché, per Draghi, parlare di Grexit o Italexit o di qualsiasi altra «exit» è peggio che assurdo: è pericoloso.

Inoltre, l'euro è parte dell'unica risposta efficace alle incertezze e alle sfide della globalizzazione, di un mondo più insidioso e insicuro: unite, le piccole nazioni europee possono avere peso e voce in capitolo. Da sole, invece, sono destinate ad accapigliarsi tra loro mentre Washington, Pechino o qualcun altro decide il corso della storia. Per un uomo della generazione di Draghi, l'unica risposta realistica ai dubbi e alle carenze dell'euro è spingere verso una maggiore integrazione:

> L'unione monetaria [...] è divenuta parte integrante e caratterizzante, con i suoi simboli e i suoi vincoli, del progetto politico che vuole un'Europa unita, nella libertà, nella pace, nella democrazia, nella prosperità. Fu una risposta eccezionale [...] a un secolo di dittature, di guerre, di povertà. [...] Eppure oggi, per tanti, i ricordi che ispirarono queste scelte appaiono lontani e irrilevanti, la loro razionalità sembra pregiudicata dalla miseria creata dalla grande crisi finanziaria dell'ultimo decennio. Non importa che se ne stia uscendo, nel resto del mondo il fascino di ricette e regimi illiberali si diffonde: a piccoli passi si rientra nella storia. È per questo che il nostro progetto europeo è oggi ancora più importante. È solo continuando il progresso, liberando le energie individuali ma anche privilegiando l'equità sociale, che lo salveremo, attraverso le nostre democrazie, ma nell'unità di intenti.[2]

Questo compito spetterà a una generazione che – diversamente da quella di Draghi – non è cresciuta con il ricordo ancora vivido della devastazione causata dal secondo conflitto mondiale; una generazione che ha conosciuto soltanto la pace e si è avvantaggiata del boom economico degli anni Sessanta e Settanta. «Non c'è alcun dubbio che si debba a Draghi la salvezza dell'euro, e già questo è un lascito straordinario, ma resta ancora molto da fare» dice Nathan Sheets, sottosegretario al Tesoro degli Stati Uniti durante la presidenza di Barack Obama. «È davvero un peccato non poter estendere di altri otto anni il suo mandato. Il suo compito non è finito e il consolidamento dei risultati da lui ottenuti dipenderà moltissimo dalle scelte del suo successore.»

Quanto alla possibilità di un suo ruolo fuori dalla BCE, questo dipenderà in larga parte dalla situazione italiana. Ogni volta che il Paese incappa in una delle sue ricorrenti crisi di governo, sono in molti a vedere per Draghi qualche incarico a Palazzo Chigi o al Quirinale. Se l'appartenenza dell'Italia all'eurozona fosse posta in serio dubbio, salvare l'euro potrebbe risultare persino più difficile che nel 2012.

È probabile che dopo la fine del suo mandato alla BCE Draghi voglia concedersi un periodo di riposo prima di decidere la prossima mossa. A breve toccherà a Christine Lagarde – l'ex ministro delle Finanze francese e direttore operativo del Fondo monetario internazionale nominata successore di Draghi nel luglio del 2019 – osservare il panorama mozzafiato da quell'ufficio al quarantesimo piano, contemplarne la bellezza o meditare sul suo valore simbolico. O forse, dopo una rapida occhiata, volterà le spalle alla finestra per concentrarsi sul suo compito. Ma dovrà ringraziare Draghi se quel compito si rivelerà un po' più semplice che in passato.

1

Mario, è fatta!

È tarda mattina quando Jean-Claude Trichet si allontana da un gruppo di leader europei per fare una telefonata. «Mario, è fatta!» annuncia, tutto d'un fiato, lasciando trasparire dalla voce l'orgoglio, l'esultanza e il sollievo.

Dopo mesi di tentennamenti, Angela Merkel, Nicolas Sarkozy, Silvio Berlusconi e gli altri capi di Stato europei hanno finalmente approvato la nomina di Mario Draghi a terzo presidente della Banca centrale europea, e tocca a Trichet comunicargli la notizia. Draghi, economista e banchiere con una lunga esperienza nella pubblica amministrazione, nel mondo accademico, nelle banche centrali e d'investimento, è consapevole delle sfide che lo attendono, ma accoglie l'annuncio con entusiasmo.

È il giugno del 2011 e l'Europa è in piena crisi. Il tracollo finanziario cominciato quattro anni prima negli Stati Uniti, e che ha trascinato l'economia mondiale in quella che sarebbe passata alla storia come la Grande Recessione, è dilagato oltre il sistema bancario. Le dispendiose misure di stimolo per sostenere l'economia e la superficialità con cui si è lasciato correre sugli eccessi della spesa pubblica hanno portato alla ribalta delle cronache il problema del debito sovrano. Particolarmente colpita, la Grecia. Entrato nell'eurozona solo nel 2001, il Paese ha perso la fiducia degli investitori dopo che i suoi governanti hanno finalmente ammesso la vera entità del suo deficit di bilancio. Impossibilitata a rivolgersi ai mercati finanziari per ottenere fondi, la Grecia si sta tenendo a galla con i prestiti di salvataggio dei vicini europei, un pacchetto che comprende draconiane misure di austerity, con riforme e tagli della spesa pubblica.

L'eurozona è impreparata a una crisi di questa natura, portata e rilevanza. Le diciassette nazioni condividono la moneta unica sotto la supervisione della BCE, ma molti dei poteri cruciali per preservarne l'unione e favorirne la prosperità sono ancora esercitati dai governi nazionali di Berlino, Parigi, Roma, Madrid e così via. Le strutture di tutela del sistema finanziario dell'area euro – un'unica authority di vigilanza delle banche, un fondo salva-Stati per soccorrere i Paesi e i prestatori in difficoltà – ancora non esistono. E i politici al potere sembrano spesso più interessati a puntare il dito contro Atene che ad ammettere che è il momento di agire.

Sui mercati finanziari sono in molti a scommettere che la Grecia non saprà far fronte ai suoi obblighi di debito, il che rende le misure necessarie a scongiurarne il default le più costose del mondo. Il rendimento dei titoli di Stato decennali chiuderà il 2011 a poco meno del 35 per cento.[1] Nelle strade di Atene e nel resto del Paese la crisi si tocca con mano: nelle fabbriche e nei negozi che cessano le attività, nel rapido aumento della disoccupazione, negli scontri violenti tra decine di migliaia di manifestanti e gli agenti antisommossa che paralizzano la nazione. Gran parte degli investitori e degli addetti ai lavori è convinta che la permanenza della Grecia nell'euro abbia i giorni contati.

Ancora più preoccupante, per la BCE, è il fatto che l'eurozona abbia cominciato a operare sempre meno come una vera unione monetaria, un'economia congiunta retta da una moneta unica. Gli istituti di credito fanno incetta di titoli di Stato nazionali, scaricando quelli emessi altrove. I prestiti internazionali tra banche si stanno azzerando, mentre si allarga in maniera drastica la forbice tra gli interessi sui prestiti pagati dalle famiglie e dalle aziende in Germania e in Italia. È un segno che investitori e banchieri non si limitino a prevedere l'uscita di un Paese dall'eurozona: non sono più tanto convinti che l'euro stesso abbia un futuro. Si stanno preparando al peggio.

Nell'estate del 2011, Trichet, europeista convinto che aveva contribuito a creare la moneta unica e che aveva avuto, nel 2003, l'incarico di proteggerla in quanto presidente della BCE, avverte che «oggi l'"Europa" e i benefici che ne derivano sono dati per scontati» e chiede un «salto di qualità» per rafforzare le regole e le istituzioni dell'eurozona, e «una visione che sia facilmente comprensibile e condivisibile dai cittadini della UE».[2]

All'Europa serve un leader. Una personalità in grado di superare i divari tra nord e sud, est e ovest, e di garantire la sopravvivenza dell'Unione e della sua moneta. Sessantasei anni dopo la fine della Seconda guerra mondiale, la comunità internazionale affida le sue speranze a un cancelliere tedesco: Angela Merkel. Figlia di un pastore protestante cresciuto oltre la Cortina di ferro e pupilla di Helmut Kohl, l'uomo chiave per la riunificazione del Paese dopo la caduta del muro di Berlino, Merkel è destinata a emergere come la figura politica più potente d'Europa. Ma sarà Draghi, un tecnocrate italiano che non si è mai candidato a una carica politica, ad aggiudicarsi il merito di aver salvato l'euro.

La sua ricetta per rafforzare e sostenere l'unione monetaria e la sua determinazione a spronare la leadership politica su questa strada sono evidenti fin da subito. All'inizio di giugno del 2011, ancora prima della nomina ufficiale alla guida della BCE, Draghi dice ai parlamentari europei che la crisi del debito sovrano sarà «un autentico test che mette alla prova la volontà politica, in Europa, di compiere ogni sforzo necessario per garantire il conseguimento dell'integrazione economica e monetaria europea».[3] Che Draghi avrebbe fatto appello a una dimostrazione di risolutezza politica era nell'ordine naturale delle cose; sono le parole con cui ha scelto di esprimerlo a essere interessanti. Circa tredici mesi dopo, la sua dichiarazione che la BCE avrebbe fatto «tutto il necessario» per tutelare l'euro segnerà il punto di svolta, permettendo all'Unione di superare indenne il momento peggiore della crisi.

Pur essendo la seconda valuta più diffusa del mondo, l'euro è ancora relativamente giovane. Introdotta nel 1999 come valuta in undici Paesi europei, entrò in circolazione come moneta fisica tre anni dopo. Al termine del mandato di Draghi è condivisa da diciannove Stati della UE, e da molti punti di vista rappresenta il culmine di un progetto che ha un obiettivo che va ben oltre l'economia: il mantenimento della pace.

Dopo la Seconda guerra mondiale, l'integrazione era l'unica risposta possibile alle devastazioni che gli estremismi nazionalistici avevano inflitto al continente. «Esiste un rimedio che [...] potrebbe trasformare l'intera scena e rendere in pochi anni tutta l'Europa [...] libera e felice» dichiarò nel 1946 Winston Churchill, che aveva guidato la Gran Bretagna durante la guerra. «Esso consiste nella ricostruzione della famiglia dei popoli europei, o in quanto più di essa possiamo ricostituire, e nel dotarla di una struttura che le permetta di vivere in pace, in sicurezza e in libertà. Dobbiamo creare una specie di Stati Uniti d'Europa.»[4]

Oggi l'Unione Europea è ben diversa da quella che forse aveva in mente Churchill. Resta ancora un accordo stretto tra nazioni indipendenti, ed è improbabile che diventi un Paese unico come gli Stati Uniti. Ma ha fatto comunque molta strada dall'istituzione della Comunità europea del carbone e dell'acciaio e della Comunità economica europea degli anni Cinquanta. L'atto fondativo della UE, il Trattato di Maastricht, siglato nel 1992, definiva anche i parametri per una moneta comune, battezzata ufficialmente «euro» nel 1995. La crisi ha generato molte incertezze sul futuro della moneta unica, palesando l'ipotesi che alcuni Paesi decidano di abbandonarla, se non addirittura che l'intero progetto finisca per sfaldarsi. Quanti hanno contribuito alla sua istituzione, Draghi compreso, restano però fermamente convinti che, con tutti i suoi difetti e difficoltà, l'unità monetaria sopravvivrà. Come ripete spesso il presidente della BCE, l'euro è «irreversibile», e parlare di uscirne non soltanto non è realistico: è da irresponsabili.

La nomina di Draghi come terzo presidente della Banca centrale europea, dopo il politico ed economista olandese Wim Duisenberg e il funzionario di Stato francese Trichet, viene annunciata alle 11.52 del 24 giugno 2011, dopo un summit di due giorni dei leader europei a Bruxelles. Nei due anni di contrattazione politica che hanno preceduto l'assegnazione dell'incarico, si credeva che sarebbe stato un tedesco, o comunque non un italiano, ad assumere una delle cariche finanziarie più influenti del mondo. La crisi del debito sovrano ha però scombinato le carte. In segno di protesta contro le politiche non convenzionali della BCE, il candidato tedesco, Axel Weber, ha annunciato le sue dimissioni dalla presidenza della Bundesbank circa nove mesi prima del termine del mandato di Trichet, spianando la strada all'unico altro contendente, che per coincidenza era stato anche il primo proposto per l'incarico.

L'Italia aveva cominciato a sostenerne la candidatura alla fine di settembre del 2009. Nonostante i numerosi dissidi con il quarto governo Berlusconi e con lo stesso Draghi, l'allora ministro degli Esteri Franco Frattini dichiarò che l'Italia sarebbe stata «onorata» di vedere l'economista ai vertici della BCE.[5]

Per quanto innegabili le qualità del candidato, la campagna per la sua nomina non sembrava promettere bene. Era infatti opinione condivisa che dopo tredici anni di unione monetaria dovesse finalmente toccare alla Germania prendere il timone di un'istituzione la cui impostazione era stata ispirata proprio dalla sua banca centrale, caratterizzata dall'impegno prioritario per la stabilità dei prezzi e per l'indipendenza dal potere politico. Merkel aveva strappato il sostegno di Sarkozy in favore del candidato tedesco, e dato che le due massime cariche ai vertici dell'istituzione in genere andavano equamente spartite tra una nazione centrale e una periferica dell'Unione, tra un'economia vasta e una più piccola, e tra candidati con un background soprattutto politico ed economico, la strada per la presidenza di Weber sembrava ormai in discesa.[6]

La Germania, l'economia più forte d'Europa, non rivestiva una posizione direttiva delle politiche europee dai tempi di Walter Hallstein, presidente della Commissione europea dal 1958 al 1967. Non aveva proposto un proprio candidato al momento di scegliere il primo presidente della BCE, nel 1998, e aveva accettato l'indicazione di un francese come erede in pectore in cambio della designazione di Francoforte, capitale finanziaria del Paese, come sede della BCE.

Il piano ha iniziato a disfarsi proprio allora, nella primavera del 2010. Lo scoppio della crisi del debito greco ha gettato un'ombra su un'eurozona già in affanno nel tentativo di recuperare il terreno perduto nella Grande Recessione degli anni precedenti. I primi segnali problematici erano emersi nel 2007 negli Stati Uniti, quando i tassi di interesse sui mutui subprime, erogati al picco del boom del credito, hanno cominciato a crescere a una velocità allarmante. Il contagio ha raggiunto l'Europa nell'agosto dello stesso anno, con il congelamento di tre fondi della francese BNP Paribas, perché impossibilitata a valutare correttamente il valore degli asset. La crisi ha continuato a covare per un altro anno finché, nel settembre del 2008, Lehman Brothers, quarta principale banca d'affari americana, ha dichiarato bancarotta. Il crollo dei mercati finanziari, la caduta verticale degli scambi internazionali e l'impennata della disoccupazione che sono seguiti hanno sprofondato il mondo nella catastrofe, costringendo i governi e le banche centrali a interventi massicci per soccorrere le proprie economie. In Europa la concessione di stimoli fiscali è andata a pesare su bilanci statali già sovraccarichi. Con la Grecia impossibilitata a pagare il suo debito, i leader europei si sono preparati a un summit d'emergenza e i funzionari della Banca centrale europea si sono riuniti a Lisbona per uno dei loro regolari incontri fuori sede. La domanda posta con maggiore insistenza a Trichet il pomeriggio di quel 6 maggio 2010 è stata se la BCE fosse disposta ad assumersi l'onere dei titoli di Stato greci. «Di questo non si è parlato» fu la sua risposta.[7] Qualche ora dopo sono crollate le Borse americane. Il Dow Jones, principale indice azionario statunitense e termometro dell'industria, è precipitato di quasi 1000 punti, la più grave perdita sulle contrattazioni in un'unica giornata dal crollo del 1987. I funzionari di vertice della BCE non hanno potuto fare a meno di chiedersi se il loro rifiuto di intervenire nella crisi greca non avesse contribuito al disastro o, peggio ancora, se l'avesse provocato. Dopo cena, a porte chiuse, hanno cominciato a studiare una via d'uscita.

Uno dei principi fondanti dell'Unione Europea è la rigorosa separazione tra politica fiscale e monetaria, tra il potere di imporre tasse e di decidere l'impiego del gettito fiscale e quello di fissare i tassi di interesse. È per questo che la BCE non è autorizzata a finanziare i governi dell'eurozona. I politici non possono confidare che la Banca centrale stimoli l'economia del loro Paese o, in caso di difficoltà, ne acquisti il debito sovrano. I funzionari della BCE sono tecnocrati non eletti, e il loro unico mandato è preservare la stabilità dei prezzi. Tale principio è osservato con particolare scrupolo in Germania, dove la Bundesbank opera da sempre in base a questa disciplina.

Ecco perché la proposta avanzata proprio da Weber nel maggio del 2010 ha sorpreso tutti. Nel corso di una riunione a porte chiuse, quella sera, il presidente della banca centrale tedesca è stato il primo a prendere la parola, e il suo suggerimento è stato: «Acquistiamo i titoli di Stato». Se lo è rimangiato quasi subito, giustificandolo come un'ipotesi teorica, una soluzione del tutto accademica al problema, ma l'idea ha attecchito.

Da Lisbona, Trichet si è diretto a Bruxelles, dove l'indomani si sarebbe tenuto il summit dei leader europei. Dopo trattative durate una notte intera, alle prime ore di sabato 8 maggio i capi di Stato hanno annunciato che l'Unione avrebbe istituito un fondo di emergenza per evitare che la sofferenza fiscale greca contagiasse il resto del continente. I dettagli dell'operazione sarebbero stati illustrati dai vari ministri delle Finanze nella giornata di domenica, in tempo per la riapertura dei mercati azionari asiatici.

Già così i tempi erano strettissimi. A complicare le cose c'è stato il forte ritardo dell'inizio del dibattito, previsto per le tre del pomeriggio ma rimandato per un malore dell'allora ministro delle Finanze tedesco Wolfgang Schäuble, ricoverato d'urgenza al suo arrivo nella capitale belga. Le sue condizioni di salute erano precarie fin dal 1990, quando, all'epoca ministro degli Interni, era stato vittima dell'aggressione di uno squilibrato. Una ferita da arma da fuoco alla spina dorsale lo aveva costretto su una sedia a rotelle. La difficile convalescenza seguita a un intervento chirurgico alla schiena cui si era sottoposto all'inizio dell'anno lo aveva confinato per settimane in ospedale, e i nuovi farmaci prescritti dai medici gli causavano problemi di respirazione. Con Schäuble impossibilitato a condurre i negoziati, la Germania si è trovata spiazzata. Il suo vice, Jörg Asmussen, superstite di un governo precedente in cui il ministero delle Finanze era in mano ai socialdemocratici, non aveva la fiducia di Angela Merkel, e il primo cristiano democratico papabile, il ministro dell'Economia e Tecnologia Rainer Brüderle, non era reperibile. La cancelliera ha inviato a Bruxelles il ministro degli Interni Thomas de Maizière, confidente stretto e cugino di Lothar de Maizière, l'ultimo e unico premier democraticamente eletto della Repubblica Democratica Tedesca nel 1990. Poi, alle nove di sera, ha convocato i ministri chiave per discutere misure in grado di supportare l'eurozona senza violare i regolamenti.

Intanto i governatori delle banche centrali erano diretti a Basilea per una delle loro regolari riunioni bimestrali alla Banca dei regolamenti internazionali. La BRI è la «banca delle banche centrali», istituita nel 1930 per stabilire le riparazioni tedesche dopo la Prima guerra mondiale. L'atmosfera era lugubre. Di solito ben disposti a scambiare due parole con i reporter accampati nella hall dell'Hilton di fronte alla sede della BRI, un originale grattacielo nei pressi della stazione ferroviaria costruito negli anni Settanta dall'architetto svizzero Martin Burckhardt, i banchieri hanno mantenuto uno stretto riserbo nel loro andirivieni tra le teleconferenze con i rappresentanti del G7 e del G20. Alle raffiche di domande sparate dai giornalisti rispondevano scuotendo la testa: «No comment». Altrettanto ansiosi di avere notizie erano i capi di governo, mentre la riunione dei ministri delle Finanze europei a Bruxelles si protraeva fino a notte fonda. Christine Lagarde, che al tempo era a capo del dicastero delle Finanze francese, telefonava ogni mezz'ora per riferire l'andamento dei negoziati.[8]

Le prime indiscrezioni sull'entità del pacchetto di aiuti europei sono filtrate alla stampa intorno alle 22.30. Erano affidabili? Dietro le quinte, furibondo per la lentezza dei negoziati, Trichet premeva per un accordo. Trascorsa la mezzanotte, in Nuova Zelanda la Borsa di Wellington ha aperto e ancora non c'erano accordi in vista. Sono passate in silenzio anche le due del mattino, orario di apertura delle Borse di Sydney e di Tokyo. La BCE era pronta a dare il suo annuncio, ma non voleva farlo per prima. Erano le 2.08 quando infine i ministri delle Finanze si sono stretti la mano e la spagnola Elena Salgado, che aveva presieduto l'incontro, si è precipitata in una sala stipata di reporter, tallonata da Olli Rehn, commissario europeo per gli affari economici e monetari. Per arginare la crisi, l'Europa avrebbe scucito 500 miliardi di euro, con altri 220 del Fondo monetario internazionale. Un'ora dopo la BCE si è impegnata ad acquistare i titoli di statali e privati, a rendere disponibili finanziamenti bancari a lungo termine e a riattivare le linee di swap con la Federal Reserve americana per immettere dollari sul mercato. L'FMI ha condiviso le decisioni prese quella notte poco dopo la BCE, nel corso di una telefonata privata il segretario al Tesoro americano Timothy Geithner ha offerto le sue congratulazioni e tutta l'assistenza possibile, e al mattino Angela

Merkel ha definito il piano di salvataggio «un evento unico nella storia».[9]

A caldo, i media tedeschi hanno espresso un verdetto ben più pessimistico sul pacchetto di aiuti anticrisi. «L'acquisto di titoli di Stato è la peggiore violazione immaginabile dell'indipendenza della BCE» ha scritto quel giorno «Die Welt».[10] La reazione ha colto Trichet in contropiede, mettendolo sulla difensiva durante la conferenza stampa indetta nel primo pomeriggio. Il presidente ha sottolineato che la BCE non aveva subito alcuna pressione per l'acquisto di titoli di Stato – acquistava obbligazioni garantite già dal luglio del 2009 – e restava fieramente indipendente.[11] La bomba è scoppiata poco dopo, quando, torchiato sui dettagli nel corso di un'intervista televisiva, Trichet ha ammesso che al consiglio direttivo la decisione di acquistare debiti sovrani non era stata unanime.[12] Era un particolare significativo solo per chi fosse addentro alle segrete cose della Banca centrale, e dunque al corrente del fatto che il suo organo decisionale non ha l'abitudine di ricorrere a un voto di maggioranza in merito alla politica monetaria. Tradizionalmente viene attribuita un'enorme importanza al fatto che le decisioni siano prese in modo collegiale, con il sostegno di tutti i suoi membri, dal primo all'ultimo.

Trichet si è rifiutato di svelare il nome dell'unico governatore che aveva rotto i ranghi e votato contro, ma il segreto non è rimasto tale molto a lungo. «L'acquisto dei titoli di Stato rappresenta un rischio significativo per la stabilità, ed è per questo che anche in circostanze così straordinarie ho assunto una posizione critica rispetto alla decisione del consiglio» ha dichiarato Axel Weber al quotidiano tedesco «Börsen-Zeitung», canale d'elezione di molti governatori delle banche centrali quando intendono inviare un messaggio agli investitori senza ricorrere alle agenzie di stampa, considerate troppo aggressive.[13]

È stato in quel pomeriggio del 10 maggio 2010, una giornata grigia e nuvolosa a Basilea, che i funzionari tedeschi sono emersi come l'ago della bilancia nella crisi europea, e che la scalata di Draghi ai vertici della BCE è cominciata davvero.

La ridda di ipotesi sul successore di Trichet si è moltiplicata verso la fine del 2010, alimentata dal crescente sostegno offerto a Draghi dalla leadership politica italiana e dal silenzio della cancelleria tedesca. In novembre, l'ex presidente del Consiglio e della Commissione europea Romano Prodi ha ribadito che l'economista meritava l'incarico perché era un uomo «brillante e onesto». «Lo dico chiaro: Draghi è una scelta di prim'ordine.»[14] Silvio Berlusconi, allora presidente del Consiglio, si è unito al coro in gennaio, dicendo a Merkel – in modo un po' goffo, davanti ai giornalisti – che l'Italia sarebbe stata «onorata» di una nomina di Mario Draghi.[15] Sarebbe stato il momento ideale perché la cancelliera proponesse un proprio candidato. Ma Angela Merkel ha adottato la sua strategia di default – temporeggiare –, in attesa che a Francoforte fosse Weber a decidere se farsi avanti oppure no.

Intanto Draghi stava emergendo come un acceso sostenitore dell'euro. Noto per l'inalterabile compostezza, da governatore di Bankitalia aveva rischiato di perdere la pazienza quando, a una riunione a porte chiuse di banchieri centrali presso la BRI, la moneta unica era stata criticata nientemeno che da Janet Yellen, fresca di nomina alla vicepresidenza della Federal Reserve.

A tutt'oggi Yellen ammette apertamente di non essere mai stata «entusiasta dell'euro». Pare fosse stata molto meno diplomatica nelle conversazioni informali tra i colleghi riuniti a cena a Basilea. Stando a due testimoni, snocciolò uno per uno i difetti della moneta unica. Le sue critiche, aggiunte a quelle della BRI, secondo cui le politiche anomale della BCE stavano gettando i semi di crisi prossime venture, indignarono il futuro presidente della Banca centrale europea. «Il tuo è un atteggiamento controproducente» pare abbia sbottato, proseguendo poi più o meno su questa linea. «Siamo consapevoli dei rischi, ma resta il fatto che oggi l'economia ha bisogno di una politica monetaria di sostegno. È troppo facile limitarsi a gridare al lupo, in modo da poter dire, tra due o dieci anni: "Visto? Te l'avevo detto". Dovreste essere più analitici.»[16]

Le prime voci sulle dimissioni di Weber dalla Bundesbank hanno cominciato a circolare la mattina del 9 febbraio. Il presidente della banca centrale tedesca aveva fatto sapere all'interno dell'istituzione di non essere interessato a un secondo mandato. Era un campanello d'allarme per Angela Merkel, che ha chiesto a Weber un incontro a quattr'occhi prima di qualsiasi annuncio ufficiale. A quell'incontro, avvenuto due giorni dopo, il governatore «ha espresso il desiderio» di lasciare l'incarico, e la cancelliera tedesca ha dovuto rassegnarsi.[17]

I socialdemocratici, relegati all'opposizione durante il secondo mandato di Merkel, l'hanno additata come diretta responsabile della débâcle. «Merkel ha abbandonato il proprio candidato a se stesso, e lui ne ha tratto le debite conclusioni» ha dichiarato Frank-Walter Steinmeier, ex ministro degli Esteri e destinato nel 2017 ad assumere la carica di presidente della Repubblica Federale.[18] Anche ammesso che l'indecisione della cancelliera avesse contribuito alla scelta di Weber di dare una nuova direzione alla propria carriera, il vero motivo delle dimissioni si radicava nella sua opposizione all'acquisto di titoli di Stato avviato dalla BCE a partire dal maggio del 2010, una politica che, in veste di banchiere centrale, avrebbe dovuto lui stesso perseguire e difendere. «Il presidente ha un ruolo speciale» ha spiegato in un'intervista. «Ma se sulle questioni chiave dissente dal parere della maggioranza, rischia di inficiare la credibilità della sua carica.»[19]

La svolta improvvisa ha sorpreso i politici europei. Christine Lagarde si è dichiarata «allibita» dal ritiro di Weber. Draghi era sempre meno sicuro che sarebbe toccato a un tedesco guidare la BCE, e i suoi interlocutori di allora ricordano conversazioni in cui l'economista affermava di aver capito quale fosse la chiave del successo: abbracciare la linea dura tedesca in difesa della stabilità dei prezzi ma senza dimostrarsi insensibili alle difficoltà degli altri Paesi dell'eurozona.

Già una settimana dopo le dimissioni di Weber il bookmaker irlandese Paddy Power dava 9 a 4 la nomina di Draghi, una probabilità del 69 per cento.[20] Due mesi dopo anche i tedeschi hanno iniziato a schierarsi dalla sua parte. Il viceministro degli Esteri Werner Hoyer, pur citandolo insieme a una rosa di altri candidati, ha detto che l'italiano sarebbe stato «un'ottima scelta».[21] Angela Merkel si è espressa in suo favore nel corso di un'intervista rilasciata alla stampa a metà maggio, due settimane dopo un'analoga presa di posizione del presidente francese Nicolas Sarkozy. Il suo sostegno, tuttavia, non era incondizionato. La cancelliera ha lasciato chiaramente intendere che da Draghi si aspettava una ferma adesione alla rigorosa tradizione monetaria tanto cara a un Paese ancora traumatizzato dall'iperinflazione degli anni Venti. «Conosco Mario Draghi. È una persona molto interessante e di grande esperienza. La sua posizione è molto vicina alle nostre idee per una cultura della stabilità e una solida politica economica. La Germania potrebbe sostenere la sua candidatura alla presidenza della BCE.»[22] Nelle sue risposte al Parlamento europeo prima della nomina ufficiale, Draghi si è impegnato a perseguire una politica di «gradualità», promettendo la stessa «sana dose di pragmatismo» del suo predecessore.[23]

A differenza di parte dell'opinione pubblica e dei media tedeschi, che si appellavano alle origini italiane di Draghi per profetizzare sventate politiche di tassi agevolati a sostegno delle dissolute nazioni dell'Europa meridionale, ad Angela Merkel non interessava il suo passaporto. I due avrebbero costruito un rapporto molto solido negli otto anni successivi: un'alleanza da cui Draghi avrebbe tratto vantaggio quando l'euro si è trovato sull'orlo del baratro e lo scetticismo tedesco ha rischiato di minare la capacità di azione della BCE, e di cui la cancelliera tedesca si sarebbe avvalsa nei suoi sforzi per elaborare una strategia di uscita dalla crisi.

L'11 maggio il ministro delle Finanze Giulio Tremonti ha confermato che l'economista era il candidato ufficiale per l'Italia.[24] Sei giorni dopo, durante un incontro a Bruxelles, l'Eurogruppo, che comprende i ministri delle Finanze dei Paesi dell'Unione Europea, si è espresso in favore della candidatura, seguito dal Parlamento il 23 giugno successivo.

Quando entra per la prima volta nel suo nuovo ufficio d'angolo, al trentacinquesimo piano della Eurotower di Francoforte, sede della BCE fin dal 1998, anno della sua fondazione, Draghi non ha un minuto da perdere.

Nei due anni trascorsi dalla sua candidatura, l'eurozona è passata dal contrastare le ripercussioni della Grande Recessione, scatenata dal crollo di Lehman Brothers negli Stati Uniti, a problemi di natura interna. D'un tratto gli investitori si sono resi conto che condividere una moneta unica non significa necessariamente che i governi e le banche greci, italiani e tedeschi operino con lo stesso grado di prudenza. Le banche, soprattutto nelle aree periferiche dell'Unione, cigolano sotto il peso di montagne di crediti deteriorati, prestiti che le famiglie e le aziende non sono in grado di pagare, spesso perché non avrebbero dovuto essere concessi sin dall'inizio. Il problema del debito sovrano è dilagato nella regione, con il lancio, da parte dei governi, di ambiziosi programmi di stimolo per rinvigorire la scarsa domanda nel settore privato, mentre i mercati finanziari puntano come falchi gli anelli più deboli della catena. E dopo la Grecia, il Portogallo e l'Irlanda nel 2010, adesso quegli anelli sono la Spagna e l'Italia. Parte del problema è che gli investitori hanno inteso le misure approntate dall'Europa a sostegno del debito greco come un modello delle sue politiche future ovunque nel continente. Nel luglio del 2011, i governi hanno costretto i detentori di titoli di Stato ad accettare perdite per oltre il 50 per cento sulle loro partecipazioni, mentre un consorzio del Fondo monetario internazionale, della BCE e della Commissione europea, bollato dalla stampa greca come «la troika», vigilava sull'implementazione delle riforme previste dal pacchetto di aiuti, con l'obiettivo prioritario di rendere sostenibile il debito del Paese.

Circa tre settimane dopo la nomina ufficiale, il neopresidente della BCE avverte i politici che l'Europa è entrata in una «nuova fase» della crisi, spronandoli a trovare una risposta «chiara» per arginare il contagio. I mercati finanziari sono a secco di fondi, il rifinanziamento di obbligazioni statali e private si è arrestato, e in sordina la BCE studia modi per iniettare denaro nel sistema così da far rifiatare l'economia. «Occorre ora dare certezza al processo con cui si gestiscono le crisi sovrane: definire con chiarezza gli obiettivi politici, il disegno degli strumenti, l'ammontare delle risorse» dichiara Draghi nel corso di un intervento a Roma. «La solvibilità degli Stati sovrani non è più un fatto acquisito, ma va guadagnata sul campo con una crescita alta e sostenibile, possibile solo con i conti in ordine. Il costo del credito riflette oggi questa nuova condizione.»[25] Poco prima, il timore che l'Italia non sarebbe riuscita a ridurre il suo debito aveva determinato una caduta nelle quotazioni dei suoi titoli e azioni, portando il rendimento dei titoli decennali al picco massimo registrato dal 1997. Il programma di acquisto di titoli di

Stato che aveva causato le dimissioni del rivale di Draghi alla presidenza era rimasto dormiente per quindici settimane, e i funzionari della BCE erano poco inclini a farlo ripartire se i governi non si fossero impegnati a fare la loro parte. «È necessaria un'azione pressante delle autorità italiane per ristabilire la fiducia degli investitori» affermava una lettera congiunta di Draghi e Trichet inviata al governo italiano ai primi di agosto. Il testo chiedeva «misure significative» a sostegno della crescita, per promuovere la liberalizzazione del comparto dei servizi e rilanciare l'occupazione, suggerendo che l'Italia dovesse mirare al pareggio di bilancio in anticipo sulle scadenze.[26] A Madrid José Luis Rodríguez Zapatero si è visto recapitare una missiva analoga. Nessuno dei due testi prometteva interventi da parte della BCE, non c'erano carote a controbilanciare il bastone, per evitare che l'indipendenza della politica monetaria della Banca centrale fosse messa in dubbio, ma le implicazioni erano lapalissiane.

Dire che la lettera non sia stata accolta bene a Palazzo Chigi sarebbe un eufemismo. Tuttavia, il giorno stesso in cui l'hanno ricevuta – un venerdì –, Silvio Berlusconi e il suo ministro delle Finanze, Giulio Tremonti, hanno annunciato che l'Italia avrebbe moltiplicato gli sforzi per risanare il bilancio, accelerando l'implementazione delle riforme e imponendo tagli alla spesa pubblica. Il lunedì successivo la BCE ha cominciato ad acquistare titoli di Stato sia italiani sia spagnoli. «Il consiglio direttivo della Banca centrale europea accoglie con favore le dichiarazioni del governo italiano e spagnolo in merito alle nuove misure e riforme nell'ambito delle politiche fiscali e strutturali» ha annunciato Trichet.

«Sulla base di queste valutazioni la BCE attiverà il suo Securities Markets Programme [un programma di acquisto sul mercato secondario di titoli di debito pubblici e privati, NdA].»[27]

Per la BCE il mantenimento degli impegni espressi dai governi era cruciale, pena l'inefficacia del suo intervento. Per Berlusconi erano soltanto parole. Già poche settimane dopo ha cancellato una sovrattassa sui redditi più alti, ha ridotto i tagli nelle spese regionali e ha annullato una misura per la diminuzione del costo delle pensioni, insegnando ai banchieri centrali che le promesse dei politici non valgono molto finché non si traducono in leggi effettive.

Quell'autunno, poco prima dell'insediamento di Draghi, con l'economia dell'eurozona a un passo dalla recessione (a oggi la più lunga nella storia dell'euro), l'Italia si è trovata bloccata dalla paralisi politica. Le agenzie Standard & Poor's e Moody's hanno tagliato il rating sul debito pubblico del Paese man mano che diveniva chiaro che il governo Berlusconi non sarebbe durato a lungo. Davanti all'evidenza che dall'ultimo aumento dei tassi le prospettive erano peggiorate, la BCE si è preparata a ridurli di nuovo e ha approntato altri fondi di emergenza a sostegno delle banche. Nel frattempo, l'acquisto di titoli di Stato ha provocato le dimissioni di un altro funzionario tedesco: Jürgen Stark, uno dei sei membri del comitato esecutivo e capo economista della BCE, ha annunciato che avrebbe lasciato la carica alla fine dell'anno.

Gli osservatori internazionali seguivano con preoccupazione crescente l'aggravarsi della crisi greca. Negli

Stati Uniti, dove il governo ha appena varato il Jobs Act per combattere una disoccupazione ostinatamente alta e la Federal Reserve ha annunciato la sua Operation Twist, una misura per garantire un costante afflusso di fondi all'economia, i policy maker temevano che, se l'Europa non fosse riuscita ad arrestarla, la crisi avrebbe inghiottito anche il resto del mondo. È stato su questo sfondo che a settembre, nel corso di una riunione a Breslavia, in Polonia, il segretario al Tesoro statunitense Geithner ha esortato i suoi omologhi europei a «decidersi» a risolvere la crisi del debito nella regione, collaborando con la BCE per arginare il contagio. «Da fuori ciò che appare più dannoso non sono i contrasti nel dibattito più ampio sulle strategie, ma il costante conflitto tra i governi e la Banca centrale.» Se non fossero riusciti a prevenire in modo definitivo la dissoluzione dell'euro, «per quanto improbabile che accada davvero, i mercati saranno comunque costretti ad attrezzarsi contro la sua eventualità, minando alle fondamenta quello che avete costruito finora».[28]

Alla fine del 2011, sono diciassette le economie della regione, dalla Finlandia a Malta, dall'Irlanda a Cipro, a trarre vantaggio dall'euro, dalla stabilità dei tassi di cambio e dalla facilità degli scambi tra Paesi europei. Tutto questo è a rischio.

La Grecia accarezza l'ipotesi di uscire dall'eurozona. Quattro giorni dopo aver accettato il più vasto default sovrano nella storia, una ristrutturazione da 200 miliardi di euro mirata a dimezzare il debito del Paese, il primo ministro Giorgos Papandreou annuncia un referendum sull'ultimo pacchetto di aiuti offerto alla nazione, un'interpellanza che in caso di vittoria del «no» significherebbe senz'altro l'abbandono della moneta unica. Sarkozy e Merkel, sbalorditi dall'iniziativa quanto i compagni di partito di Papandreou, convocano i greci a Cannes, dove sta per tenersi un summit del G20. È là che Mario Draghi fa la sua prima apparizione sulla scena internazionale come presidente della BCE.

2

Affrontare la sfida

Per la maggior parte dei leader mondiali riuniti al Palais des Festivals – l'imponente palazzo, squadrato e bruttino, affacciato sul porto vecchio dove ha sede il Festival di Cannes –, il neopresidente della BCE è tutt'altro che un'incognita. Negli ultimi venticinque anni l'affabile economista italiano è stato una presenza costante ai summit e ai convegni internazionali, costruendosi una solida reputazione di competenza e di pacato pragmatismo. Chi ancora non aveva avuto occasione di conoscerlo ne ha avuto un assaggio a un evento tenutosi due settimane prima a Francoforte.

Il 19 ottobre 2011 era un'ordinaria giornata d'autunno nella capitale finanziaria tedesca. L'aria era frizzante e le nuvole si affastellavano nel cielo grigio, mentre automobili, biciclette e pedoni riempivano le strade che tagliano come un canyon il denso agglomerato di grattacieli del centro. Un vento leggero sollevava mulinelli di foglie secche nella piazza di fronte all'Alte Oper, il massiccio teatro dell'opera ottocentesco che attualmente ospita concerti e convegni. Quel giorno una processione di auto nere sfilava davanti al palazzo, accostando per lasciar scendere le figure di spicco dell'élite politica europea. Erano presenti la cancelliera tedesca Angela Merkel, José Manuel Barroso, Herman van Rompuy e

Jean-Claude Juncker, il trio al comando della macchina dell'Unione Europea a Bruxelles, e vari politici da ogni parte del continente, compresa Christine Lagarde, che appena tre mesi prima aveva lasciato il ministero delle Finanze francese per assumere la direzione del Fondo monetario internazionale.

Erano venuti tutti per partecipare al galà d'addio di Jean-Claude Trichet. Ormai mancava poco al termine dei suoi otto anni al timone della BCE – la cui sede distava poche vie, in direzione sud, dall'Alte Oper – e il funzionario francese stava per cedere a Mario Draghi quello che al momento poteva considerarsi uno dei lavori più difficili al mondo. Quasi a dimostrarlo, i due passarono buona parte del ricevimento impegnati nell'ennesimo summit d'emergenza con i leader europei, per discutere una questione così inderogabile che il presidente francese Nicolas Sarkozy era accorso a Francoforte malgrado a Parigi la moglie, Carla Bruni, stesse per dare alla luce la loro bambina, Giulia. Draghi non nutriva illusioni su ciò che lo aspettava. «Gli amici mi dicono che raramente mi tiro indietro davanti a un compito impossibile» disse quella sera, lasciandosi andare a un'inconsueta confidenza personale.[1] L'insediamento ufficiale era fissato per il 1° novembre.

Draghi aveva appena compiuto sessantaquattro anni quando è stato chiamato ad affrontare la sfida più grande della sua vita. Con ogni probabilità niente può davvero preparare un uomo al compito che lo aspettava: salvare una moneta che teneva insieme diciassette economie, governi e culture eterogenei dallo scranno di una carica non elettiva, a capo di un'istituzione di tecnocrati con vasti poteri e un mandato limitatissimo con cui esercitarli. Ammesso che qualcosa possa costituire un valido apprendistato per una missione del genere, la sua carriera prima del novembre 2011 ne era una buona approssimazione.

Mario Draghi è nato il 3 settembre 1947. Suo padre, Carlo, aveva lavorato per la Banca d'Italia e per altre istituzioni; la madre, Gilda Mancini, era farmacista. La morte di entrambi, a pochi anni l'uno dall'altra, aveva segnato la fine della sua infanzia. Quasi di colpo, il quindicenne si era ritrovato nel ruolo di capofamiglia, responsabile dei due fratelli minori insieme a una zia. «Ricordo che a sedici anni, al rientro da una vacanza al mare con un amico, lui poteva fare quello che voleva, io invece trovai a casa ad aspettarmi un cumulo di corrispondenza da sbrigare e di bollette da pagare» ha raccontato, offrendo un raro scorcio sulla sua vita privata, in un'intervista rilasciata a «Die Zeit».[2] L'esperienza traumatica gli inculcò in modo definitivo la «religione del lavoro» già trasmessa dai genitori. Era un carico gravoso per un ragazzo di quell'età, ma i giovani «reagiscono e basta», aggiungeva Draghi. La capacità di non pensare «a quello che gli succede e a come reagire [...] salva dalla depressione, anche in situazioni difficili». I fratelli Draghi sono tutti riusciti a farsi strada nella vita: Marcello è diventato imprenditore, Andreina storica dell'arte.

Nati nell'immediato dopoguerra, i tre erano cresciuti in un clima particolarmente duro. Come ovunque in Europa, il secondo conflitto mondiale aveva lasciato buona parte dell'Italia in macerie in seguito ai bombardamenti e alle furiose battaglie che avevano costellato la marcia lenta e faticosa degli Alleati lungo la penisola. La devastazione era anche sociale. Due anni di guerra civile avevano scavato un profondo divario tra gli italiani che avevano aderito, o quantomeno simpatizzato, con il regime fascista e quelli che lo avevano avversato o combattuto con le armi: i partigiani, in gran parte comunisti, che godevano del rispetto di vasti segmenti della popolazione. Erano cicatrici dolorose, ma presto la ricostruzione e poi la ripresa economica avevano fagocitato i conflitti.

Sulla scia del boom, negli anni seguenti l'Italia si conquistò un posto al tavolo delle principali economie del mondo. Massicce migrazioni interne portarono milioni di lavoratori dal Sud ai centri industriali del Nord, contribuendo all'affermazione del Paese come una delle potenze manifatturiere europee. Una nuova rete autostradale attraversò l'Italia da un capo all'altro, e quella che prima era stata una società rurale e arretrata diventò urbana e borghese.

Malgrado la prematura scomparsa dei genitori, la giovinezza di Draghi è stata pervasa da quel senso di ottimismo, di opportunità pressoché illimitate, accessibili a chiunque fosse disposto a rimboccarsi le maniche. «Io e gran parte dei miei compagni di studi ricevemmo una quantità di offerte di lavoro già all'indomani della laurea. Ci venivano inoltrate direttamente dalla segreteria dell'università.»[3]

Le contraddizioni di quel nuovo benessere borghese vennero allo scoperto alla fine degli anni Sessanta, quando l'Italia – come il resto d'Europa – fu travolta dalle proteste del movimento studentesco. Per quanto simpatizzasse con alcune delle istanze del '68, Draghi non ne condivise mai fino in fondo la visione e i metodi. Portava i capelli lunghi, ma non *troppo*, ha ammesso in tono semiserio con «Die Zeit», salvo poi aggiungere, asciutto: «E comunque io non avevo genitori a cui ribellarmi».

Si era diplomato all'Istituto Massimiliano Massimo di Roma, liceo gestito dai gesuiti e favorito dalle élite. Tra i suoi compagni di classe si annoverano l'ex amministratore delegato della Ferrari, Luca Cordero di Montezemolo, e il conduttore televisivo Giancarlo Magalli. «Le giornate erano pesanti, con una messa ogni mattina presto e poi ore e ore sui libri» ha raccontato Magalli.[4] Lui venne espulso, ma ancora ricorda Draghi come «molto educato, preparato e spiritoso». Secondo Montezemolo, era «un ragazzo serio», un punto di riferimento per i compagni in cerca di un aiuto sottobanco nelle prove scritte, oltre che un bersaglio dei loro scherzi per il suo look azzimato. «Non era mai spettinato, mai trasandato. Seduti nei banchi dietro il suo, noi cercavamo di trovare almeno un dettaglio fuori posto nei suoi capelli o nei vestiti, ma lui era sempre impeccabile e curatissimo.»[5] Draghi preferisce smorzare i toni sulla sua reputazione di primo della classe: «Non mi sono mai considerato il migliore, niente affatto. Andavo a scuola perché mi ci mandavano».[6]

Lo stampo dell'educazione gesuita è potente. Il preside e professore di filosofia, padre Franco Rozzi, sfidava di continuo gli studenti chiedendo «perché», e Draghi ha ereditato l'abitudine di porre domande difficili ai suoi collaboratori. È un tipo di formazione che segna chi l'ha sperimentata anche a distanza di anni. Alle cene del consiglio direttivo, Draghi e José Manuel González-Páramo, membro del comitato esecutivo della BCE dal 2004 al 2012, si abbandonavano spesso ai ricordi dei loro trascorsi gesuitici. Una volta, nel pieno della crisi, l'italiano si ritrovò alle quattro del mattino seduto a un tavolo con l'allora presidente del Consiglio europeo Herman van Rompuy, il presidente del Consiglio Mario Monti e il suo omologo spagnolo, Mariano Rajoy. «Eccoci qui, quattro allievi dei gesuiti in cerca di un compromesso: ci hanno insegnato bene» commentò Van Rompuy mentre correggevano l'ultima bozza di un documento.

Nel campo da pallacanestro dell'Istituto Massimo, Draghi improntò il suo stile di gioco a quello di Bill Bradley, al tempo cestista dell'Olimpia Milano e successivamente eletto al Senato americano. Secondo gli ex compagni di squadra, la grinta e l'attenzione al dettaglio che avevano caratterizzato la carriera di Bradley erano tratti distintivi anche suoi. «Era un perfezionista, molto competitivo ma senz'altro un giocatore di squadra» dice Paolo Vigevano, amministratore delegato della compagnia elettrica Acquirente Unico ed ex pivot della squadra di cui Draghi era guardia. «Ha messo la stessa determinazione in tutti i compiti che gli sono stati affidati.»[7]

Dopo il diploma Draghi si iscrisse alla Sapienza di Roma, laureandosi nel 1970 con una tesi intitolata *Integrazione economica e variazioni dei tassi di cambio*, sotto la guida dell'illustre economista Federico Caffè.[8]

L'esperienza che aprì la strada alla trasformazione del giovane Draghi in Super Mario arrivò solo dopo la laurea. Su invito del professor Franco Modigliani, Draghi si trasferì oltreoceano per un dottorato di ricerca al Massachusetts Institute of Technology.

Il MIT rappresentava l'avanguardia del pensiero economico e vantava alcune delle menti più brillanti del settore. Cinque dei docenti di Draghi avrebbero vinto il premio Nobel per l'economia, compresi i suoi due relatori di tesi, Modigliani e Robert Solow. Tra i suoi compagni di corso c'erano Olivier Blanchard, futuro capo economista dell'FMI, il greco Lucas Papademos, destinato a diventare vicepresidente della BCE, e l'economista Francesco Giavazzi. Il suo compagno di stanza era Pentti Kouri, celebre economista finlandese e venture capitalist, scomparso prematuramente nel 2009. Ben Bernanke, a capo della Federal Reserve dal 2006 al 2014, conseguì il dottorato due anni dopo di lui.

La vita in un ateneo tanto selettivo non era facile. «Dovevi dimostrare di meritare il tuo posto ogni giorno» ha ricordato Draghi.[9] Al tempo gli economisti italiani sembravano non godere di ottima reputazione e gli altri docenti e ricercatori accolsero con qualche apparente malumore l'ennesimo compatriota invitato da Modigliani. Draghi fu uno dei primi a cambiare quella percezione. Inizialmente ammesso in via temporanea, diventò un dottorando a tutti gli effetti dopo aver convinto i suoi docenti che «valeva la pena di tenermi», come avrebbe detto lui stesso molti anni dopo. Ma dovette comunque lavorare sodo, in aula e fuori. Era già sposato con Maria Serenella Cappello e la sua borsa di studio copriva soltanto la retta e l'affitto. Per tutto il resto serviva uno stipendio. «Per fortuna il MIT aiutava gli studenti con incarichi di insegnamento pagati. Più avanti, dopo la nascita di mia figlia, trovai lavoro in una società informatica a quasi settanta chilometri da Boston.» Una giornata tipica poteva facilmente durare diciotto ore, con i corsi da frequentare, la preparazione degli esami e in seguito la stesura della tesi, in parallelo con l'insegnamento e il lavoro. «In America ho imparato cosa significa lavorare sodo.»

E ha fatto tesoro della lezione. Uno dei suoi assistenti più stretti alla BCE dice che il presidente riesce a leggere tutti i documenti che arrivano sulla sua scrivania, e che comincia a inviare messaggi ai collaboratori fin dalle prime ore del mattino. «Lavora ventiquattr'ore su ventiquattro, e non ha bisogno di dormire molto.»

Nel 1977 fu il primo italiano a conseguire un dottorato in economia al MIT. La tesi si intitolava *Essays on Economic Theory and Applications*, e tra i temi esplorati c'era un'analisi dei pro e contro delle politiche di stabilizzazione a breve e lungo termine: una questione che avrebbe dovuto affrontare molto spesso nel corso della sua carriera.[10] «Era un ragazzo taciturno ma un ottimo studente» ha ricordato Robert Solow. «Pensavo che sarebbe diventato docente universitario, e che si sarebbe imposto come uno dei principali studiosi di economia in Italia.»[11]

Dopo il dottorato Draghi riprese la carriera accademica, insegnando nelle università di Trento, Padova, Venezia e infine Firenze. Ma cominciò anche a muoversi al di fuori del mondo accademico. Nel 1983 diventò consulente del ministro del Tesoro Giovanni Goria; un anno dopo fu nominato direttore esecutivo alla Banca mondiale, un ruolo che lo mise in contatto con molte delle figure chiave con cui avrebbe dovuto trattare negli innumerevoli summit e riunioni dei decenni successivi. Una delle sue prime conoscenze fu Vítor Constâncio, al tempo vicegovernatore del Banco de Portugal e suo futuro numero due alla BCE.

Draghi diventò anche un habitué di Palazzo Koch, l'imponente edificio neorinascimentale che ospita la Banca d'Italia. In qualità di consulente, aveva un ufficio in sede e partecipava alle riunioni del consiglio. La sua fama crebbe nel corso degli anni Ottanta, avviandolo all'incarico che gli avrebbe guadagnato il soprannome di Super Mario e lo avrebbe introdotto nel cuore della finanza e della politica globale: quello di direttore generale del Tesoro italiano.

Nominato dal presidente del Consiglio Giulio Andreotti, Draghi rivestì la carica per dieci anni, svolgendo un ruolo che richiede un'attenta calibratura di competenze tecniche e iniziativa politica. Rappresentò una rara costante nel mutevole flusso della politica italiana, al servizio di dieci governi, o meglio, come osserva in tono scherzoso una vecchia conoscenza, furono i dieci ministri del Tesoro a essere al suo servizio. (Per la precisione, al ministero di via XX Settembre durante il suo mandato si avvicendarono undici governi, ma solo sette ministri del Tesoro.)

Meno di un anno dopo la sua nomina, il ministro del Tesoro Guido Carli riorganizzò il dicastero, assegnando poteri più ampi al direttore generale. Draghi diventò il suo braccio destro, quello a cui vengono affidati i dossier chiave. Il suo curriculum di quel periodo comprende una ristrutturazione del ministero, con un netto miglioramento nella qualità del lavoro di ricerca; la leadership di una delle più vaste iniziative di privatizzazione nella storia italiana; la gestione e la parziale riduzione del colossale debito pubblico; e l'imposizione di nuove norme di regolamentazione del settore finanziario. In aggiunta Draghi fu una figura cruciale del processo che portò l'Italia a diventare uno dei membri fondatori dell'euro nel 1999, partecipando ai negoziati del Trattato di Maastricht e al lavoro preparatorio per la creazione della moneta unica.

Le sue dichiarazioni pubbliche del periodo suonano stranamente simili, sebbene più brusche, a quelle che avrebbe pronunciato decenni dopo come presidente della BCE. «L'Italia ha perso la sovranità nazionale sulla politica di bilancio» disse nel giugno del 1992, quando l'impennata del debito mise in discussione la capacità del Paese di restare entro il regime europeo di tassi di cambio fissi. «Data la vulnerabilità del sistema italiano rispetto ai Paesi esteri, un fattore che deriva da un debito pubblico superiore al PIL, l'unica alternativa è la correzione del bilancio.»[12] Ma il suo consiglio cadde nel vuoto. A settembre i mercati spinsero la lira (e la sterlina inglese) fuori dal Sistema monetario europeo, un sistema di tassi di cambio bloccati che precedette l'euro.

Il ruolo di Draghi, a dispetto delle coloriture tecnocratiche, era squisitamente politico. E i risultati concreti furono significativi. Uno per tutti, la vendita di aziende pubbliche, gestita dal comitato di privatizzazione da lui guidato tra il 1993 e il 2001, che secondo una stima portò nelle casse dello Stato 102 miliardi di euro tra il 1992 e il 2001.[13] Nel medesimo periodo il debito pubblico italiano diminuì, da un massimo del 127 per cento del PIL nel 1994 a 104,7 per cento nel 2001.

Già allora il rapporto dell'economista con le élite finanziarie anglosassoni era guardato con diffidenza. Nel giugno del 1992 Draghi salì a bordo del *Britannia*, lo yacht della regina Elisabetta, attraccato alla costa meridionale della Toscana. Un gruppo selezionato di dirigenti delle aziende pubbliche destinate alla vendita, dal gigante del petrolio ENI alla compagnia telefonica STET, da Autostrade ad Assicurazioni Generali, era stato invitato a un incontro con i dirigenti di alcune delle principali banche d'investimento londinesi, comprese Warburg, Barclays de Zoete e Baring Brothers. Draghi, che partecipava in sostituzione del ministro Guido Carli, dopo un breve discorso tornò a terra e la *Britannia* salpò. A bordo, mentre un'orchestra suonava successi dei «ruggenti anni Venti», imprenditori e dirigenti italiani perorarono la propria causa presso i banchieri della City.

L'incontro andò a buon fine, con l'impegno formale a investire in Italia, ma restò impresso nelle menti di quanti diffidavano della familiarità di Draghi con la finanza internazionale. La carriera prescelta dall'economista dopo le sue dimissioni dal Tesoro nel 2001 non contribuì ad alleviare i loro sospetti.

Il 28 gennaio 2002, dopo un periodo a Harvard, Draghi fu nominato vicepresidente e direttore generale della divisione internazionale di Goldman Sachs. Era una posizione prestigiosa per un ex funzionario di Stato, e un lavoro comodo: in sostanza si trattava di far leva sulla sua vasta rete di conoscenze presso le élite aziendali e politiche italiane e internazionali per creare nuovo business, anche se lui stesso aveva detto chiaro e tondo che non avrebbe lavorato con i governi.

Da molti punti di vista fu uno shock culturale. La manifesta concentrazione sugli affari e l'aggressività delle contrattazioni che dominavano nella banca avevano un che di grossolano agli occhi di una persona abituata a camminare sul filo teso della politica italiana. Assunto sostanzialmente con la funzione di generare contatti, Draghi non volle saperne del semplice ruolo di «apriporta», e sfruttò a fondo l'esperienza per comprendere dall'interno come lavoravano trader e banchieri. «Tenevamo riunioni con i nostri trader ogni lunedì e giovedì» racconta Jim O'Neill, al tempo a capo del dipartimento di ricerca economica globale. «Ricordo che Mario mi disse: "Secondo te qualcuno avrebbe da ridire se ogni tanto partecipassi anch'io, per imparare da loro come funzionano le cose?". "Al contrario" risposi. "Ti accoglierebbero a braccia aperte."»

Già nel novembre del 2004 entrò a far parte del comitato direttivo del Goldman Sachs Group, costituito da una ventina di membri, compreso l'allora amministratore delegato e futuro segretario al Tesoro americano Henry Paulson. Spesso per raggiungere il suo ufficio londinese Draghi rinunciava alla limousine aziendale per prendere la metropolitana.

I tre anni a Goldman Sachs gli offrirono una preziosa esperienza diretta di come pensano e agiscono i mercati finanziari, una competenza che in genere manca ai dirigenti delle banche centrali, con il loro retroterra tradizionale di funzionari di Stato e accademici. «Si rivelò molto presto formidabile, e subito dopo diventò straordinariamente formidabile» dice un testimone della sua carriera fin dagli esordi, aggiungendo che grazie al periodo di lavoro in una banca d'affari Draghi ha acquisito «uno sguardo molto più ampio» rispetto ai suoi predecessori alla BCE, Trichet e Duisenberg.

La sua capacità di leggere nel pensiero degli investitori avrebbe giocato un ruolo chiave durante la crisi nell'eurozona, permettendogli di modulare le sue reazioni alle turbolenze che rischiavano di distruggere la moneta unica.

Ma malgrado l'esperienza e le conoscenze preziose che gli offriva, Goldman Sachs iniziò presto a stargli stretta: Draghi voleva tornare al settore pubblico. Durante una cena con un vecchio amico a New York, nel 2005, si informò con garbo sulle possibili alternative. Uno scandalo che da qualche tempo dominava le prime pagine dei media italiani gli offrì l'opportunità giusta.

Antonio Fazio era diventato governatore della Banca d'Italia nel 1993, succedendo a Carlo Azeglio Ciampi, nel frattempo passato alla presidenza del Consiglio. Fazio era stato uno degli allievi di Modigliani invitati al MIT nei primi anni Sessanta, circa un decennio prima di Draghi, ma diversamente dal futuro governatore della BCE non era rimasto oltreoceano per proseguire gli studi. Era tornato a Palazzo Koch, dove aveva lavorato al primo modello econometrico della banca centrale ed era entrato nel suo esclusivo dipartimento di ricerca. Intorno al 1990, quando Draghi arrivò a Bankitalia come consulente economico, Fazio era vicedirettore generale. Nel 1993, quando fu il momento di scegliere un nuovo governatore, il fatto che avesse passato tutta la carriera all'interno della banca gli diede un vantaggio decisivo su Lamberto Dini e Tommaso Padoa-Schioppa.

Dopo un'adesione iniziale e riluttante alle politiche economiche di Silvio Berlusconi, nel 2005 Fazio si trovò ai ferri corti con il governo del magnate dei media e con il suo braccio destro per l'economia, Giulio Tremonti. A luglio una serie di intercettazioni pubblicate dal quotidiano «il Giornale», di proprietà della famiglia Berlusconi, svelò che il governatore aveva favorito un contendente italiano nella scalata a Banca Antonveneta. Sotto le pressioni dei politici e dell'opinione pubblica, Fazio rassegnò le dimissioni. (Nel 2012 fu condannato a quattro anni in primo grado, pena poi ridotta a due e mezzo e confermata dalla Cassazione.)

La reputazione della banca, già offuscata dalla sua incapacità di individuare per tempo il crac Parmalat nel 2003, ne uscì compromessa. Malgrado i passati dissidi, Berlusconi si rivolse a Draghi per ristabilire la fiducia in una delle poche istituzioni italiane che avessero mai goduto di un certo rispetto. Alla scelta contribuì non poco il fatto che Ciampi, che aveva lavorato a stretto contatto con l'economista, fosse all'epoca un presidente della Repubblica tenuto in grande considerazione e con il peso politico necessario a esercitare pressioni su Berlusconi e garantire la nomina prima che i toni della campagna elettorale del 2006 si facessero troppo accesi.

L'insediamento ufficiale avvenne il 29 dicembre 2005. Palazzo Koch fu spazzato da una ventata di aria nuova, con l'arrivo dei BlackBerry e dei collegamenti internet a ogni scrivania. Ma non fu l'unico cambiamento rispetto al passato. Mentre Fazio, un cattolico osservante, teneva appeso dietro la scrivania un ritratto di san Sebastiano trafitto dalle frecce, il suo successore optò per le opere di pittori astratti italiani. E portò con sé anche il suo caratteristico stile gestionale: la consuetudine di delegare, tenendosi fuori dalla mischia. «Dov'è Draghi? Altrove» diventò una battuta ricorrente negli uffici.

Cinque mesi dopo la nomina, nel discorso pronunciato al termine della sua prima assemblea annuale degli azionisti, Draghi dichiarò senza tante cerimonie che, «riguardo all'autorizzazione all'acquisto di partecipazioni di controllo nelle banche, sarà abolito l'obbligo di comunicare il progetto all'organo di vigilanza prima che esso venga proposto al consiglio di amministrazione». L'annuncio avveniva senza fanfara, infilato a pagina venti del discorso.[14] Con un unico colpo di bisturi il nuovo governatore aveva eliminato la facoltà di Bankitalia di orientare preventivamente l'evoluzione del settore bancario italiano, facoltà di cui Fazio aveva approfittato e che ne aveva determinato la caduta. La Banca d'Italia naturalmente conservò il potere di bloccare fusioni e acquisizioni dopo che i piani erano stati resi pubblici.

Ma anche il nuovo corso non si sarebbe rivelato esente da rischi, anzi. Nel novembre del 2007, Monte dei Paschi di Siena annunciò l'acquisizione di Banca Antonveneta dalla spagnola Santander per 9 miliardi di euro, operazione che ne faceva il terzo gruppo bancario più grande d'Italia. Il prezzo era alto, e Bankitalia chiese a Montepaschi di raccogliere più capitale per finalizzare l'acquisto. Tuttavia, negli ultimi mesi febbrili prima che la crisi globale si manifestasse in tutta la sua portata, la mossa fu lodata da tutti. Solo in seguito diventò evidente che parte del capitale presentato come nuovo da Monte dei Paschi di fatto consisteva soltanto di altro debito, un onere che avrebbe pesato in modo insostenibile sulla banca.

Con il dilagare della crisi dei mutui subprime americani ai sistemi finanziari del mondo intero, Monte dei Paschi dovette ricorrere a operazioni progressivamente meno trasparenti per tenersi a galla. Gli ispettori della banca centrale scoprirono svariate anomalie nei suoi conti, e nell'agosto del 2010 chiesero a MPS un aumento di capitale. Ma la reale entità del dissesto sarebbe venuta alla luce solo molto più tardi, tanto che al governo toccò spendere miliardi di euro per salvare la banca. E fu solo allora che alcuni parlamentari criticarono Draghi per non essere intervenuto prima e in modo più incisivo. Al momento in cui questo libro va in stampa, lo Stato italiano è ancora azionista di maggioranza del Gruppo Montepaschi. Nel 2013, a una domanda dei giornalisti in merito alla sua vigilanza sul prestatore in difficoltà, Draghi, mai coinvolto personalmente nell'inchiesta, ha risposto che «la Banca d'Italia ha fatto tutto ciò che doveva fare».[15]

Da governatore della Banca d'Italia, Draghi era membro del consiglio direttivo della BCE, l'organo decisionale della Banca centrale che riunisce i capi delle banche nazionali e i sei membri del comitato esecutivo, incaricato di gestire le operazioni quotidiane a Francoforte. Con il suo brillante curriculum accademico e a capo della terza principale economia della regione, Draghi aveva le carte in regola per contribuire a plasmare il consenso nel consiglio direttivo. Eppure preferiva intervenire solo di rado. Per giunta aveva l'abitudine di lasciare spesso la riunione per occuparsi di altre faccende. «Era sul ring, ma combatteva al di sotto delle sue possibilità, non in termini di qualità ma per frequenza e incisività» dice un collega del tempo. Evitava di dissentire dal parere della maggioranza, persino quando la regione fu a rischio di recessione. Da presidente della BCE si sarebbe trovato presto nella necessità di revocare misure che aveva votato in veste di governatore di Bankitalia.

Poco dopo il suo ingresso a Palazzo Koch l'economista aveva acquisito anche un altro incarico. Era stato nominato presidente del Forum per la stabilità finanziaria, istituito nel 1999 dai Paesi del G7 e che riuniva le massime autorità finanziarie e monetarie del mondo. Nel 2009, mentre la crisi dei subprime americani mandava le economie mondiali in recessione, fu incaricato di guidare la trasformazione del forum in Consiglio per la stabilità finanziaria, caratterizzato da una rappresentanza internazionale più ampia, inclusi delegati delle economie in via di sviluppo.

L'organismo ha sede a Basilea presso la Banca dei regolamenti internazionali, l'istituto di proprietà di sessanta banche centrali che insieme rappresentano circa il 95 per cento dell'economia globale, e ha il compito di esprimere raccomandazioni per il sistema finanziario mondiale. Un collega banchiere definisce «straordinario» il lavoro svolto da Draghi nel suo breve periodo a capo del consiglio. Guidò la finalizzazione delle riforme note sotto il nome di «Basilea III», mirate a migliorare la solidità e la resistenza della finanza globale alle crisi. E nel giro di poco stabilì alcuni principi chiave rimasti inalterati anche nei lunghi anni di negoziati necessari a implementare le nuove regole a livello globale: la necessità che le banche accantonino più capitali, dotandosi di un accesso affidabile a fondi liquidi, e istituiscano meccanismi di fallimento controllato, per evitare che il crac di un prestatore metta in crisi l'intero settore. Il nuovo sistema finanziario doveva avere «più capitale, meno debito e più regole» come disse Draghi al Senato italiano nell'ottobre del 2008, riassumendo la «risposta strutturale» alla crisi.[16]

Le regole di Basilea III sono uno dei lasciti più longevi della reazione globale alla crisi finanziaria, nonché uno dei risultati più visibili del G20. Secondo il governatore di una banca centrale, Draghi aveva agito da «grande catalizzatore» sia nel definire gli obiettivi delle riforme, sia nel convincere le principali nazioni del mondo a impegnarsi per la loro implementazione.

Mentre l'economista era impegnato a riscrivere le regole della finanza internazionale, la situazione in patria volgeva al peggio. Scoppiata in Grecia nel 2009, due anni dopo la crisi del debito sovrano stava travolgendo altri Paesi alla periferia dell'eurozona, e l'Italia, schiacciata sotto il peso del suo colossale debito pubblico, sprofondò nella recessione.

Tremonti e Draghi quasi non si rivolgevano la parola. Il primo incolpava i tecnocrati come il governatore di Bankitalia di aver permesso il deragliamento dell'economia; il secondo non si stancava mai di rammentare al ministro delle Finanze del governo Berlusconi e agli altri politici che era loro responsabilità ristrutturare l'economia, anche a costo di imporsi d'autorità.

La lettera dell'estate 2011 con cui Draghi e Trichet chiedevano a Roma riforme radicali fece infuriare non soltanto i politici del governo berlusconiano, ma quelli di tutti gli schieramenti. Fu considerata un'inammissibile violazione di sovranità: un'istituzione tecnocratica non eletta che si arrogava la facoltà di pilotare le politiche di una nazione con sessanta milioni di abitanti, e di imporre nuovi e dolorosi sacrifici a una popolazione già sofferente. «Avevamo agito in base all'ingenuo presupposto che la lettera non sarebbe diventata di dominio pubblico» dice una fonte interna del tempo. La rabbia degli italiani si concentrò su Draghi, anche se era stato Trichet la forza propulsiva dell'iniziativa.

E Draghi rimpiange di aver firmato quella lettera? No. Perché l'acquisto di titoli di Stato poi messo in atto dalla Banca centrale europea poteva essere efficace solo se accompagnato da riforme strutturali. Altrimenti si riduceva a offrire agli investitori la comoda opportunità di scaricare asset indesiderati e di arricchirsi vendendoli alla BCE. In mancanza di un piano di salvataggio, quella lettera era la soluzione migliore. E poi, i membri dell'eurozona non avrebbero voluto una garanzia che i loro soldi non venissero spesi invano?

Come sappiamo, la ripresa italiana ebbe vita breve. Il governo Berlusconi sprofondò sempre di più in contrasti intestini e in una generale paralisi. Gli investitori continuarono a esigere premi sempre più alti sui titoli di Stato italiani, ponendo in dubbio il futuro del Paese nell'euro e, di conseguenza, anche quello della moneta unica. Era questa la situazione mentre Draghi si preparava al trasloco da Roma a Francoforte, dritto nell'occhio del ciclone.

3

I primi giorni della crisi

Pochi giorni prima dell'arrivo di Mario Draghi a Francoforte, nel novembre del 2011, sembrava che l'Europa stesse finalmente cominciando a riportare sotto controllo la crisi del debito. La situazione era delicata ma i leader avevano concordato di potenziare il proprio arsenale di soccorso agli Stati, portando il Fondo europeo di stabilità finanziaria a 1000 miliardi di euro, accantonando 100 miliardi per la Grecia e orchestrando una ristrutturazione del debito in grado di ridurre in modo significativo gli oneri del Paese. Insomma, si cominciava a credere – o a illudersi – che il continente potesse davvero lasciarsi alle spalle una crisi che aveva messo a nudo tutte le debolezze dell'unione monetaria, per concentrarsi finalmente sul consolidamento della sua forza economica. Il senso di relativo sollievo diffuso dall'accordo del 27 ottobre viene spazzato via appena quattro giorni dopo, quando il primo ministro greco Giorgos Papandreou indice un referendum sulle nuove misure di austerity del pacchetto di aiuti. La sera del 1° novembre, primo giorno di Draghi come presidente della BCE, il rendimento dei titoli greci con scadenza a due anni si è impennato all'87 per cento, l'interesse sulle obbligazioni decennali italiane ha toccato il livello più alto rispetto al debito tedesco mai raggiunto dalla creazione dell'euro, l'indice Stoxx Europe 600 ha registrato una flessione del 3,6 per cento, con un declino quasi doppio dei titoli bancari, e l'euro si è indebolito di oltre l'1 per cento. La crisi è di nuovo a pieno regime.

Dopo l'Irlanda, il cui governo si era impegnato a estendere un'ambiziosa garanzia alle banche nazionali in difficoltà costata più di quanto potesse permettersi, e il tracollo rischiato dal Portogallo, vittima di una profonda crisi economica che aveva danneggiato le finanze del governo in un momento in cui la fiducia nel debito sovrano era già in calo, i due Paesi sono stati messi in salvo con un pacchetto di aiuti, concordati rispettivamente nel novembre del 2010 e nel maggio del 2011. Ma Spagna e Italia sono in alto mare.

Quando, il 2 novembre, Mario Draghi prende possesso dell'ex ufficio di Jean-Claude Trichet, la vernice alle pareti è ancora fresca. È uno dei pochissimi segni che la suite d'angolo affacciata sul distretto finanziario di Francoforte ha un nuovo inquilino. Quanto al resto, nella Eurotower tutto procede come da ordinaria amministrazione. C'è da preparare una riunione sulla politica monetaria.

Intanto i capi di Stato europei si sono dati appuntamento a Cannes. Il summit del G20, dove i leader avrebbero dovuto presentare ai propri omologhi internazionali un piano definitivo per mettere fine ai due anni di crisi e disinnescare la minaccia all'economia globale, di fatto è un susseguirsi di sedute di emergenza. L'Italia, schiacciata da un debito pubblico di quasi 2000 miliardi di euro, sembra destinata a perdere l'accesso ai mercati finanziari, e la Grecia a sprofondare sempre di più nel baratro. Nicolas Sarkozy e Angela Merkel aspettano

Papandreou, convocato per dar conto del suo operato. In attesa del suo arrivo, i due stabiliscono una strategia di concerto con Jean-Claude Juncker, José Manuel Barroso e Herman van Rompuy, i massimi funzionari europei, oltre che con Christine Lagarde, direttore operativo del Fondo monetario internazionale. Quando il premier greco entra nella stanza, il gruppo gli presenta un piano in sei punti. Il più importante: se avesse insistito sul referendum, il quesito sarebbe dovuto essere un voto pro o contro l'appartenenza all'euro. È la prima volta che viene ventilata l'ipotesi di un'uscita volontaria dall'euroblocco, nonché la prima in cui l'esasperazione dimostrata dai leader europei è arrivata al punto di mettere a repentaglio quasi tredici anni di unione monetaria. Di fatto non ci sono garanzie che l'euro possa sopravvivere al precedente di una «exit». È un azzardo che Papandreou non è disposto a giocare, e otto giorni dopo l'annuncio del referendum Lucas Papademos, vicepresidente della BCE fino al 2010, prende il suo posto come primo ministro ad interim. La sua missione è duplice: implementare i draconiani tagli di bilancio necessari per la concessione dei fondi di aiuto, e garantire che la Grecia resti nell'Unione.

A Francoforte Draghi è alle prese con la sua prima decisione di politica monetaria da quando è arrivato ai vertici della BCE. Quando si presenta in conferenza stampa per riferire gli esiti della riunione del consiglio direttivo, dice ai giornalisti che l'eurozona è avviata a una «blanda recessione» e che il consiglio ha appena deciso di tagliare i tassi di interesse. Entrambe le dichiarazioni lasciano di stucco gli osservatori. «Dev'essere stato il primo presidente della BCE a pronunciare la parola "recessione" prima che sia accaduta davvero» commenta all'epoca Julian Callow, esperto conoscitore della Banca centrale, al tempo a Barclays Capital.[1] Come Callow, la stragrande maggioranza degli osservatori non aveva previsto un taglio dei tassi di interesse quel mese, anche se nei corridoi della BCE se ne parlava da tempo. Contrariamente alle illazioni secondo cui sarebbe stato il neopresidente a esercitare pressioni in favore di una marcia indietro rispetto al rialzo dei tassi annunciato da Trichet all'inizio dell'anno – in Germania erano molti gli scettici che davano per certo che l'italiano avrebbe promosso una politica meno restrittiva –, in realtà ad avanzare la proposta è proprio Jürgen Stark, capo economista uscente della Banca centrale ed ex vicepresidente della Bundesbank nonché ideatore e promotore della svolta restrittiva della prima metà del 2011.

Era già evidente che la BCE avrebbe dovuto ridurre le sue proiezioni sulla crescita, attese nel mese successivo, e per evitare misure più drastiche in dicembre venne concordata una riduzione graduale dello 0,25 per cento. Il consiglio direttivo non aveva dubbi che l'operazione fosse necessaria e ha preso la decisione all'unanimità, ma è anche ben consapevole del problema di immagine. Il taglio dei tassi può essere inteso come la conferma che Draghi sia una colomba sotto mentite spoglie, ovvero che non si preoccupi molto dell'inflazione e prediliga una politica monetaria più permissiva. Migliore accoglienza avrà il suo rifiuto di incrementare l'acquisto di titoli per ridurre gli oneri finanziari greci. Proprio in quei giorni sia la Grecia sia l'Italia si stanno rimangiando le loro promesse di austerity.

A Cannes i leader si stringono intorno ad Angela

Merkel. Essendo la cancelliera della prima economia d'Europa, è lei la persona da convincere per ottenere risultati. Quella sera, in Francia, è Barack Obama ad assumersene il compito. I suoi esperti gli hanno detto senza mezzi termini che l'unico rischio grave di una doppia recessione negli Stati Uniti viene dall'Europa: un motivo sufficiente a premere con forza per una soluzione, anche a costo di violare il protocollo politico.

Alla fine della seduta la cancelliera tedesca è in lacrime e l'eurozona sembra ancora più prossima a sgretolarsi.[2] Le trattative sulla creazione di una rete di sicurezza abbastanza solida da contenere il panico degli investitori sono fallite per l'opposizione di Angela Merkel. Silvio Berlusconi, con un misto di orgoglio e fatalismo, si ostina a respingere il piano proposto da Germania e Francia per tutelare l'Italia, inserendola in un programma precauzionale da 80 miliardi di euro. Il timore è che gli investitori lo interpretino come il segnale che il Paese non è in grado di risolvere da solo la sua crisi, con conseguenze finanziarie ben superiori all'entità della somma proposta.

Al primo summit del G20 di Draghi come presidente della BCE, e il suo ultimo come presidente del Consiglio per la stabilità finanziaria, l'incapacità di agire dell'Europa getta benzina sull'incendio della crisi del debito che si sta propagando nel continente.

Quando, ai primi di dicembre, Jürgen Stark presenta le ultime proiezioni economiche, i dirigenti della BCE si aspettano già una riduzione nelle previsioni di crescita per l'anno entrante. Seduti intorno a un tavolo di legno nella saletta angusta al trentaseiesimo piano della Eurotower, con le tende chiuse per evitare che il sole si rifletta sui megaschermi disposti ai quattro angoli per inquadrare diagrammi e grafici, i vertici discutono di quanto l'acuirsi delle tensioni sui mercati finanziari e il ristagno delle Borse abbiano indebolito la domanda globale e la fiducia di aziende e consumatori.

Il taglio di un intero punto percentuale nelle proiezioni di crescita per il 2012 è significativo, e ricorda quelli registrati nel 2009, quando il primo, violento impatto della recessione globale sull'eurozona aveva determinato una flessione del PIL pari al 4,5 per cento. Stark propone di lasciare inalterati i tassi di interesse. Si accende il dibattito. D'un tratto sul tavolo compare la controproposta di un altro taglio dello 0,25 per cento. Athanasios Orphanides, una delle massime autorità intellettuali nel consiglio direttivo, si esprime con forza in favore di un altro abbassamento dei tassi. Come Draghi, Orphanides ha conseguito un dottorato in economia al MIT ed è stato consulente senior del consiglio direttivo della Federal Reserve a Washington prima di tornare a Cipro, al tempo la terza economia più piccola dell'euroblocco dopo Malta ed Estonia, per assumere la direzione della sua banca centrale nel 2007.

Un secondo taglio consecutivo potrebbe essere significativo per due motivi opposti. Da un lato riporterebbe i tassi di interesse al livello in cui si trovavano in primavera, prima dei due rialzi imposti da Trichet. Dall'altro, però, e con effetti più sensibili, comunicherebbe il segnale che l'economia dell'eurozona è ancora, o di nuovo, in affanno, e ha un urgente bisogno di sostegno. Nel 2011 i tassi di interesse sono ancora lo strumento principale a disposizione della BCE per influire sui prezzi e sul ritmo di crescita.

In parole povere, la dinamica è più o meno questa: se una banca centrale abbassa i suoi tassi, sarà meno costoso per le istituzioni finanziarie accedere al credito e, in uno scenario ideale, anche per le aziende e le famiglie che si rivolgono alle proprie banche per ottenere un prestito. Spese e investimenti vengono incoraggiati, le attività economiche aumentano, come pure l'inflazione. Al contrario, un rialzo dei tassi rischia di produrre l'effetto opposto.

In un clima di catastrofe economica incombente, l'iniziativa di abbassare i tassi di interesse guadagna consensi. Ma non è ancora chiaro se saranno abbastanza da portare a una decisione. Draghi gioca a carte coperte. Diversamente da Trichet, che avrebbe preso in esame con gli altri la proposta di Stark, dopo aver espresso chiaramente la sua preferenza e guidato la discussione, il suo successore lascia che la conversazione prosegua indisturbata. Alla fine, quando Stark chiede di mettere la proposta ai voti, Draghi incarica del conteggio Pierre van der Haegen, segretario del consiglio direttivo, seduto alla sua sinistra a verbalizzare meticolosamente l'andamento della riunione. Secondo i suoi appunti, una risicatissima maggioranza è a favore del taglio.

Alla conferenza stampa dopo la riunione, Draghi si dimostra lapidario come nella sua prima apparizione in novembre. «La risposta alla prima domanda è "no". La risposta alla seconda domanda è "no". E la risposta alla terza domanda è: "Noi non ci impegniamo mai in anticipo". Quindi, abbiamo due "no" e un "nessun impegno preventivo".»[3] Le sue risposte laconiche suscitano qualche risata e qualche ironica alzata di sopracciglio tra i cronisti in sala e tra gli spettatori televisivi di tutto il mondo (in genere le conferenze stampa della BCE sono trasmesse in diretta tv sui canali finanziari come Bloomberg e CNBC). Per capirci, le risposte di Draghi significano che la BCE non ha la minima intenzione di ampliare il suo programma di acquisto di titoli di Stato, che alcuni membri del consiglio hanno votato contro il taglio dei tassi di interesse, e che nel corso della riunione non si sono discusse misure future. Gli investitori non impiegano molto a manifestare il proprio disappunto. Draghi si è appena rimangiato la promessa di potenziare gli interventi della Banca centrale?

Una settimana prima il presidente della BCE era stato a Bruxelles per un'audizione davanti al Parlamento europeo, il primo di molti incontri con il plenum o con la Commissione per i problemi economici e monetari che si sarebbero susseguiti nel corso degli anni. Dopo un breve cappello introduttivo in quattro lingue – inglese, francese, tedesco e italiano –, Draghi aveva descritto a tinte fosche la situazione nell'eurozona. Le tensioni sui mercati finanziari stavano lasciando l'economia senza fondi, la fiducia era in calo. Le disfunzioni dei mercati azionari erano il segnale che, malgrado gli sforzi della BCE, in molti Paesi della UE la politica monetaria non stava raggiungendo le aziende e le famiglie. «Credo che la nostra unione economica e monetaria abbia bisogno di un nuovo patto fiscale, una radicale riformulazione delle norme fiscali e degli impegni reciproci presi dai governi dell'eurozona. [...] È senz'altro questo l'elemento più importante per ristabilire la credibilità» aveva detto. «Gli altri verranno in seguito.»[4] A richiamare davvero l'attenzione è quest'ultima frase, che viene interpretata come il segnale che, se i governi rafforzano l'unione fiscale europea per garantire una soluzione duratura alla crisi, in cambio potrebbero esserci nuovi acquisti di debito sovrano da parte della BCE.

Nell'eurozona spetta ai governi nazionali decidere le politiche fiscali, in conformità con il Patto di stabilità e crescita, accordo varato nel 1997 applicando le poche regole di base stabilite dal Trattato di Maastricht per renderne più rigorosa la disciplina: il deficit di bilancio non può superare il 3 per cento del PIL; il debito pubblico non può eccederne del 60 per cento. In caso contrario, l'uno o l'altro vanno ridotti progressivamente per rientrare nei parametri.

Il fatto che nel 2011 quasi tutti gli Stati membri siano in violazione dei parametri si può attribuire a vari fattori: la gravità della crisi economica; il lassismo negli anni che l'hanno preceduta; la mancanza di coordinamento nell'elaborazione dei budget dei vari Paesi; ma anche l'intervento della Germania, prima sostenitrice della stipula del patto, e della Francia per prevenire l'applicazione delle sanzioni nel 2003, quando era capitato a entrambi i Paesi di sforare dai parametri.

Ciò che conta per Draghi è recuperare la credibilità delle norme fiscali nell'eurozona. Con i reporter riuniti a Francoforte, si dirà «piuttosto sorpreso» di come sono state interpretate le sue osservazioni.[5] I tre pilastri del patto che ha in mente ruotano intorno a politiche economiche nazionali orientate a stabilità, crescita e rilancio dell'occupazione, a regole automatiche a livello europeo per contenere il deficit e il debito, e all'istituzione di un meccanismo di stabilità da rendere operativo prima possibile. Il piano va ben oltre la semplice imposizione dell'austerity – in genere considerata la panacea per le nazioni in difficoltà –, oltre il taglio delle spese statali con la riduzione delle pensioni e dei servizi pubblici e il licenziamento dei dipendenti statali, oltre l'aumento delle tasse e la privatizzazione delle partecipazioni statali per rimpinguare le casse dello Stato.

L'appello a un patto fiscale è il primo intervento politico di Draghi, il primo scorcio della sua visione per un'Europa più forte, e la prima prova del suo calibro come presidente della BCE. È un appello che mette in luce le sue credenziali di policy maker orientato alla stabilità, e trova ascolto. Nel giro di otto giorni, i capi di Stato si riuniscono a Bruxelles, e quando al mattino escono dal summit, durato dodici ore filate, annunciano un'intesa per l'istituzione di regole antideficit più rigorose e per l'accelerazione nell'avvio del Meccanismo europeo di stabilità (MES), il fondo salva-Stati dell'Unione. Hanno anche strappato un contributo dalle banche centrali nazionali dell'eurozona: prestiti per 150 miliardi di euro destinati alle risorse generali dell'FMI, con altri 50 miliardi dalle banche centrali di Stati membri dell'Unione non appartenenti all'area euro. «È un ottimo esito per i membri dell'eurozona e getterà le basi per un buon patto fiscale e per altre politiche economiche disciplinate nei Paesi dell'euro» dichiara Draghi dopo il summit, durante il quale è intervenuto più volte, sempre per insistere con i contraenti per indurli ad assumere impegni più vincolanti.[6]

La tempra dimostrata da Draghi ha l'imprimatur di Trichet. I due si sono incontrati spesso nei giorni e nelle settimane precedenti il passaggio del testimone. Hanno parlato delle dinamiche interne della BCE, di quanto sia eccezionale e talentuoso il suo staff, e delle sfide che avrebbero atteso il nuovo presidente di fronte a quel bivio della crisi, quando il destino dell'Europa sarebbe dipeso dalla disponibilità dei governi a mantenere le promesse. «Con lui ho sottolineato moltissimo l'importanza dei rapporti con i capi di Stato» ricorda Trichet. «Gli ho detto: "Capita che i governi prendano impegni che non intendono onorare. Devi essere in grado di prevederlo". È stato uno dei molti messaggi che gli ho trasmesso.» Un altro avvertimento del francese al suo successore era la necessità di tenere d'occhio le disparità tra gli Stati membri dell'eurozona. Per Trichet il problema cruciale era quello della competitività, e la soluzione erano le riforme strutturali e la svalutazione interna: moniti che non si stancava di ripetere fino alla nausea ogniqualvolta aveva l'orecchio dei capi di Stato e di governo. Draghi avrebbe adottato un approccio diverso.

Alla BCE il 2012 comincia con una ventata d'aria fresca. Il tedesco Jörg Asmussen e il francese Benoît Cœuré fanno ingresso nel comitato esecutivo. Entrambi sono stati selezionati dai ranghi dei dicasteri delle Finanze dei rispettivi Paesi, il primo viceministro sotto Wolfgang Schäuble, il secondo capo economista del Tesoro francese: due tecnocrati preferiti ad altri illustri accademici per garantire la più stretta collaborazione possibile con la Banca centrale in una fase storica determinante. Malgrado la formazione economica, Asmussen, un politico in tutto e per tutto, non è particolarmente interessato all'incarico, ma Angela Merkel ha insistito perché fosse lui il suo uomo alla BCE. La cancelliera riflette approfonditamente sulla crisi esistenziale che ha travolto l'area euro, e il livello del suo coinvolgimento persino nelle questioni più minute ha molto colpito i suoi interlocutori. Quando possibile, Draghi ricerca la sua compagnia durante i summit e le altre riunioni internazionali, impressionato dalla sua leadership. Li si vede spesso passeggiare insieme per i corridoi o in disparte in un angolo, immersi in conversazioni sulle problematiche più pressanti che affliggono l'eurozona.

A metà gennaio, il neopresidente è certo che la sua strategia per contrastare la crisi stia cominciando a dare buoni frutti. L'iniziativa della BCE di prestare alle banche tutta la liquidità di cui hanno bisogno per un periodo di tre anni mediante un piano di rifinanziamento a lungo termine chiamato LTRO – longer-term refinancing operation – ha iniziato a lubrificare i mercati del credito prima grippati. I lavori per approntare il nuovo strumento erano cominciati durante l'estate, prima dell'insediamento di Draghi, quando era diventato evidente che il circoscritto acquisto di titoli previsto dal Securities Markets Programme (SMP) non bastava a placare i mercati e ad attirare investitori verso i titoli emessi dalle banche. Entro il mese di marzo gli istituti di credito avrebbero ottenuto prestiti per oltre 1000 miliardi di euro. A dispetto dei «sostanziosi rischi negativi», Draghi annuncia «segnali indicativi» di stabilizzazione economica, e nell'ultima bozza del nuovo patto fiscale i governi fissano regole più rigorose sul deficit di bilancio.[7]

In febbraio Draghi sospende l'acquisto di titoli, dopo che nell'ultimo semestre dell'anno precedente la BCE ha speso circa 145 miliardi di euro per arginare un'impennata dei rendimenti spagnoli e italiani. L'obiezione di Draghi all'SMP è la mancanza di un chiaro obiettivo operativo e di incentivi per indurre i governi a collaborare implementando le riforme. Il passo indietro della BCE non preoccupa il mercato dei titoli, che ha già trovato acquirenti alternativi. Riforniti di contanti dalla BCE, le banche dell'eurozona si fanno avanti, comportandosi esattamente come previsto da Sarkozy quando Draghi aveva annunciato l'attivazione dell'LTRO: «Non serve essere un fine analista per sapere che domani, grazie alla decisione della Banca centrale, lo Stato italiano potrà chiedere alle banche del suo Paese di finanziare parte del suo debito a tassi indubbiamente inferiori a quelli di mercato. [...] Ho citato l'Italia ma lo stesso vale per la Spagna. In sostanza qualsiasi Stato potrà ricorrere alle proprie banche, che ora dispongono di grandi liquidità».[8] Il cosiddetto Sarko-Trade non impiega molto a diventare la spina nel fianco di alcuni dirigenti delle banche centrali, che si chiedono se la BCE sia davvero consapevole dei rischi delle sue operazioni di rifinanziamento.

Jens Weidmann, a capo della Bundesbank dal 2011, riassume i suoi timori in una lettera a Draghi. A preoccuparlo non è soltanto l'ingente quantità di denaro immessa nel sistema finanziario, ma anche il fatto che le recenti regole più blande permettono alle banche di offrire titoli meno sicuri a garanzia dei prestiti. Il saldo Target2 dovuto dalla Germania alla BCE, e dunque il denaro che la Bundesbank perderebbe nel caso di una disgregazione incontrollata dell'euroblocco, ha superato la soglia dei 500 miliardi di euro. La piattaforma di pagamento Target2, in circostanze normali un semplice strumento contabile per valutare le condizioni di salute dei bilanci delle banche centrali dell'Unione e regolamentare i flussi di denaro nell'eurozona, finirà presto al centro di un accesissimo dibattito politico. Alcuni economisti, soprattutto in Germania, guardando i flussi di denaro registrati da Target2, si lanciano in previsioni catastrofiche per il futuro dell'eurozona, previsioni che si riveleranno immancabilmente errate. Eppure in quei giorni le loro voci trovano ampio ascolto tra i politici e sui media. A confermare, in apparenza, il timore che il sostegno da parte della BCE disincentivi i governi dal mantenere i propri obblighi, proprio a inizio marzo – pochi giorni dopo la seconda offerta di prestiti triennali estesa dalla Banca centrale – il capo del governo spagnolo Mariano Rajoy comincia a tergiversare sugli impegni presi per ridurre il deficit del Paese.

I rischi ci sono, ma nessuno dei policy maker – dai più ai meno cauti – ha mai considerato gli strumenti di stimolo della BCE come illimitati nel tempo. «Il clima sui mercati finanziari è migliorato, si registrano meno tensioni, e abbiamo visto un miglioramento nei finanziamenti sia alle banche sia alle aziende. [...] Beninteso, è importante che a tempo debito si stabilisca un'uscita controllata e tempestiva dal programma» precisa l'allora governatore della Banca di Finlandia Erkki Liikanen.[9] Fino al suo pensionamento nell'estate del 2018, il finlandese sarà uno dei confidenti più stretti di Draghi nel consiglio direttivo, accollandosi spesso il compito di convincere i colleghi indecisi in modo da cementare la maggioranza a sostegno delle iniziative che ritiene assolutamente necessarie. Nella primavera del 2012 i suoi commenti dimostrano che i primi tentativi anticrisi della BCE sono mirati a un problema specifico, hanno natura solo reattiva e sono senz'altro pensati come misure eccezionali. Non si è ancora capito che una strategia di passi piccoli e facilmente reversibili non basterà a salvare l'euro. Per riuscirci bisogna giocarsi il tutto per tutto, come accadrà tra non molto.

Pian piano gli effetti dei prestiti a lungo termine della BCE si esauriscono. Con il programma di acquisto di titoli ancora inattivo, e scarse garanzie da parte dei governi e della Banca centrale che sia in preparazione un piano davvero efficace per uscire dalla crisi, i rendimenti sul debito sovrano in Italia e Spagna cominciano a salire, avviandosi a livelli insostenibili sul lungo periodo. A pagarne lo scotto è soprattutto Mario Monti, che nel novembre del 2011 ha ereditato la presidenza del Consiglio da Berlusconi. Ogni volta che lo incontrano, Merkel, Schäuble e Sarkozy sfilano un foglietto dalla tasca, controllano la data della prossima scadenza di rimborso delle obbligazioni e domandano: «Ce la fate?». La cancelliera tedesca e più ancora il suo ministro delle Finanze sono assolutamente certi che le pressioni dei mercati finiranno per costringere i governi a adottare le misure di austerity a loro avviso essenziali per risolvere la crisi europea. L'Italia e altri Paesi periferici dell'Unione spingono per gli eurobond per ridurre i costi del debito sovrano attraverso la mutualizzazione dei debiti delle singole nazioni, ma per Merkel e per il suo ministro al massimo se ne potrà parlare più avanti, quando si sarà raggiunta un'integrazione ben più profonda.

Già in aprile Rajoy non riesce più a convincere gli investitori che il suo Paese è in grado di rimettere ordine nelle proprie finanze. Quando i rendimenti dei titoli decennali spagnoli si avvicinano ai livelli che avevano fatto scattare le misure di salvataggio per Grecia, Irlanda e Portogallo, il premier chiede con urgenza alla BCE di riattivare il programma di acquisto dei titoli. Draghi non vuole saperne. È altrettanto contrario all'ipotesi di abbassare i tassi di interesse e di mantenere in vita le misure di finanziamento anticrisi a sostegno delle banche, ipotesi caldeggiata dal Fondo monetario internazionale. «Nessuno dei suggerimenti dell'FMI è stato discusso in sede di consiglio direttivo, o comunque non in tempi recenti» dice all'élite finanziaria mondiale durante le tradizionali riunioni di primavera dell'FMI a Washington, cercando al tempo stesso di blandire Spagna e Italia complimentandosi per i risultati ottenuti, nel tentativo di convincerle a moltiplicare gli sforzi.[10] Weidmann sceglie un approccio meno morbido, dichiarando che «i problemi europei non sono risolvibili con misure di politica monetaria».[11] Pur senza addentrarsi in raccomandazioni dettagliate, anche il segretario al Tesoro americano Timothy Geithner insiste che serve un'azione più decisa: «Il successo della prossima fase di risposta alla crisi dipenderà dalla disponibilità e dalla capacità dell'Europa e della Banca centrale europea di attivare strumenti e processi in modo creativo, flessibile e aggressivo a sostegno degli Stati impegnati a implementare le riforme e a tenersi al passo con i mercati».[12]

Non trascorrerà molto tempo prima che la visione di Mario Draghi per l'Europa si precisi ulteriormente. In un discorso tenuto alla Sapienza di Roma, in memoria del suo mentore Federico Caffè, il presidente afferma che le misure non standard messe in atto dalla BCE – i finanziamenti illimitati che ha ereditato dal suo predecessore, i prestiti a lungo termine, i vari programmi di acquisto del debito pubblico e privato, l'ammorbidimento delle norme sul collaterale e i bassi tassi di interesse – hanno aiutato l'Unione a guadagnare tempo. Hanno permesso alle politiche della BCE di percolare attraverso i vari strati dei mercati finanziari fino a raggiungere le aziende e le famiglie sotto forma di tassi di interesse agevolati sui prestiti. E hanno impedito un collasso del sistema bancario che avrebbe avuto conseguenze sulla produzione e sul mercato del lavoro ben più gravi di quelle registrate finora. Nella primavera del 2012 l'eurozona è preda di una recessione dalla quale non emergerà per un altro anno. Dal picco registrato all'inizio del 2009 ha perso oltre 4,3 milioni di posti di lavoro, una falcidia che salirà a 5,6 milioni prima che si intravedano segnali di ripresa. La fiducia nell'economia è in caduta libera verso livelli registrati solo nel 2009, quando il crac di Lehman Brothers aveva trascinato il mondo nella Grande Recessione. «Siamo ormai giunti a un punto in cui il processo di integrazione europea per sopravvivere ha bisogno di un coraggioso salto di immaginazione politica. È in questo senso che ho richiamato la necessità di un "growth compact" accanto al ben noto "fiscal compact".»[13] La sua idea di un'iniziativa sorretta da tre pilastri – unione fiscale, riforme strutturali e investimenti pubblici – ha circa quattro settimane di vita. Draghi l'aveva presentata per la prima volta a Bruxelles alla fine di aprile, nel corso di una delle sue apparizioni davanti alla Commissione per i problemi economici e monetari del Parlamento europeo.

Con i governatori delle banche centrali che tengono gli occhi puntati su possibili soluzioni politiche, nei mercati finanziari si diffonde la convinzione che questa volta la BCE sia decisa a restare a bordocampo, e che non alzerà un dito per prevenire un tracollo che appare imminente. Il programma di prestiti a lungo termine e quello di acquisto di titoli sono ormai un lontano ricordo. La liquidità abbandona l'Europa, rimpiazzata dalla paura. A inizio giugno la Spagna lancia l'allarme sulla sua capacità di risanare un debito ormai troppo alto. Gli investitori stranieri stanno ritirando le proprie partecipazioni, e il premio di rendimento dei titoli di Stato spagnoli rispetto ai Bund tedeschi, un bene rifugio in tempi di stress dei mercati finanziari, continua a sfondare un record dopo l'altro. Le elezioni francesi che dopo un solo mandato hanno messo fine alla presidenza di Nicolas Sarkozy, portando al potere François Hollande, acuiscono le incertezze. Il candidato socialista aveva improntato la campagna elettorale sul rifiuto dell'austerity e promesso di concentrarsi su politiche di stimolo alla crescita, respingendo il monopolio tedesco nel decidere l'approccio adatto a risolvere la crisi. L'Italia fatica a piazzare i suoi titoli, in parte per le pessime condizioni della sua economia – sta vivendo la sua quarta recessione dal 2001 –, in parte per il contagio che è dilagato nell'euroblocco. E in Grecia le proteste scoppiate per le strade in seguito ai risultati incerti delle elezioni del 6 maggio stanno aggravando una situazione già piuttosto allarmante.

«Per come stanno andando le cose, e considerate le strutture esistenti, l'eurozona è esposta a un rischio reale di disgregazione.»[14] L'avvertimento del commissario europeo per gli affari economici e monetari, Olli Rehn, che nel 2018 diventerà governatore della banca centrale finlandese, non potrebbe essere più esplicito. «Le strade sono due: o un graduale rafforzamento dell'Unione Europea oppure un deterioramento dell'eurozona.»

Vista dagli Stati Uniti, la situazione è agghiacciante. «Sapevamo dalle cifre che la crisi era esistenziale: l'Europa era a secco di liquidità» ricorda un alto funzionario del dipartimento del Tesoro di allora. Alcune delle banche sistemiche della regione stanno per perdere l'accesso ai mercati, ovvero rischiano a breve di non poter finanziare operazioni ordinarie come il pagamento dei depositi e l'emissione di prestiti. L'intera economia rischia il collasso. «Ma per quanto grave la crisi, a spaventare davvero era la consapevolezza che l'Europa non disponeva dei meccanismi istituzionali necessari ad affrontarla» aggiunge il funzionario americano. La soluzione, secondo gli economisti d'oltreoceano, non è la pressione dei mercati, ma la giusta combinazione di robuste politiche fiscali e strategie per favorire la crescita, con regole e istituzioni in grado di fornire l'uno e l'altro ingrediente: un messaggio che negli ultimi giorni di primavera il presidente Barack Obama cerca instancabilmente di inculcare alle sue controparti europee.

Alla BCE, Draghi coinvolge policy maker, esperti ed economisti in numerose conversazioni sul possibile contributo della Banca centrale per ristabilire la fiducia nell'eurozona e in una moneta unica che nell'ultimo anno ha perso circa il 15 per cento rispetto al dollaro. Una sfilza di iniziative viene messa sul tavolo ed esaminata minuziosamente. Il presidente pone raffiche di domande, vuole sapere come, quando e in quali circostanze questa o quella strategia potrebbe rivelarsi utile, e, mentre ascolta le risposte, costruisce una mappa mentale di dove trovare la maggioranza necessaria a metterle in atto. Non ha espresso alcun impegno a varare un nuovo programma di acquisto di titoli né ad accogliere nessuno degli altri suggerimenti avanzati finora: si confronta con i consulenti più fidati ma poi ragiona per conto suo su come spezzare una volta per tutte la spirale discendente dell'Europa. Il suo tempo verrà. Ma in quel preciso momento, per dirla con le parole di Stanley Fischer, ex vicepresidente della Federal Reserve e mentore di Draghi fin dagli anni Settanta, quando l'italiano era suo studente al MIT, «non sapevamo ancora chi era Mario».

Il primo pilastro della soluzione emergerà a fine giugno. La mattina di domenica 29 i leader concludono il loro diciannovesimo summit sulla crisi annunciando una serie di impegni su vigilanza bancaria congiunta, coordinamento dei bilanci e messa a punto di una politica economica più centralizzata. Il progetto è ancora in fase embrionale, poco più del piano di formulare un piano, ma l'intesa è comunque la conferma che, nonostante lo scetticismo degli investitori e la rassegnazione diffusa tra i cittadini europei nei confronti di una crisi che sembra senza via d'uscita, l'adesione alla UE e all'euro degli Stati membri è ancora salda come all'inizio.

Per arrivarci la notte è stata lunga. Alle 22.30 di sabato, quando Herman van Rompuy ha aggiornato i reporter, i leader avevano appena chiuso la prima sessione sul bilancio dell'Unione Europea e approvato un piano da 120 miliardi di euro per promuovere la crescita nelle ventisette nazioni del blocco. Con lo scivolamento progressivo dell'intera economia verso la recessione, l'insistenza di Hollande sulla crescita aveva trovato un pubblico attento persino tra i tedeschi. Gli accordi presi quella notte comprendono un'iniezione di capitali pari a 10 miliardi di euro destinata alla BEI, la Banca europea per gli investimenti, che avrebbe permesso di incrementare di 60 miliardi la sua capacità di erogare prestiti e di liberare investimenti tre volte più grandi. La voce successiva all'ordine del giorno era più spinosa – le misure necessarie a impedire che la crisi finanziaria travolgesse Spagna e Italia –, e l'umore di Angela Merkel si era incupito.

Poco prima, da accanita tifosa di calcio, la cancelliera aveva approfittato di un breve intervallo nei negoziati per informarsi dell'andamento della semifinale del campionato europeo, che vedeva opposte Italia e Germania. Per un po' era rimasta a seguire la partita su un piccolo televisore nell'angolo di un bar vicino alla sala riunioni, insieme a Monti e Draghi, con il primo che insisteva per un aiuto immediato contro l'impennata vertiginosa degli oneri finanziari e il secondo che premeva per la definizione di un progetto politico e una maggiore integrazione. Sullo schermo Mario Balotelli aveva segnato il gol della vittoria. Anni dopo Monti avrebbe commentato che in quel momento Merkel doveva aver pensato che aveva fin troppi Mario tra i piedi.

Alla ripresa delle trattative, Van Rompuy e Draghi, affiancati da José Manuel Barroso e Jean-Claude Juncker, avevano presentato la loro «relazione dei quattro presidenti», un documento redatto su richiesta del presidente della Banca centrale europea per tracciare un percorso di dieci anni verso un'economia meglio gestita. Il piano chiedeva una più rigorosa vigilanza sulle banche, politiche fiscali integrate con la possibilità di un'emissione congiunta del debito e una politica economica più centralizzata, sotto la stretta sorveglianza dei Parlamenti nazionali e di quello europeo. I leader avevano passato il resto della notte a discuterne, senza che all'esterno trapelasse nulla del dibattito.

Dopo essere riemersi dalla sala, hanno annunciato l'impegno di ampliare la vigilanza sulle banche a livello europeo. È un enorme passo avanti sulla via dell'integrazione e una seria chance di spezzare il circolo vizioso tra la sofferenza economica degli Stati e delle banche. In aggiunta permette al Meccanismo europeo di stabilità di iniettare capitali direttamente nelle banche in affanno: un problema al tempo considerato di massima importanza anche se da allora praticamente scomparso dal dibattito.

Per molti osservatori la rilevanza delle intese raggiunte quel weekend emergerà solo in seguito. Per Draghi rappresentano la svolta cruciale. Il piano sottoscritto lo ha convinto che, dopo due anni e mezzo alle prese con la crisi, i governi stanno finalmente mettendo in sicurezza l'euro. «Sono davvero molto soddisfatto degli esiti» dice uscendo dal summit. «Gli accordi dimostrano l'impegno alla coesione a lungo termine di tutti gli Stati membri dell'eurozona, ma anche il raggiungimento di risultati concreti sul più breve termine.»[15]

La mattina dopo va a trovare Van Rompuy nel suo ufficio. Vuole ringraziare il presidente del Consiglio europeo per aver contribuito a tracciare un percorso verso un'unione più salda. «Herman, ti rendi conto di cosa avete realizzato, ieri notte?» domanda. «Era la svolta di cui avevamo bisogno.»[16]

Malgrado la dimostrazione di buona volontà politica dei governi europei, i mercati finanziari continuano a speculare contro l'euro. Alla riunione di luglio, la Banca centrale europea porta il tasso di interesse sui depositi a zero. È una mossa audace alla quale non molte banche centrali avevano allora avuto il coraggio di ricorrere. Il timore era quello di perdere il controllo sui tassi di interesse nei mercati finanziari, e aprire la strada alle ipotesi che il passo successivo fosse un tasso di interesse negativo. Per quell'estate lo zero è la soglia minima cui la banca sia disposta a spingersi. In seguito al taglio gli investitori si chiedono se tra non molto la BCE non sarà costretta ad attivare un piano di allentamento quantitativo (quantitative easing, QE), la politica di acquisto di titoli su vasta scala in cui si erano imbarcate la Federal Reserve e la Bank of England nel 2009. La risposta? «Ci sono dei limiti a ciò che possiamo fare.»

I mercati finanziari sono inquieti. I rendimenti sul debito sovrano delle nazioni periferiche dell'Unione sembrano conoscere un'unica direzione: verso l'alto. L'euro sta precipitando ai suoi minimi storici da due anni, e si moltiplicano le scommesse sulla fine della moneta unica. Per la seconda volta in un anno l'agenzia Moody's taglia il rating dell'Italia, declassando il Paese ad appena due livelli sopra «junk» – spazzatura –, e ventila ulteriori riduzioni nel caso l'economia continui a deteriorarsi. I ministri delle Finanze concordano un pacchetto di aiuti pari a 100 miliardi di euro per le banche spagnole, mentre a Madrid si prevede un secondo anno di recessione. Intanto, ad Atene, piazza Syntagma brucia. Gli agenti antisommossa cercano di sgomberare i manifestanti. Vista da fuori, la Grecia sembra un Paese in guerra.

In molti si domandano se l'euro potrà sopravvivere, se l'Unione Europea abbia ancora un futuro. All'insaputa persino dei suoi alleati più stretti, un uomo sta lentamente formulando una risposta.

4

Whatever it takes[1]

Nubi di tempesta si addensano sui mercati finanziari, ma la mattina del 26 luglio 2012 Londra non sembra preoccuparsene. La città si è svegliata con una splendida giornata di sole. Le residenze reali di Buckingham e St. James Palace sono ancora immerse in un maestoso silenzio, ma Lancaster House ferve di attività. Il premier David Cameron sta aspettando l'arrivo di ospiti importanti nell'edificio a tre piani, in stile georgiano, che al cinema e in televisione sostituisce regolarmente Buckingham Palace. Claire Foy e Matt Smith ne hanno percorso i corridoi nei panni di Elisabetta II e del duca di Edimburgo nella serie *The Crown*, Colin Firth si è aggirato tra le sue sale nelle vesti di Giorgio VI, il sovrano balbuziente del *Discorso del re*, ed è qui che la famiglia Crawley di *Downton Abbey* ha festeggiato un Natale nei primi anni Venti.

L'elenco degli invitati di Cameron comprende oltre duecento uomini d'affari, policy maker e investitori. Tra la fiumana di personalità che quella mattina supera il portico e imbocca l'imponente scalinata che conduce ai saloni del piano nobile, c'è anche Mario Draghi.

Arrivato la sera prima, il presidente della BCE ha trovato la capitale finanziaria d'Europa in fibrillazione per l'imminente inaugurazione dei Giochi della XXX Olimpiade, ma ben poco speranzosa in una soluzione immediata alla crisi del debito sovrano che da tre anni devasta il continente.

«Benvenuti a Londra, benvenuti allo spettacolo più grande del mondo» dice Cameron, accogliendo i suoi ospiti alla Global Investment Conference, il primo di una serie di summit finanziari organizzati in parallelo con l'evento sportivo per attirare denaro nel Regno Unito.[2] Dopodiché si lancia in un trionfale elenco di tutti i vantaggi di fare affari in Inghilterra, presentando il Paese come un luogo ideale per gli investimenti. Il contrasto con il disastro in corso oltremanica è lampante. Nel cantare le lodi dell'inglese come lingua d'elezione degli affari, della finanza, e sempre più anche della politica, Cameron si permette persino una frecciatina ironica all'Unione Europea: «A volte dico che una lingua unica sarà un pochino meglio della moneta unica, ma è comunque importante salvaguardarle e promuoverle entrambe».

Il convegno è in larga parte un evento cerimoniale. Mervyn King, al tempo governatore della Bank of England, ricorda che «nessuno lo aveva pensato come un'occasione di sostanza. È una premessa importante per capire cosa accadde dopo». Poco prima della seduta delle 10.30, dal titolo *Come gestire le sfide globali*, Draghi sembra perfettamente rilassato mentre chiacchiera con i colleghi che siederanno nel panel con lui, lo stesso King, Agustín Carstens e Alexandre Tombini, governatori rispettivamente della banca centrale messicana e brasiliana. «Prendetevi pure tutto il tempo che volete» si schermisce. «Io non ho molto da dire.» Nel suo intervento intende soltanto ribadire un messaggio già comunicato qualche giorno prima nel corso di un'intervista, e parecchie altre volte in passato: l'euro è irreversibile. Punto.

Nella Long Gallery il pubblico comincia a prendere posto. Il podio è stato allestito a un'estremità degli oltre trentacinque metri di un salone nell'ala est del palazzo, il che rende la disposizione piuttosto disagevole, considerato che gran parte degli spettatori si trova più vicino alle finestre che agli oratori. Il soffitto con un dipinto del Guercino trafugato da Roma, il caminetto impreziosito da dorature francesi e le porte alte e massicce danno all'ambiente un che di regale, un'atmosfera smorzata dall'arredo moderno e funzionale e dai pannelli bianchi e rossi approntati per il convegno.

Quando, poco dopo le undici, arriva il suo turno di prendere la parola, Draghi comincia paragonando l'euro a un calabrone: per le leggi della fisica sarebbe impossibile, eppure riesce a volare. Adesso però l'euro dovrà «diventare un'ape vera e propria». L'analogia diffonde un vago sconcerto tra gli spettatori. Draghi prosegue, aiutandosi solo di tanto in tanto con i suoi appunti. Il pubblico soppesa attentamente ogni parola. Circa sei minuti e mezzo dopo l'inizio del discorso, una volta pronunciato il verdetto che l'euro è qui per restare, il presidente abbassa lo sguardo. Inspira a fondo. Intreccia le dita e dice: «Ma c'è un'altra cosa che vorrei dirvi. Nell'ambito del nostro mandato, la BCE è pronta a fare tutto il necessario per preservare l'euro». Forse legge lo scetticismo sui volti dei presenti. Lascia un'altra pausa e aggiunge, in tono risoluto: «E credetemi: sarà sufficiente».[3]

Whatever it takes. «Tutto il necessario.» Dopo quei sedici secondi, a gran parte dei presenti il resto del discorso scivola addosso. Impegnati a interrogarsi su cosa di preciso sarebbe stato, tutto il necessario, gli investitori smettono quasi di ascoltare le osservazioni successive, e la dichiarazione che i mercati finanziari stanno sottovalutando i progressi realizzati nell'eurozona. Seduta in prima fila, proprio sotto il leggio bianco, Christine Lagarde, direttore operativo del Fondo monetario internazionale, si domanda se con quella frase quasi estemporanea Draghi abbia di fatto messo tutto il peso della BCE a supporto dell'euro. Mentre gli esperti di mercati del dipartimento del Tesoro americano esultano scambiandosi un *high five*, convinti che il presidente abbia finalmente capito che la chiave per risolvere la crisi non sono gli aleatori trucchetti tecnici e finanziari ma una chiara dimostrazione di leadership. «Sapevo che stava per prendere una posizione forte ma non con quali parole si sarebbe espresso» ricorda Jack Lew, al tempo capo di gabinetto del presidente Barack Obama e dal 2013 segretario al Tesoro.

L'euro, le azioni e le obbligazioni registrano tutti un rialzo in reazione al discorso di Draghi, nella convinzione condivisa che dopo aver archiviato il Securities Markets Programme la Banca centrale stia per avviare un allentamento quantitativo su vasta scala. Anche alla BCE gli analisti di mercato sono colti alla sprovvista. Non si aspettavano una dichiarazione d'intenti così clamorosa. «Non credo che Mario avesse previsto l'entità della risposta sui mercati» ipotizza King. Per parte sua, Draghi non sembra particolarmente colpito. Quando scende dal podio, Christine Lagarde si alza per cercare di intercettarlo. Tallonato da Regina Schüller, responsabile della comunicazione della BCE, Draghi si volta e le chiede: «Come sono andato, Regina?». «Ha dato una scossa ai mercati. Mi sa che adesso avrò da fare» risponde lei. «Oh, davvero? Mhm» commenta lui.

Il cellulare di Schüller ha già cominciato a squillare e non smetterà per un bel pezzo. I giornalisti chiedono dettagli sulle dichiarazioni del presidente. Lei si limita a ripetere: «L'euro è irreversibile» e «Tutto il necessario». Gli investitori e gli altri presenti nel pubblico sono altrettanto incerti su come interpretare quelle tre parole. Non avevano mai sentito una presa di posizione tanto incondizionata da parte di un personaggio di così alto profilo nell'Unione Europea, e sembrano non aver proprio colto la premessa precisata da Draghi: «Nell'ambito del nostro mandato». Christine Lagarde, che di quel «Whatever it takes» dirà che entrerà negli annali come «le tre parole più efficaci nella storia delle banche centrali», è una di loro.[4]

Il suo «Whatever it takes» catapulta Draghi all'ottavo posto nella classifica Forbes delle personalità più influenti del mondo per il 2012.[5] E diventerà il principio guida delle politiche della BCE. La dichiarazione contribuirà a fare del presidente l'immagine paradigmatica di un nuovo attivismo dei banchieri centrali, pronti a colmare il vuoto di leadership nei momenti cruciali. Per Draghi mettere tutto il peso del bilancio della BCE a garanzia della sopravvivenza dell'euro era una scelta quasi obbligata. «"Tutto il necessario" era un modo per dire che eravamo già intervenuti in passato e che lo avremmo fatto di nuovo in futuro» è l'interpretazione di Jean-Claude Trichet. Si è trattato di una dichiarazione audace, di un azzardo enorme, e in ultima analisi di una grande vittoria. «Non credo di aver mai pensato che un giorno lo avrebbe annunciato con tanta chiarezza. È stato un colpo da maestro. Esistono ben poche dichiarazioni di rilevanza paragonabile da parte di governatori delle banche centrali» dice un veterano del settore, Stanley Fischer. «Mario ha usato la sua reputazione con molta saggezza.»

Un rapido giro di messaggi e telefonate prima di attraversare la strada per recarsi al ricevimento presieduto dal principe Carlo a Clarence House dà a Draghi un primo assaggio delle reazioni che lo aspettano a casa.

Nella casella di posta c'è già l'email di uno dei suoi consiglieri, che gli ha inoltrato la «breve» di Bloomberg sul suo discorso accompagnata dalla promessa che lo staff è pronto a collaborare con lui per dare sostanza a quelle parole. «Ottimo a sapersi, grazie» è la risposta di Draghi. Uno dei primi a cui telefona è Jens Weidmann. Da presidente della Bundesbank, Weidmann è uno dei policy maker più influenti nel consiglio direttivo della BCE. È anche uno dei più scettici quando si tratta di approvare misure non convenzionali. Avere il suo appoggio sarebbe un enorme passo avanti per convincere i tedeschi che il loro denaro non verrà speso soltanto per tenere a galla i governi irresponsabili del bacino del Mediterraneo. Quando capisce che Draghi sta pensando di acquistare debiti sovrani, Weidmann resta sulle sue.

I telefoni stanno squillando anche altrove nel continente. I leader europei cercano di contattare i governatori delle banche centrali nazionali per domandare: «Che cos'ha promesso Draghi e di quali strumenti disponete?».

Le risposte, che arrivano da luoghi di villeggiatura e da automobili in viaggio, sono altrettante variazioni sul tema: «Non lo so». Nel fine settimana, Draghi aggiorna i dirigenti della BCE spiegando che non c'è ancora un piano concreto. Parla delle conversazioni intrattenute nelle settimane precedenti e di come le incertezze sulla sopravvivenza dell'euro lo abbiano convinto che servisse una presa di posizione più netta.

La telefonata più importante si svolge tra Berlino e Parigi, circa venticinque ore dopo il discorso di Londra. La cancelliera tedesca Angela Merkel e il presidente francese François Hollande concordano di trasmettere un segnale in favore della posizione di Draghi. In un comunicato diffuso a metà pomeriggio i due dichiarano che i rispettivi Paesi sono «legati dal profondissimo dovere» di conservare intatta l'eurozona e che faranno «qualsiasi cosa» per proteggere la moneta unica.[6] Anche Spagna e Italia sottoscrivono, e Jean-Claude Juncker, a capo del gruppo dei ministri delle Finanze dell'eurozona, confermerà a breve che il fondo temporaneo istituito in aiuto degli Stati, il Fondo europeo di stabilità finanziaria (FESF), sta collaborando con la BCE a un piano per ridurre i costi di indebitamento. E aggiunge: «Non c'è tempo da perdere».[7]

A Londra Draghi si è trasferito nella Guildhall per ascoltare gli interventi del cancelliere dello scacchiere britannico, George Osborne, e del sindaco Boris Johnson, prima di risalire in macchina per avviarsi all'altro capo della città. Incassato il sostegno delle capitali delle principali economie europee, il presidente può finalmente concedersi una pausa, assistendo insieme alla moglie e ad altri novecento milioni di spettatori in ogni parte del mondo a una sinossi della storia inglese dagli albori della Rivoluzione industriale fino ai giorni nostri, con accenni alla letteratura, alla musica e alla cultura popolare, culminante in un gigantesco spettacolo di fuochi d'artificio: la cerimonia d'inaugurazione dei Giochi olimpici. I due siedono in una tribuna con Christine Lagarde e il compagno, e con sir Roger Bannister e la moglie, la figlia di Per Jacobsson, l'uomo che aveva guidato l'FMI tra gli anni Cinquanta e Sessanta. Lagarde resta colpita dall'atteggiamento rilassato di Draghi. Come avrebbe osservato anni dopo, «aveva appena rimesso in moto i mercati, salvato l'euro. E fingeva di non saperlo».

In retrospettiva, la dichiarazione di Draghi non sembra poi così inedita. Giusto pochi giorni prima aveva detto a «Le Monde» che, con il nuovo piano d'azione messo a punto dai governi europei per un'Unione più inclusiva e con i primi risultati tangibili di quell'intesa, ormai la BCE non aveva «più tabù». «Gli analisti esterni sembrano immaginare scenari di disgregazione dell'eurozona. È una visione che sottovaluta il capitale politico investito dai nostri leader in questo progetto, oltre al sostegno dei cittadini europei. L'euro è irrevocabile!»[8]

Gran parte dei banchieri centrali, soprattutto quelli a lui più vicini, sapeva che il presidente della BCE stava soppesando le opzioni possibili. Erkki Liikanen e Christian Noyer, governatori delle banche centrali finlandese e francese, si aspettavano già un impegno deciso da parte sua, sia pur senza conoscerne i dettagli. Ma persino l'olandese Klaas Knot, uno dei membri più conservatori del consiglio direttivo, aveva avuto il sospetto che il team del presidente fosse al lavoro su un piano di risposta alla crisi. Ricorda di aver chiesto a Draghi, all'inizio del mese di luglio: «Hai qualcosa in mente?». La risposta: «Ancora niente di concreto. Ma dovrà essere qualcosa di grosso».

I mercati finanziari, timorosi che la BCE si sarebbe tirata indietro dalla prima linea della lotta alla crisi, avevano bisogno di un segnale inequivocabile. L'impatto del programma di prestiti triennali estesi alle banche nel dicembre del 2011 e nel marzo del 2012 si stava attenuando, e il Securities Markets Programme con cui la Banca centrale aveva acquistato i titoli di Stato di Grecia, Irlanda, Portogallo, Spagna e Italia – i Paesi riuniti sotto l'acronimo GIPSI, a volte variato nel derisorio PIGS – era stato rimesso nel cassetto. A fine primavera Draghi ha cominciato a cercare strade alternative per rianimare la fiducia nella moneta unica, discutendo con il suo staff e i suoi confidenti degli strumenti ancora a disposizione della BCE. La questione più dibattuta era come trovare il giusto equilibrio tra un meccanismo tale da garantire che i Paesi avrebbero mantenuto le promesse di riforma, vincolo non contemplato nell'SMP, e al tempo stesso una potenza di fuoco in grado di convincere gli investitori.

La BCE non era l'unico luogo in cui fossero al vaglio possibili strumenti per tranquillizzare i mercati. Il presidente del Consiglio italiano Mario Monti – un tecnocrate che aveva assunto la carica circa due settimane dopo Draghi – stava sviluppando insieme a Bankitalia uno scudo antispread. I principali attori del piano, oltre a Monti, erano il ministro delle Finanze Vittorio Grilli, il governatore della banca centrale Ignazio Visco e il suo direttore generale Fabrizio Saccomanni. La loro missione: proteggere i Paesi «virtuosi» dell'eurozona acquistandone automaticamente i titoli nel caso si fossero trovati sotto attacco finanziario. Quando gli hanno presentato il piano, a un incontro segreto tenutosi a Roma, Draghi si è espresso con favore in merito ai correttivi fiscali e alle riforme strutturali inclusi nella proposta, ma ne ha bocciato il nucleo centrale, ovvero l'acquisto automatico di titoli. A suo avviso, il piano non avrebbe mai superato l'esame dell'ufficio legale della BCE. Non lo considerava realizzabile, per quanto gli italiani insistessero che le intese raggiunte dai leader europei al summit di fine giugno puntassero in quella direzione.

Intanto i funzionari della BCE stavano approntando un piano che, a detta loro, sarebbe stato in grado di frenare il crescente panico dei mercati, soprattutto ora che i leader sembravano proiettati verso il futuro dell'Europa e che l'accordo sull'unione bancaria avrebbe facilitato la ricapitalizzazione diretta degli istituti di credito in affanno. In una riunione alla fine di luglio, dopo settimane di intenso dibattito, larga parte dei membri del comitato esecutivo e alcuni degli esperti chiave della BCE si sentivano certi che i tempi fossero maturi, e che sul piatto ci fossero abbastanza ipotesi di misure possibili – tutte fortemente virate sul concetto di condizionalità, l'idea di dare massima efficacia agli interventi della Banca centrale vincolandoli alle riforme implementate dai governi – e una copertura politica tale da inviare un segnale deciso. Quel giorno non vennero fatti altri piani, e nemmeno nel corso di quella settimana. Tutto è rimasto in standby finché la mattina del 26 luglio gli avvocati dei principali studi legali americani e inglesi – gente che Draghi conosceva da almeno tre decenni – gli hanno chiesto come ridenominare i credit default swap in una diversa valuta, e Cameron ha lodato l'economia inglese, le sue opportunità di business e la forza della sterlina davanti a una sala stipata di investitori. Per quale motivo l'eurozona non avrebbe dovuto ambire alla stessa solidità e allo stesso successo?

Non ci vuole molto perché l'impegno di Draghi a proteggere l'euro riceva una doccia fredda. Diventa lampante quante e quali sfide lo aspettino dietro l'angolo. Meno di ventiquattr'ore dopo il discorso di Londra, la Bundesbank alza la voce. Al tempo la banca centrale tedesca è solo uno dei diciassette membri dell'Eurosistema, ma esercita comunque più influenza sulle decisioni politiche di molte sue pari. Non soltanto vigila sull'economia più forte d'Europa ed è uno degli istituti più grandi dell'intera area, con 11.000 dipendenti (nel 2012 soltanto la Banque de France ne conta di più), è anche l'istituzione il cui impianto, mandato e strutture operative hanno fornito il modello della BCE.

È stata fondata nel 1957 per succedere alla Bank deutscher Länder, la banca degli Stati tedeschi, che fin dal 1948 vigilava sul marco appena introdotto. Come istituzione indipendente con un organo decisionale che comprende rappresentanti delle filiali regionali oltre che della sede centrale – una struttura favorita dagli americani –, la Bundesbank era fermamente impegnata a garantire la stabilità dei prezzi. E il suo successo nel governare l'inflazione con tassi di interesse definiti dopo un attento esame degli sviluppi monetari ed economici era stato tale che nel 1992 Jacques Delors, uno dei politici più influenti d'Europa e al tempo presidente della Commissione europea, aveva osservato: «Non tutti i tedeschi credono in Dio, ma tutti credono nella Bundesbank».[9]

La mattina di venerdì 27 luglio, un portavoce dichiara che «in passato la Bundesbank ha ripetutamente espresso il proprio parere critico rispetto all'acquisto di titoli, perché questo tipo di operazioni sfuma il confine tra politica monetaria e fiscale».[10] È un avvertimento diretto alla BCE: la Banca centrale europea rischia di trovarsi in violazione di una delle norme principali che ne regolano la condotta, cioè il divieto di finanziare governi, stabilito nell'articolo 123 del Trattato sul funzionamento dell'Unione Europea.

Draghi sta camminando sul filo del rasoio, sa che deve tradurre le sue parole di Londra in un'azione concreta. Qualsiasi iniziativa la BCE decida di intraprendere dovrà essere abbastanza audace da tenere a bada gli investitori che scommettono sullo sgretolamento dell'euro, con regole abbastanza solide da esercitare pressione sui governi affinché facciano la loro parte per rafforzare i pilastri dell'unità europea, e abbastanza inattaccabile dal punto di vista legale per reggere il vaglio dei tribunali, visto che, con ogni probabilità, qualsiasi programma finirà per essere discusso di fronte alle massime istanze legali dell'Unione. Draghi vuole il consenso unanime del consiglio direttivo. Per ottenerlo gli serve il sostegno di Weidmann. Prima delle assemblee del consiglio del 1° e 2 agosto, i due si incontrano per cercare un terreno comune. Ma le distanze sembrano incolmabili.

Il piano del presidente ruota intorno ai fondi salva-Stati, il provvisorio Fondo europeo di stabilità finanziaria e il Meccanismo europeo di stabilità permanente ora alle ultime fasi di preparazione, con l'acquisto di titoli di Stato sul mercato primario affiancato dagli acquisti della BCE sul mercato secondario per garantire che gli effetti dell'abbassamento record dei tassi di interesse arrivino all'economia reale. Ha già avvertito l'economista tedesco Klaus Regling, che guida il MES, di tenersi pronto. Ma Weidmann e gli avvocati della Bundesbank considerano il piano legalmente insostenibile.

Draghi si rivolge ai governatori di altre banche centrali. Anche loro sono scettici in merito agli strumenti non convenzionali ma, diversamente da Weidmann, il cui timore principale è che gli interventi della BCE inducano i governi all'inazione, i suoi omologhi accettano l'argomento che in un momento di vera crisi esista un unico organo con tasche abbastanza profonde e la necessaria rapidità decisionale: la banca centrale. Perciò cercano di convincere il collega tedesco a schierarsi con loro e a lavorare per mettere in campo un programma all'altezza dell'impegno preso da Draghi.

Durante l'estate i funzionari americani non lasciano alcun dubbio: si aspettano che l'Europa agisca. Il continente «brucia per le profonde preoccupazioni in merito alla volontà politica» della regione di risolvere la crisi, dichiara il segretario al Tesoro Timothy Geithner in un'intervista televisiva tre giorni prima del discorso di Mario Draghi a Londra.[11] Quattro giorni dopo fa visita al ministro delle Finanze tedesco Wolfgang Schäuble a

Sylt, un'isola nel Mare del Nord, da molti punti di vista l'equivalente dell'americana Martha's Vineyard, prima di recarsi a Francoforte per vedere Draghi e chiedere un aggiornamento di prima mano sulle opzioni al vaglio progettuale della Banca centrale europea. Geithner e Draghi sono «spiriti affini», dice una fonte che li conosce e lavora con entrambi da anni. Ciò che sente a quel colloquio convince Geithner che l'Europa sia «assolutamente decisa a fare tutto il necessario» per risolvere la crisi del debito nel continente.[12]

I funzionari della Federal Reserve sono meno ottimisti. Da mesi stanno monitorando il deterioramento graduale che ha portato l'Europa sull'orlo del collasso: un'eventualità che avrebbe gravi conseguenze anche sull'economia americana. «Traggo una certa consolazione dalle dichiarazioni di Mario Draghi che la BCE sia pronta a fare di più, ma mi domando quali saranno le misure concrete approntate, perché dovranno collocarsi all'intersezione tra ciò che Mario vorrebbe fare, ciò che è autorizzato a fare in base allo statuto della BCE e ciò che i tedeschi saranno disposti ad approvare» dice quell'estate William Dudley, presidente della Federal Reserve Bank of New York, ai colleghi riuniti per la definizione della politica monetaria. Steven Kamin, un economista della Federal Reserve, elabora ulteriormente: «Un impegno a tempo indeterminato della BCE a intervenire sui mercati per porre un tetto ai rendimenti dei titoli spagnoli e italiani, magari in parallelo con finanziamenti diretti dal fondo salva-Stati, potrebbe davvero cambiare le cose e migliorare in modo sostanziale le prospettive europee. Tuttavia, data l'estrema incertezza della situazione, riteniamo più probabile che alla riunione fissata per la fine di questa settimana la BCE annuncerà un corso d'azione più limitato». La sua conclusione: «La situazione finanziaria diventerà ancora più difficile nei prossimi mesi».[13]

Il 1° agosto il consiglio direttivo della BCE si riunisce per la prima volta dopo «Whatever it takes». Alla cena del mercoledì sera che precede la parte formale dell'incontro, fissata per il giovedì mattina, l'atmosfera è quasi commossa. Dopo mesi di attesa e di tensioni, i governatori sono grati a Draghi di aver finalmente indicato una via d'uscita dalla crisi. «È stato un sollievo» ricorda l'austriaco Ewald Nowotny. A maggior ragione i commensali restano sconcertati quando, dopo tanti discorsi su un'azione decisa, Draghi rivela di non avere nulla di concreto da proporre. «Contava sulla capacità del sistema di inventare una soluzione» dice Christian Noyer, e aggiunge, lodando la determinazione del presidente: «La sua è stata un'intuizione geniale». Draghi chiede ai governatori di fermarsi dopo cena per un brainstorming sulle possibilità operative. Quando, intorno alle undici e mezza, il consesso si scioglie, le differenze sono fin troppo evidenti. Weidmann si è impuntato, alla riunione e nelle esternazioni pubbliche. L'indipendenza della BCE «impone all'istituzione il rispetto e la non violazione del suo mandato» ha detto in un'intervista pubblicata poche ore prima della seduta: «Siamo la banca centrale più grande e più importante dell'Eurosistema, e abbiamo più voce in capitolo di molte altre».[14] È un'affermazione stranamente aggressiva da parte del banchiere tedesco, noto per la flemma e il garbo, e una prova di quanto il momento sia delicato. La Germania sarà anche più grande di tutti gli altri Paesi dell'eurozona, ma il suo rappresentante ha comunque un solo voto alla BCE.

Durante gli incontri del giorno dopo, alcuni dei partecipanti, compresi Klaas Knot e Jörg Asmussen, il tedesco voluto da Angela Merkel nel comitato esecutivo dopo le dimissioni di Jürgen Stark, esprimono dubbi e preoccupazioni sul programma che comincia a delinearsi in modo più chiaro. Prima di pronunciarsi, però, vogliono capire quale sarà lo strumento definitivo. Weidmann si limita a dire di no. *Nein zu allem*: no a tutto. La sua proposta che la BCE faccia i propri calcoli per verificare se i governi sono in grado di gestire il loro carico di debiti prima di decidere di acquistarne i titoli – un esercizio noto come analisi di sostenibilità del debito e gestito dal Fondo monetario internazionale e dalla Commissione europea – cade prevedibilmente nel vuoto.

Il 2 agosto 2012 lo stallo tra Draghi e Weidmann registra un'escalation. Alla conferenza stampa che come sempre segue le riunioni del consiglio, il presidente rompe con l'annosa tradizione di conservare il riserbo sulle decisioni di voto dei singoli membri (diversamente da altre banche centrali, la BCE non pubblica un conteggio ufficiale dei voti che precedono le sue decisioni). Addita Weidmann come l'unico contrario alla proposta di acquisto dei titoli di Stato, che prevede acquisti sul mercato secondario e una rigorosa condizionalità per garantire che le misure di aiuto temporaneo fornite dalla BCE siano accompagnate da riforme reali. «È noto che il signor Weidmann e la Bundesbank nutrono riserve sul programma di acquisto di titoli» dice. L'osservazione è il prodotto di una discussione piuttosto accesa tra i due avvenuta a quattr'occhi poco prima, durante la quale Weidmann ha insistito di non poter tenere per sé la propria opposizione. Per i membri del consiglio che seguono la conferenza stampa da una stanza adiacente, la dichiarazione di Draghi è una sorpresa, nonché la prova che la sua pazienza con la Germania è agli sgoccioli. «Eravamo d'accordo sul fatto che la situazione fosse drammatica» ricorda Weidmann. «Nessuno negava che la crisi fosse profonda. La differenza chiave era chi ne fosse responsabile e chi sarebbe stato in grado di risolverla in modo sostenibile.»

L'atteggiamento di Draghi non sarà stato quello sperato da Weidmann e dalla Bundesbank, ma in un certo senso ha facilitato le comunicazioni tra i due interlocutori. D'ora in poi il governatore tedesco criticherà apertamente la politica della BCE, sostenendo a fine agosto che il programma di acquisto di titoli proposto è una questione «spinosa» e che il pensiero di fissare degli obiettivi espliciti per i tassi di interesse che i Paesi dell'area euro devono pagare sul loro debito gli dà «il mal di stomaco».[15] D'altra parte Draghi è convinto di non aver bisogno dell'aiuto di Weidmann per tenere la Germania al suo fianco: può contare su Angela Merkel. No, il governo non è preoccupato per i piani di Draghi, garantisce un portavoce di Berlino alla stampa; e no, le obiezioni del presidente della Bundesbank non influiranno sul sostegno tedesco alla lotta alla crisi ingaggiata dalla BCE, rivela uno stretto alleato della cancelliera.[16]

Alla BCE intanto fervono i preparativi. Lo staff lavora fino a tarda notte per mettere insieme un programma che sia percepito come un credibile baluardo eretto a protezione dell'eurozona e che al tempo stesso non contravvenga ai limiti imposti alla Banca centrale dalle normative vigenti. Draghi si appella al carico eccessivo di lavoro per annullare la sua partecipazione al convegno della Federal Reserve a Jackson Hole, nel Wyoming. Le opzioni sul tavolo comprendono mettere un tetto al rendimento dei titoli sovrani e fissare obiettivi per lo spread dei vari Paesi sui Bund tedeschi. Si discute anche l'acquisto di asset di vari tipi, incluso il debito del settore privato. Finora però nessuna soluzione si è imposta come decisiva. Negli Stati Uniti il viaggio annullato del presidente è interpretato come un segno che la BCE sta davvero lavorando a un piano. «A mio avviso, è una notizia assolutamente ottima» dice Adam Posen, membro uscente del comitato di politica monetaria della Bank of England.[17] I guai europei sono al centro dell'attenzione nel convegno della Federal Reserve, e il presidente, Ben Bernanke, è tra i più accesi sostenitori della necessità di una soluzione. «Considero molto costruttive alcune politiche proposte di recente in Europa, e sollecito i nostri colleghi europei a proseguire su questa strada, con iniziative davvero risolutive della crisi» dice nel corso del suo intervento.[18] Draghi non è tra il pubblico, ma Weidmann sì.

Noyer ricorda molte discussioni bilaterali con Draghi in quel periodo. «Uno degli argomenti era l'idea che l'annuncio di un intervento limitato da parte della BCE non avrebbe sortito effetti dirimenti. L'arma più efficace della Banca centrale è la possibilità di agire quasi senza limiti.» Draghi continua anche a consultarsi con il suo predecessore, Trichet. «Ci parlavamo al telefono con regolarità, lo facciamo ancora adesso. [...] Discutevamo di quanto fosse determinante una collaborazione attiva da parte dei governi. La condizionalità era assolutamente necessaria.» La delusione per il tentativo fallito, un anno prima, di indurre l'Italia a riformare la propria economia in cambio dell'acquisto dei suoi titoli di Stato brucia ancora per il francese. Ma questa volta ci sarà il Meccanismo europeo di stabilità a fissare programmi correttivi e imporne l'implementazione prima della concessione di qualsiasi aiuto. Le promesse non basteranno più.

Draghi si dà da fare per costruire il sostegno politico necessario al varo dei programmi. Nel corso di una sessione a porte chiuse al Parlamento europeo tenutasi il 4 settembre, alla vigilia dei due giorni di riunione del consiglio direttivo a Francoforte, Draghi dice ai parlamentari che la Banca centrale europea ha perso le redini sui costi di indebitamento. Perciò non può esimersi dall'intervenire sul mercato dei titoli per riconquistare il controllo sui tassi di interesse e garantire la sopravvivenza dell'euro.[19] Qualsiasi azione sarà intrapresa nel nome della politica monetaria.

Quando quello stesso giorno le proposte della BCE arrivano alle banche centrali dell'eurozona, i governatori non hanno molto tempo per assimilare il piano e consultarsi con i propri uffici legali. Quel che è chiaro è che il pacchetto, denominato Monetary Outright Transactions – operazioni definitive monetarie –, prevede acquisti illimitati di debito sovrano. Per garantire che questi non determinino un aumento nell'offerta di denaro, alimentando di conseguenza l'inflazione, la BCE intende riacquistare esattamente la stessa somma di denaro da lei messa in circolazione, secondo un processo detto «sterilizzazione». Le indiscrezioni sul piano arrivano alla stampa, e i mercati valutari, di capitali e azionari segnano un rialzo. È una delle rare volte in cui Draghi perde le staffe con i colleghi, rammentando a tutti che la diffusione di informazioni riservate è un reato penale. Per conservarsi un qualche vantaggio sui giornalisti il pacchetto cambia nome in OMT, Outright Monetary Transactions – anche perché i funzionari più addentro nella quotidianità inglese informano il presidente che in Inghilterra MOT è l'acronimo del tagliando annuale degli autoveicoli.

La condizionalità è l'elemento principe del programma. I Paesi che ne vorranno beneficiare dovranno far parte di un programma di aiuto gestito del MES. Questa caratteristica permette agli scettici degli acquisti di titoli di Stato, come Knot o Asmussen, di sostenerlo senza remore, nella consapevolezza che la Banca centrale non sarà l'unica a reggerne il peso. Non convince però Jens Weidmann.

Il fine settimana successivo, i policy maker di tutto il mondo si danno appuntamento a Basilea, punto di intersezione tra Svizzera, Francia e Germania, per uno dei loro incontri bimestrali. È la prima opportunità per la comunità internazionale delle banche centrali di interrogare Draghi sul suo impegno a fare «tutto il necessario» per salvaguardare l'euro e sul programma OMT che ne è scaturito. La discussione è senza convenevoli. Lo è sempre quando una banca centrale di primo piano annuncia una politica che influirà sul resto del mondo. «Okay, ha detto "tutto il necessario", ma tutto cosa esattamente? Cosa siete disposti a fare?» sono alcune delle domande rivolte a Draghi. Le sue risposte convincono solo in parte. Quando, la settimana dopo, riferiscono al Federal Open Market Committee – il Comitato federale del mercato aperto –, il gruppo di policy maker che fissa i tassi di interesse negli Stati Uniti, Janet Yellen e William Dudley celano lo scetticismo dietro tecnicismi politici. «Io e la governatrice Yellen siamo stati a Basilea nel weekend» dice Dudley ai suoi pari, «e devo dire che il parere quasi unanime era che in sostanza la BCE abbia fatto il meglio possibile entro i vari vincoli in cui è tenuta a operare.» James Bullard, presidente della Federal Reserve Bank di St. Louis, è un po' più esplicito. «Temo che la BCE non stia attivando piani davvero aggressivi di allentamento per mitigare la recessione nell'eurozona. Anzi, gli acquisiti selettivi di debito che propone prevedono un certo grado di condizionalità, il che significa che dovrà attendere la reazione dei Paesi alla sua offerta.»[20]

Al tempo la Fed è in netto anticipo sulla BCE in termini di politiche espansive. L'America era già ricorsa al quantitative easing nel novembre del 2008, parallelamente al piano governativo Troubled Asset Relief Program (TARP), mediante il quale l'amministrazione acquistava asset e partecipazioni «tossiche» dalle banche. Nel dicembre di quell'anno, il tasso sui fondi federali era sceso a zero, contro il benchmark del 2,5 per cento fissato dalla BCE. Nel 2010 era seguito un secondo programma di allentamento, e poi un terzo, stavolta illimitato, deciso proprio a quella riunione nel settembre del 2012.

Forse sono i vincoli inclusi nel programma a rendere gli investitori dubbiosi sulla sua efficacia. Quanti si occupano delle operazioni di mercato, alla BCE, temono che i trader non si fidino fino in fondo della determinazione della Banca centrale, mentre i loro omologhi negli Stati Uniti sono soddisfatti che quantomeno la situazione abbia smesso di peggiorare. Dietro le quinte, Benoît Cœuré e Peter Praet, membri del comitato esecutivo, cercano di spiegare la strategia della BCE agli operatori di Wall Street e agli investitori esteri, portando per così dire in tour la Banca centrale europea. Ripensando al 2012, quando era direttore per l'economia globale di un fondo speculativo chiamato Tudor, il leggendario investitore ed esperto Angel Ubide commenta: «Abbiamo passato un paio di settimane a cercare di capire se Draghi intendesse davvero "tutto il necessario", ma dopo un mese o due la gente ha cominciato a pensare: "Sì, forse qualcosa è cambiato sul serio"». Ma a suo avviso il vero punto di svolta non sarebbe arrivato fino a metà ottobre, con l'assemblea annuale dell'FMI a Tokyo. «Fino a quel momento tutti mi chiedevano se la Spagna fosse destinata al default. A Tokyo il punto della questione era diventato: "Okay, in che modo posso fare soldi in Spagna?". La natura della conversazione era cambiata.»

Nelle settimane successive i rendimenti dei titoli continuano a calare e nell'eurozona si diffonde un senso di calma, a dispetto dei primi indizi che le OMT siano state ideate per non essere mai davvero usate. Il governo spagnolo presieduto da Mariano Rajoy, tra i principali fautori del programma e potenzialmente l'unico con le carte in regola per chiederne l'avvio, è restio a provarci, preoccupato per le condizioni previste dal piano e per l'onta che avrebbe procurato al Paese farvi ricorso. Quanto all'Italia, forse è troppo grande perché possa essere salvata da qualcun altro, e comunque Monti resta fermo sulla posizione che il Paese deve aggiustare da solo il suo dissesto.

Un comunicato stampa che ne illustra gli elementi cardine – acquisti concentrati su titoli di Stato con scadenze tra uno e tre anni, con la BCE che in caso di default accetta lo stesso trattamento di un creditore privato – è ancora l'unico documento formale relativo al programma. Non è stata emanata una normativa che getti in forma ufficiale le basi del piano e ne definisca i parametri nel dettaglio, come osserva il giornalista del «Financial Times» Michael Steen a quasi ogni conferenza stampa dopo l'annuncio delle operazioni definitive monetarie, mettendo a dura prova la pazienza di Draghi. Steen alla fine entrerà lui stesso nella BCE, diventandone responsabile della comunicazione nel 2014. Nel 2013, con l'avvicinarsi della scadenza del suo programma di salvataggio, l'Irlanda si trova alle prese con messaggi contraddittori sulla possibilità almeno teorica di beneficiare delle OMT. Inizialmente la BCE aveva detto che il programma si sarebbe potuto impiegare a sostegno dei Paesi usciti dal piano salva-Stati per aiutarli a recuperare l'accesso ai mercati, ma sei mesi dopo Draghi contraddice la sua dichiarazione iniziale, affermando che per permettere l'applicazione delle OMT i Paesi inclusi nel programma di aiuti dovevano già aver portato a termine il proprio reingresso sui mercati. Completa il cerchio un documento della BCE secondo cui le operazioni definitive monetarie non saranno necessarie nel caso in cui uno Stato sovrano abbia riconquistato l'accesso ai mercati.

È possibile che parte delle contraddizioni sia dovuta al fatto che il programma è rimasto incompiuto. Le regole sono state fissate e, salvo per pochi dettagli, esiste una bozza di normativa, ma mancano molte parti relative alla sua implementazione pratica, rimandate a se e quando un Paese chiederà davvero l'aiuto delle OMT. Finora non è mai successo. Un funzionario della BCE che ha lavorato al programma stima che la versione che conserva in un cassetto è completa circa al 95 per cento. Gran parte delle lacune è stata colmata in seguito, contestualmente al programma di acquisto asset su vasta scala lanciato nel 2015.

All'inizio del 2013 in Europa la crisi del debito si è stabilizzata. Superato il blocco alla nomina di Yves Mersch, decisa dal Parlamento europeo in segno di protesta per la scarsità di donne nelle posizioni di vertice, il comitato esecutivo della BCE è tornato a pieno organico. La Grecia ottiene aiuti a condizioni meno dure e la Banca centrale comincia lentamente a spostare l'attenzione dalla lotta alle crisi finanziarie al rilancio della crescita economica. «Siamo tornati in una situazione normale, dal punto di vista finanziario, ma non stiamo vedendo una ripresa pronta o forte» dice Draghi a gennaio, prima di aggiungere su una nota più ottimistica: «Si parla molto di contagio quando le cose vanno male, ma credo che ci sia anche il contagio positivo, quando le cose vanno bene. E credo che questo sia in gioco oggi. C'è contagio positivo».[21] La sua previsione che nel corso dell'anno l'eurozona riemergerà dalla recessione arriva poco prima della dichiarazione dei leader europei di aver finalmente ripreso il controllo su una crisi del debito che dura da tre anni. È una conclusione rischiosa, che alimenta l'inerzia dei governi della regione. La crisi non è finita. Si è semplicemente spostata.

Al termine del mandato di Draghi come presidente della BCE, quelle tre parole – «Whatever it takes» – restano il suo contributo più decisivo alla sopravvivenza dell'euro. Quella semplice frase, pronunciata al momento giusto davanti al pubblico giusto, persisterà come monito agli investitori anche molto dopo Draghi, un avvertimento che le banche centrali europee sono più che pronte a proteggere la propria valuta contro gli attacchi speculativi lanciati da chi ne sottovaluta la risolutezza. Ancora oggi alcuni policy maker si dicono sorpresi che «tre parole e un po' di fumo» abbiano avuto un impatto così dirompente per ristabilire la fiducia nell'euro. La potenza di fuoco della Banca centrale potrebbe spiegare perché affermazioni analoghe fatte da alcuni leader politici non abbiano sortito lo stesso effetto. Né il presidente della Commissione europea, José Manuel Barroso, che all'indomani della richiesta di aiuti da parte della Grecia aveva dichiarato «Difenderemo l'euro a qualunque costo», né Angela Merkel, che nel gennaio del 2011 aveva affermato «Siamo favorevoli a tutto ciò che serve per sostenere l'euro», erano riusciti a infondere sicurezza quanto Draghi nell'estate del 2012.[22] «Quelle di Draghi – il suo "Whatever it takes" – sono le parole economiche più potenti mai pronunciate» dice Jack Lew. «Raccontano una storia di leadership oltre che di politica, che sarà studiata molto a lungo, perché è rarissimo che l'annuncio di una strategia abbia effetti tanto profondi. La presa di posizione personale di Mario Draghi ha dimostrato che la BCE sarebbe stata una voce attiva e una guida per fare dell'Europa un posto le cui istituzioni, se necessario, sarebbero state pronte a tutto per prevenire la crisi.»

Per Draghi, «tutto il necessario» è un esempio di come una linea guida possa determinare comportamenti stabilizzanti. «Al tempo il messaggio era duplice» ha spiegato nel 2017. «Il primo era che la Banca centrale aveva i mezzi per garantire che ogni rischio di ridenominazione [...] era infondato, inconsistente, ingiustificato. Il secondo era che, intervenendo, la Banca centrale stava di fatto operando nell'ambito del suo mandato. [...] Mai prima, e di certo non dopo, si era vista con tanta chiarezza la potenza reale delle banche centrali.» Proseguendo nello stesso intervento, il presidente ha dichiarato: «All'epoca, la trasmissione della politica monetaria era intralciata dalla frammentazione endemica nell'eurozona. Il superamento di quella situazione è stato il primo passo per iniziare a ricomporre la frammentazione, portandoci al punto in cui siamo oggi, quando i tassi sui prestiti e soprattutto i livelli di spread sono ai minimi storici in tutti i Paesi e comparti». È un'analisi esaustiva delle forze in gioco al tempo. «Lei lo aveva già capito prima di pronunciare quella frase?» gli chiede qualcuno in sala. «No» risponde Draghi, e scoppia a ridere.[23]

L'impatto delle sue parole si avverte anche al di là dei confini europei. «Ci ha spronati a pensare a modi migliori di fare le cose» ricorda Janet Yellen, che alla Federal Reserve ha contribuito alla supervisione di vari cicli di quantitative easing. «In sostanza Draghi stava dicendo: "Vi garantisco che useremo ogni arma in nostro potere per prevenire il crollo dell'euro", e questo ci ha motivati. Non so se Mario sia al corrente di essere stato l'ispirazione del terzo piano americano di allentamento quantitativo. L'acquisto illimitato [di titoli] è stato il nostro "Whatever it takes".»

5

Nein zu allem

«Ecco quanto è tedesco il nuovo capo della BCE» proclama a titoli cubitali il quotidiano «Bild», testata a enorme diffusione in Germania, nella primavera del 2011, quando la nomina di Mario Draghi al vertice della Eurotower di Francoforte è già cosa certa. Il nuovo presidente è severo, pragmatico, determinato, leale e grintoso, scrive il tabloid, tutte qualità che lo elevano senz'altro allo status di cittadino onorario della prima e più popolosa economia d'Europa.[1] A distanza di un anno, dopo che nei primi cinque mesi di mandato l'italiano ha tagliato due volte i tassi di interesse, il direttore di «Bild» e il suo vice si presentano a Francoforte per la prima intervista ufficiale, recando un dono piuttosto originale: un elmetto prussiano del 1871, un promemoria che «per i tedeschi il presidente di una banca centrale deve adottare la linea dura sull'inflazione, essere politicamente indipendente e schierato in favore di un euro forte». Draghi ride di cuore quando estrae l'elmetto dalla scatola. «Simboleggia efficacemente il compito chiave della BCE: mantenere la stabilità dei prezzi e proteggere i risparmiatori europei» concede.[2] Non si tratta di parole vuote o di un tentativo di blandire il suo pubblico più numeroso, ma di una sincera dimostrazione di quali siano le priorità per un ammiratore del rigore e della prudenza che contraddistinguono la mentalità teutonica. Ma non ci vorrà molto perché tra l'italiano e i tedeschi emergano differenze fondamentali su quanto la BCE possa spingersi fuori dal seminato della politica monetaria convenzionale nel perseguimento dei propri scopi. «Basta dare soldi agli Stati in bancarotta, Herr Draghi!» esige «Bild» all'inizio di agosto, quando i funzionari della BCE si stanno affannando ad approntare un programma di acquisto di titoli a tutela dell'euro, dopo l'ormai celebre impegno a fare «tutto il necessario» per salvare la moneta unica. «Altrimenti "Bild" rivuole indietro l'elmetto prussiano!»[3]

L'incontro con il quotidiano tedesco agli esordi della presidenza esemplifica alla perfezione il difficile rapporto con la Germania che tormenterà il mandato di Draghi. Quando, nel febbraio del 2011, le dimissioni di Axel Weber dalla presidenza della Bundesbank ne fanno il favorito per la successione a Jean-Claude Trichet, soffiando alla Germania un incarico che il Paese aspettava pazientemente fin dalla fondazione della Banca centrale europea, nel 1998, l'italiano è pressoché sconosciuto al di fuori delle cerchie ristrette dell'alta finanza, del governo e dell'economia. È uno dei motivi per cui i media tedeschi si fissano sulla sua nazionalità, sfoderando una rassegna di aggressivi stereotipi per dimostrare – prima ancora che Draghi abbia solo aperto bocca – che l'idea di mettere un italiano a capo della politica monetaria non può che portare al tracollo. «In Italia l'inflazione fa parte della vita quotidiana quanto la pasta col pomodoro» è una delle provocazioni lanciate da una nazione ossessionata dalla memoria collettiva dell'aumento incontrollato dei prezzi e dell'iperinflazione degli anni Venti.[4] Una provocazione che ignora le cicatrici ben più fresche che aumenti dei prezzi superiori al 20 per cento negli anni Settanta hanno lasciato nella coscienza degli italiani, Draghi incluso.

Nel primo semestre del 2011, con la presidenza ormai a portata di mano, Draghi lavora diligentemente a costruirsi il marchio di governatore responsabile e affidabile, incoraggiando al contempo i governi a fare la loro parte per promuovere la prosperità economica. È una linea su cui insisterà con forza ancora maggiore alla fine del suo mandato, quando crescita e inflazione continueranno a deludere malgrado anni di tassi di interesse a minimi record, acquisti di titoli per oltre 2500 miliardi di euro e la concessione di prestiti illimitati a lungo termine alle banche. «Dovremmo tutti seguire l'esempio della Germania, che ha migliorato la propria competitività implementando riforme strutturali. Dev'essere questo il modello» dice al giornale di centrodestra «Frankfurter Allgemeine Zeitung» nel febbraio del 2011.[5] L'Italia non può rimandare il compito di risanare il suo bilancio, e ha bisogno di «tagli significativi alla spesa pubblica», dice a una platea romana.[6] Il «miglior contributo che la Banca centrale europea possa offrire è garantire la stabilità dei prezzi» spiega a Bologna.[7] Le sue rassicurazioni e solide credenziali convincono i politici, che a giugno lo nominano all'incarico.

Anche i media tedeschi sono ottimisti dopo le pressioni esercitate da funzionari affidabili coinvolti da decenni nella politica europea, che lo definiscono «un italiano dotato di virtù tedesche» e un «prussiano di Roma».[8] Ma l'opinione pubblica resta scettica. «Molti tedeschi si chiedono con preoccupazione fino a che punto lei si collochi davvero nella tradizione della Bundesbank. Può rassicurarli?» è una delle domande che gli vengono poste alla sua prima conferenza stampa in veste di presidente. Draghi risponde parlando con affetto di Helmut Schlesinger e Hans Tietmeyer, i due uomini che avevano guidato la banca centrale tedesca negli anni Novanta, in coincidenza con il suo periodo al ministero del Tesoro italiano. «Nutro grande ammirazione per la tradizione della Bundesbank. [...] Quanto al futuro, lasciatemi fare il mio lavoro e verificheremo di volta in volta se sono ancora in linea con quella tradizione o se me ne sono allontanato.»[9]

La risolutezza con cui la Bundesbank si era impegnata a preservare la stabilità del marco tedesco, anche a fronte delle rimostranze del governo sul fatto che gli alti tassi di interesse stavano soffocando l'economia e aggravando la disoccupazione, aveva prodotto un tasso medio di inflazione del 2,8 per cento tra il 1948 e il 1998, un dato significativamente inferiore a quello di gran parte delle nazioni industrializzate. (L'inflazione italiana è stata in media del 7,3 per cento tra il 1955 e il 1998.) Il fermo controllo dell'istituzione sulla quantità di denaro circolante aveva contribuito a contenere l'aumento dei prezzi persino nel periodo di alta inflazione e bassa crescita tra il 1973 e il 1979, dopo la prima crisi del petrolio, quando Stati Uniti, Gran Bretagna e Francia erano alle prese con tassi inflattivi a due cifre.[10]

La presidenza di Draghi fila liscia per un po'. Ma la luna di miele finisce presto. La crisi del debito si acuisce nella primavera ed estate del 2012, finché il presidente pronuncia le tre parole – «Whatever it takes» – che gli garantiranno un posto di primo piano nei libri di storia come il salvatore della moneta unica, imprimendo al tempo stesso nella mente tedesca la sua immagine di agente della periferia indebitata d'Europa.

Nel mese di settembre, quando viene annunciato il suo piano per dare sostanza a quella dichiarazione, un sondaggio lanciato da ARD, il principale gruppo radiotelevisivo pubblico della Germania, dimostra che solo il 13 per cento dei tedeschi è favorevole all'acquisto di titoli di Stato.[11] «Bild», che all'inizio dell'anno aveva lodato la rigorosa disciplina economica di Draghi, definisce l'annuncio del programma OMT una «giornata nera» per la valuta, e la Commissione bilancio del Bundestag, il Parlamento tedesco, invita l'italiano a un'audizione per spiegare il suo operato.[12]

È ironico che i tedeschi contestino l'acquisto di titoli di Stato, perché anche la Bundesbank è ricorsa allo stesso strumento. Anzi, l'ha usato spesso nel corso della sua storia, spendendo 1,3 miliardi di marchi nel 1967 e circa 7,5 nel 1975, prima di mettere fine al piano dopo appena quattro mesi, per il timore che gli acquisti si potessero configurare come un finanziamento illegale esteso al governo.

Le insistenti critiche dei tedeschi sono un tarlo per Draghi, che si sforza di ricucire gli strappi con un Paese al quale si sente molto legato. Suo padre Carlo andava spesso in Germania negli anni Trenta, e parlava correntemente il tedesco, un vantaggio che gli era tornato utile anche per tenere le distanze dal regime fascista: ogni volta che aumentavano le pressioni perché si unisse al partito, lui partiva per un viaggio d'affari, trattenendosi per mesi al nord.

Lavoratore indefesso e fautore di una cultura europea che trascende i confini nazionali, Carlo Draghi aveva insegnato al figlio ad affrontare la vita con convinzione e determinazione. «Una volta» ricorda Mario «mi parlò di un monumento nella piazza di una città tedesca. La targa diceva più o meno così: "Se hai perso il tuo denaro, non hai perso nulla, perché potrai recuperarlo con il prossimo affare. Se hai perso l'onore, hai perso molto, ma potrai riconquistarlo con un atto eroico. Ma se hai perso il coraggio, hai perso tutto".»[13]

In quei mesi del 2012 Draghi è convinto che sia arrivato il momento di agire. «I rischi sono sotto controllo e, secondo le nostre valutazioni, non fare nulla sarebbe anche più pericoloso» dice al quotidiano tedesco di centrosinistra «Süddeutsche Zeitung» qualche giorno dopo l'annuncio delle Outright Monetary Transactions, cercando di placare i timori che un programma di acquisto di titoli potenzialmente vasto possa mettere a repentaglio la stabilità dei prezzi.[14]

In Germania il racconto della spirale inflattiva seguita alla Prima guerra mondiale è ancora tramandato di generazione in generazione: il nonno che correva a fare la spesa appena ricevuto lo stipendio, per comprare generi alimentari prima che le banconote si deprezzassero oltre; la nonna che usava la carriola o una valigia per trasportare mucchi di contanti che valevano quanto carta straccia. Il tutto causato da una banca centrale che stampava moneta a richiesta per finanziare il debito del governo, in quel caso le riparazioni di guerra stabilite dal Trattato di Versailles. Prima che l'ondata di panico si esaurisse, nel novembre del 1923, un dollaro era arrivato a valere 4200 miliardi di marchi.[15] C'è questa esperienza del passato alla base dell'obiettivo tedesco di una moneta stabile, un compito affidato ufficialmente alla Bundesbank fin dalla sua fondazione nel 1957, e trasmesso alla Banca centrale europea nel 1999. Per molti tedeschi la cittadella della Bundesbank, a nord del centro di Francoforte – costruita nello stile dell'avanguardia brutalista degli anni Sessanta –, resta l'emblema di anni di successo economico, di una valuta forte e di una politica monetaria libera da ingerenze del governo, una reputazione che la relativamente giovane BCE deve ancora guadagnarsi. «Non si sente a disagio a vivere nel Paese della Bundesbank?» ha chiesto un giornalista a Draghi nel settembre del 2012. «Ho dichiarato spesso che la Bundesbank è una grande istituzione, e che la rispetto moltissimo. Sarebbe magnifico se potessimo sempre collaborare. Spesso ci siamo riusciti, ma al momento abbiamo pareri diversi sul modo migliore di contrastare la crisi.» «E i tedeschi?» «Dovremmo spiegare meglio il nostro operato in Germania, chiarire le nostre intenzioni e mettere in rilievo le precauzioni che stiamo prendendo.»[16]

Draghi è ben consapevole dell'importanza della comunicazione per raggiungere l'opinione pubblica tedesca, e tuttavia adotta uno stile molto diverso da quello del suo predecessore. Negli otto anni alla guida della BCE, Trichet ha tenuto più di trecento discorsi pubblici, molti dei quali in piccole cittadine tedesche senza che ce ne fosse un motivo apparente, e ha concesso più di ottanta interviste. Grande amante della letteratura tedesca, ne aveva studiato la lingua per leggere Johann Wolfgang Goethe in versione originale, ma anche per riuscire a conversare con le persone che incontrava durante i suoi viaggi. Guardando ai numeri, i risultati di Draghi sono ben diversi. Nella primavera del 2019 la sua ultima intervista risale a oltre due anni prima, e i discorsi in pubblico superano di poco la metà rispetto al record di Trichet. L'italiano è più selettivo nella scelta degli eventi, preferisce comunicare idee originali invece di ripetere fatti già noti. Ma è proprio questo a rendere tanto incisive le sue parole.

L'ufficio comunicazione della BCE subisce una ristrutturazione radicale sotto di lui, passando da fornitori di automatici «No comment» a ogni richiesta a canale che oltre a fornire informazioni mette a disposizione dei media rappresentanti preparati che possano offrire tutte le spiegazioni del caso. Vengono assunti giornalisti, perché sono quelli che sanno meglio di cosa hanno bisogno i loro colleghi. Tra questi si contano parecchi tedeschi, nella speranza che le comunicazioni con la nazione più popolosa dell'Unione siano facilitate dall'uso della sua madrelingua. «Per il fatto che usano la loro lingua nazionale, i giornali di alcuni Paesi sono sfuggiti allo scrutinio internazionale, e da anni ribattono sempre sullo stesso messaggio, a prescindere da come stiano davvero le cose. La nostra è una realtà del tutto peculiare, e accogliamo con gioia ogni iniziativa al riguardo. Dobbiamo fare ogni sforzo possibile» riflette Draghi nel 2017, nel corso di un convegno dedicato alla comunicazione della BCE. «Certo, bisogna anche che gli interlocutori siano disposti ad ascoltare. Ma il fatto che il nostro impegno in questo senso non venga recepito non è un buon motivo per scoraggiarsi. Anzi, è uno stimolo a fare sempre di più. Anche se la vittoria è ancora lontana.»[17] Non cita in modo esplicito la «Frankfurter Allgemeine Zeitung», ma non c'è alcun dubbio che per gran parte del suo mandato sarà quello il giornale tedesco a dargli più filo da torcere. In molte conversazioni con i colleghi il presidente esprime la propria esasperazione per il tono polemico, le accuse e le conclusioni della testata. La frustrazione è reciproca. «La BCE sembra aver rinunciato a raggiungere l'opinione pubblica» lamenta il direttore, Holger Steltzner, in un'intervista rilasciata a «Politico» nel 2017.[18] La BCE contesterebbe l'accusa. Semmai ha moltiplicato gli sforzi di comunicazione durante il mandato di Draghi. Ha approntato un nuovo dipartimento per elaborare le richieste, le domande e i suggerimenti dei cittadini interessati, ha incoraggiato lo staff a usare Twitter e gli altri social network per aprire canali alternativi di dialogo e inaugurato un centro visitatori che illustra in modo più dettagliato il funzionamento della BCE.

Uno dei temi che più attirano l'attenzione della stampa tedesca sono gli squilibri nel sistema di pagamento Target2, prodotti da flussi di denaro tra Paesi membri che vengono registrati come crediti e debiti delle banche centrali nazionali nei confronti della BCE. Per molti, i crediti accumulati dalla Bundesbank, derivanti per esempio dal bonifico effettuato da un'azienda presso una banca italiana per un bonifico a una banca tedesca come pagamento di un fornitore locale, sono una misura di quanti soldi il contribuente tedesco rischia di perdere in caso di disgregazione dell'eurozona. E con l'ipotesi di uscita dall'euroblocco accarezzata dalla Grecia nel 2012 e nel 2015 e la possibilità che l'euro non sopravviva, il rischio appare reale agli occhi dell'opinione pubblica. La percezione viene ulteriormente alimentata dagli avvertimenti martellanti di uno degli economisti più influenti in Germania, Hans-Werner Sinn, presidente di Ifo, istituto per la ricerca economica, e autore nel 2012 di un libro dedicato al problema (*Die Target-Falle*).

Di rado i pronostici di Sinn si sono rivelati azzeccati. Aveva previsto che l'introduzione del salario minimo in Germania sarebbe costata oltre un milione di posti di lavoro, mentre di fatto ne sono stati creati quasi cinque volte di più. E aveva sostenuto che l'euro sarebbe costato moltissimo denaro alla Germania, mentre il Paese ne è stato uno dei principali beneficiari.

Target2 diventa oggetto di dibattiti infuocati ogni volta che la crisi del debito raggiunge un nuovo picco o che una politica monetaria non convenzionale amplifica gli squilibri. Draghi cerca regolarmente di placare i timori, sottolineando nel 2017 che, «se un Paese lasciasse l'Eurosistema, i crediti e le passività della sua banca centrale nazionale nei confronti della BCE dovrebbero essere regolati integralmente».[19] Nel 2018 afferma che attivi e passivi intrasistema «sono un tratto intrinseco di qualsiasi unione monetaria decentralizzata. Limitarne l'entità potrebbe ostacolare il libero flusso di denaro tra Paesi e di conseguenza intralciare il corretto funzionamento dell'unione monetaria».[20]

Il rapporto del presidente della BCE con la Germania resta difficile per gran parte del suo mandato, ma in due occasioni degenera in maniera particolare: quando il presidente della Bundesbank Jens Weidmann dichiara di fronte alla Corte costituzionale tedesca che il programma OMT, cui si riconosce il merito di aver scongiurato il peggio nella crisi del debito, sconfina quasi nel finanziamento illegale dei governi, e quando il ministro delle Finanze Wolfgang Schäuble incolpa Draghi del dilagare del populismo in Europa. Ma per quanto gravi le accuse, l'italiano non resta mai privo del sostegno più importante: quello della leadership tedesca. La cancelliera Angela Merkel, spesso soprannominata «Mutti», la madre della nazione, difende le iniziative non convenzionali del presidente già all'inizio del suo mandato, sottolineando l'indipendenza della Banca centrale europea, e nel corso degli anni i due instaurano una stretta alleanza. Il loro rapporto lascia intendere affinità profonde. I tedeschi saranno anche scettici sull'integrità di alcuni dei partner europei e delle loro politiche, ma persino di fronte alle sfide gigantesche dell'ultimo decennio, e diversamente dall'Italia, la Germania non ha mai vacillato nel suo impegno nei confronti dell'euro. «Viviamo in un'epoca turbolenta e non è stato facile per la BCE controllare la moneta unica» dice il presidente tedesco Frank-Walter Steinmeier a Draghi durante una visita alla fine del 2018. «Lei, signor presidente, lo ha fatto con circospezione e prendendo decisioni che hanno garantito la stabilità dell'euro. Ha abbastanza esperienza da sapere che qualsiasi decisione può essere passibile di critiche, soprattutto in Europa, dove coesistono tradizioni diverse in fatto di cultura e politiche economiche. [...] Per noi ciò che conta è che la Banca centrale conservi la sua indipendenza e che le sue decisioni siano sempre suffragate dalle dovute garanzie. È così da sempre e così sarà, per questo sono certo che la Banca centrale europea farà la sua parte per mantenere la stabilità della nostra moneta unica.»[21]

Weidmann assume la guida della Bundesbank nella primavera del 2011, un semestre prima dell'insediamento di Draghi al vertice della BCE. A quarantatré anni è il più giovane presidente nella storia dell'istituzione. Dopo un periodo al Fondo monetario internazionale e nel Consiglio di esperti economici della Germania, nei primi anni Duemila Weidmann era stato a capo della divisione per la politica monetaria della banca nazionale e, dopo cinque anni di lavoro nella cancelleria come uno dei principali consiglieri economici di Merkel, per lui la nomina alla presidenza equivale a un ritorno a casa. Non impiega molto a far sentire la propria voce come uno dei critici più accesi delle politiche non convenzionali della BCE e a farsi la reputazione del falco, preoccupato soprattutto della rapida crescita dell'inflazione e sostenitore di una politica monetaria più stringente. All'altro estremo dello spettro si collocano le colombe, che invece temono meno l'aumento dei prezzi e tendono a preferire politiche più morbide.

Il primo impulso di Draghi è di appianare le differenze. «Jens Weidmann ha fatto bene a sottolineare [i rischi di fornire liquidità per quasi 1000 miliardi di euro alle banche], e io sono d'accordo con lui» insiste in un'intervista del marzo 2012. E aggiunge: «Abbiamo un ottimo rapporto sia professionale sia personale. Le nostre divergenze d'opinione sono state ingigantite».[22] È l'equivalente verbale di un ramoscello d'ulivo, ma le relazioni tra i due si deteriorano in fretta. In estate Weidmann è l'unico membro del consiglio direttivo a opporsi alle OMT. Un anno dopo il presidente della Bundesbank dichiara ai giudici del più alto tribunale tedesco che quel programma della BCE rischia di «confondere il confine tra la politica monetaria europea e le politiche fiscali dei singoli Stati-nazione. [...] Potrebbe anche risultare necessaria un'assunzione dei costi da parte del governo nel caso in cui l'entità delle perdite metta in discussione l'indipendenza finanziaria e di conseguenza la credibilità dell'Eurosistema».[23] È un azzardo considerevole in un momento già rischioso, perché un verdetto di bocciatura del piano porterebbe quasi inevitabilmente allo sgretolamento dell'euro. Jörg Asmussen sostiene la tesi opposta quando prende la parola davanti agli otto giudici, con la toga, il copricapo color cremisi e la pettorina bianca, seduti sullo scranno. «I rischi dell'inazione sarebbero stati molto maggiori» dichiara, spiegando che, sebbene la BCE abbia annunciato che le OMT sono illimitate, di fatto esistono delle condizioni già predeterminate dalla natura stessa del programma.[24] Schäuble e i legali del governo chiedono ai giudici di rispettare l'indipendenza della BCE e l'archiviazione di tutti e sette i ricorsi presentati alla corte.

È uno dei momenti ai quali Draghi alluderà anni dopo, nel corso di una conversazione in merito alle critiche tedesche alle sue politiche. Gordon A. Craig, uno storico americano di origini scozzesi, dice, fece un'ottima osservazione nel primo capitolo del suo libro del 1981, *The Germans*. «I tedeschi» scrisse, citando Goethe, «rendono tutto difficile, per se stessi quanto per chiunque altro.»[25]

«Quanto a lungo può proseguire il conflitto tra lei e

il presidente della Bundesbank Jens Weidmann?» chiede un giornale tedesco a Draghi alla fine del 2013. «Io preferisco parlare di convergenza piuttosto che di conflitto» risponde lui, tentando ancora una volta di conquistare l'opinione pubblica in Germania.[26] Nei mesi seguenti il pericoloso calo dell'inflazione spinge il presidente a ventilare l'ipotesi di un programma di acquisto di titoli su vasta scala e poco dopo a confermare le previsioni di un'espansione del bilancio della Banca centrale. Nell'autunno del 2014 i media tedeschi riferiscono che Draghi e Weidmann sono ormai ai ferri corti, e che è intervenuta Angela Merkel per indurli a una riconciliazione.[27] Probabilmente è un'esagerazione, ma è pur vero che a questo punto le loro divergenze sono profonde e visibili. Un parere espresso all'inizio del 2015 con cui la Corte di giustizia dell'Unione Europea riconosce alla UE «un ampio margine di discrezionalità nella programmazione e nell'esecuzione della politica monetaria» spiana la strada al quantitative easing, uno strumento di cui Weidmann riconosce la legittimità ma che non ritiene necessario in quella particolare congiuntura.[28] Perciò si oppone alla sua messa in atto.

La volta successiva in cui sul tavolo dei negoziati arriva una proposta rilevante, nel marzo del 2016, il meccanismo di rotazione della BCE impedisce a Weidmann di votare. A quel punto Draghi ne ha abbastanza dei lunghi negoziati e delle soluzioni di compromesso considerate incrementali dagli investitori. La sua proposta: un taglio dei tassi di interesse che li porti ancora più in negativo (sono sotto lo zero dal giugno del 2014), un incremento nell'obiettivo mensile di acquisto di titoli di Stato, allargare gli acquisti anche alle obbligazioni societarie, una serie di prestiti a lungo termine alle banche per incentivare l'attività creditizia e infine l'impegno a tenere i tassi bassi per un protratto periodo di tempo, con l'opzione di future riduzioni se se ne presentasse il bisogno. Il presidente non ha più voglia di discutere. «O così o così» è il messaggio che viene percepito da alcuni governatori del consiglio direttivo. Il dibattito che segue è breve, più una foglia di fico che un vero tentativo di rispondere alle obiezioni sollevate non solo da Weidmann ma anche da altri.

Com'era prevedibile, la reazione dei media tedeschi è durissima. Nel disegno di copertina del quotidiano di economia «Handelsblatt» Draghi si accende il sigaro con una banconota da 100 euro. Altri additano come ironico il fatto che il presidente continui a ostentare la stessa cravatta indossata durante il discorso di Londra. Lo fa per scherno? Per dimostrare la propria superiorità? O è davvero una semplice coincidenza?

L'iniziativa del presidente Draghi non trova un'accoglienza granché positiva nemmeno al ministero delle Finanze guidato da Wolfgang Schäuble, rendendo ancora più difficile un rapporto già teso per gli infiniti tira-e-molla di Bruxelles sui piani salva-Stati e nella ricerca del giusto equilibrio tra stimoli fiscali e riduzione del debito. Lo scetticismo tedesco è alimentato da un collettivo riflesso condizionato all'insegna dell'ordoliberalismo – la convinzione che la BCE, il governo, i lavoratori e i sindacati debbano rispondere a responsabilità ben precise quando si tratta di politica economica –, aggravato da una certa dose di incomprensione della psicologia dei mercati finanziari, un ambito cui il radar di Draghi è invece sensibilissimo. Il rapporto tra il presidente della BCE e il ministro delle Finanze tedesco è improntato a un rispetto di fondo e persino all'ammirazione per i rispettivi successi nella costruzione di un'Europa unita e nella tutela della sua integrità, a dispetto e in virtù delle sfide e delle profonde divergenze tra gli Stati dell'eurozona. Ma nella primavera del 2016 la pazienza di entrambi è agli sgoccioli.

La fase acuta della crisi del debito è superata da un pezzo. Salvo per quello greco, tutti i programmi di salvataggio sono conclusi e l'economia tedesca registra una crescita solida. Più che di politiche monetarie espansive, la Germania avrebbe bisogno di un rialzo nei tassi di interesse. Molti tedeschi sono scontenti della BCE e la fiducia nella Banca centrale si è quasi dimezzata dall'inizio della crisi: un fatto che i tedeschi non si stancano di sottolineare. Negli ultimi anni i timori che un'integrazione europea a raggio troppo vasto metta a repentaglio la prosperità nazionale, la delusione per la scarsa incisività delle politiche di partito e l'afflusso di profughi dal Medio Oriente e dal Nordafrica hanno guadagnato consensi a un movimento politico in cerca di strategie diverse da quelle che Merkel ha descritto come l'unica alternativa. Dopo aver mancato di un soffio l'ingresso in Parlamento nel 2013, anno della sua fondazione, nel 2016 il partito euroscettico di estrema destra AfD (Alternativa per la Germania) si è rafforzato. La politica della BCE è «sbagliata, dannosa e inefficace» proclamano i suoi leader nel giorno in cui Draghi presenta il suo piano di sostegno all'economia. Tre giorni dopo il partito conquista quasi il 25 per cento del voto popolare alle elezioni di un Länder orientale, e vola oltre il 15 nel Baden-Württemberg, sede di molte aziende innovative e leader globali nel proprio campo. La Berlino politica impiega parecchio a riprendersi dallo shock. Quando si rianima, mette Draghi sul banco degli imputati. La politica della BCE «non ha in Germania effetti benefici quanto in altri Paesi, e questo aggrava le difficoltà di giustificarla agli occhi dei cittadini, e non soltanto quelli della vecchia generazione» lamenta Schäuble a inizio aprile, per poi diventare ancora più esplicito: «A Mario Draghi ho detto [...]: "Puoi essere molto fiero di te. Se in Germania questo partito appare innovativo e guadagna consensi, metà del merito è da attribuire alle tue politiche"».[29] Il commento, formulato per la prima volta durante un incontro dell'Eurogruppo a Bruxelles e poi ripetuto a una cerimonia di premiazione in una cittadina fuori Francoforte, è sintomatico delle tensioni in un'Europa che ancora non si è ripresa del tutto da una crisi finanziaria e da una doppia recessione. Se le parole di Schäuble lo irritano, Draghi non lo dà a vedere. «Sul lavoro non prendo niente sul personale. Anzi, un dibattito educato e costruttivo è il benvenuto, e ci aiuta a spiegare le nostre politiche.»[30]

Non è il primo scontro pubblico tra lui e Schäuble. Nel 2014 il tedesco ha dichiarato che la BCE aveva dato fondo alla sua cassetta degli attrezzi: un'ipotesi che i dirigenti della banca respingono sempre con fermezza, perché equivarrebbe a riconoscerli incapaci di guidare l'economia e influenzare i mercati. Per la verità i dissidi tra i due non sono affatto un evento raro. Di solito, però, avvengono a porte chiuse, senza risparmiarsi colpi su come l'uno o l'altro dovrebbe fare il proprio lavoro.

Schäuble, un veterano della politica e dei suoi conflitti, riesce a dare sui nervi a Draghi come nessuno. «Caro Mario, così non va» lo rimprovera nel 2012, nel periodo in cui la BCE sta progettando il piano di acquisto di titoli OMT, in base al quale i governi dovrebbero impegnarsi a un programma di riforme in cambio dei fondi salva-Stati. «Non puoi vincolare le tue decisioni di gestione monetaria alle mie decisioni politiche nell'Eurogruppo o alla nostra adesione o meno al Meccanismo europeo di stabilità.»

Proprio l'Eurogruppo è sede frequente delle loro controversie. Spesso Draghi e Schäuble siedono nello stesso angolo del tavolo rettangolare intorno al quale si riuniscono i ministri delle Finanze dei singoli Stati, ciascuno affiancato da un assistente, il commissario europeo per gli affari economici e monetari, il capo della BCE e a volte il direttore dell'FMI, tutti sotto l'egida del presidente dell'Eurogruppo. Nell'austero consesso i frequenti battibecchi tra Draghi e Schäuble sembrano quelli di due scolaretti indisciplinati e difficili da zittire. «Si scontravano di continuo, e non erano mai d'accordo su niente» ricorda un partecipante assiduo di quelle sedute. Alle riunioni di primavera dell'FMI, a pochi giorni di distanza dai commenti di Schäuble sull'avvento del populismo, i due danno uno spettacolo memorabile. Draghi è a metà di un discorso sul quantitative easing davanti a una platea di ministri delle Finanze e banchieri centrali quando Schäuble lo interrompe. «La tua stessa organizzazione» sbotta il tedesco, riferendosi alla Banca dei regolamenti internazionali, «dice che la politica monetaria sta facendo troppo e che devi ridurla.» Draghi fa una pausa, poi risponde: «Ti sarei grato, Wolfgang, se prestassi un po' più di attenzione a me e un po' meno alla BRI». Il botta e risposta prosegue. Schäuble ha toccato un tasto dolente con il riferimento alla BRI, i cui appelli a una politica meno espansiva sono oggetto delle critiche di Draghi fin dal 2010. Nessuno dei due alza la voce, ma la tensione è comunque tangibile per tutti i presenti in sala.

Quella sera, a cena in un ristorante di Georgetown, i contendenti seppelliscono l'ascia di guerra, e l'indomani Schäuble definisce Draghi un amico. «Le discussioni sono state molto positive e proficue, e direi anche pacate e piuttosto amichevoli» riferisce Draghi al ritorno a Francoforte. «Schäuble stesso si è rimangiato le sue parole [...] precisando che non voleva dire proprio quello, o che non ha detto ciò che intendeva davvero.» Salvo poi aggiungere un monito: tutti coloro che minacciano l'indipendenza della BCE con «un certo tipo di critiche» aggravano i problemi economici dell'Europa. «Il nostro mandato è di perseguire la stabilità dei prezzi in tutta l'eurozona, non soltanto in Germania. [...] Obbediamo alla legge, non ai politici, perché siamo indipendenti, come stabilito dalla legge.»[31]

Le contese tra Draghi e Schäuble, o Weidmann, si concludono spesso con Angela Merkel a fare da arbitro. La cancelliera è la meno ferrata in ambito di tecnicismi economici, ma il suo istinto politico è imbattibile quando si tratta di decidere se intervenire o tenersi defilata, di trovare il giusto equilibrio tra la sensibilità alle preoccupazioni dell'elettorato e il sostegno a iniziative impopolari per il bene superiore dell'Europa. In questo caso afferma che il dibattito sulla strategia della BCE è legittimo, ma che «non va confuso con l'interferenza nella politica indipendente della Banca centrale, che ha tutto il mio appoggio».[32] Draghi si consulta spesso con lei, «compatibilmente» con l'autonomia dell'istituzione che governa.[33] Le fa visita regolarmente nella cancelleria di Berlino e prende l'abitudine di intrattenere con lei una conversazione di aggiornamento prima di ogni summit dell'Unione Europea. «Ha investito molto in quel rapporto» dice una fonte che ne ha seguito l'evoluzione.

Merkel è più in confidenza con Draghi che con il suo predecessore Trichet, che trascorreva una parte significativa dei suoi incontri con i leader europei a predicare, pontificare e lanciare allarmi: una strategia che aveva perso efficacia quando era diventato evidente che non tutti i rischi annunciati si tramutavano in realtà.

La cancelliera e il presidente della BCE hanno molto in comune. Entrambi si preparano accuratamente prima di interloquire l'una con l'altro, si ascoltano con attenzione e solo alla fine pongono domande ponderate sui problemi di fondo, sui motivi o gli aspetti tecnici della questione in esame. Il livello di partecipazione di Angela Merkel persino nei discorsi economici e finanziari più intricati è impressionante, e Draghi non è il solo a sorprendersi della sua attenzione al dettaglio. Non è raro che discuta con i banchieri di come la distribuzione gaussiana aiuti a valutare i prezzi degli asset, o con Draghi di come la mancanza di coordinamento di un sistema economico a equilibri multipli possa aggravare il rischio di recessione. I due conversano generalmente in inglese, salvo quando a Merkel sfugge un termine tecnico e ricorre al tedesco per concludere la frase, ed è tipico di entrambi sforzarsi di affrontare un problema dal punto di vista dell'interlocutore. È insito nel modo di pensare di ciascuno dei due domandarsi sempre che cosa farebbe l'altro al suo posto, come si comporterebbe e perché.

È un legame che torna utile a entrambi. Draghi è interessato alla prospettiva della cancelliera sull'economia tedesca e su quella europea. Merkel, che a volte si è espressa in modo critico sulle diagnosi economiche di Schäuble, si avvale moltissimo della competenza dell'italiano. Non crede affatto che le sue origini possano influenzarne i pareri. La cancelliera non è incline ai pregiudizi. I collaboratori della sua cerchia più stretta dicono che è attenta agli altri e che studia attentamente i suoi interlocutori prima di trarre conclusioni. E nei confronti di Draghi nutre un rispetto assoluto.

«"Amicizia" non è la parola giusta in questo contesto, però abbiamo un ottimo rapporto di lavoro» dice il presidente del loro legame all'inizio del 2015.[34] Il sostegno della cancelliera gli è stato fondamentale per mettere in pratica politiche non convenzionali nell'ambiente economico iperortodosso della Germania. Soprattutto nell'estate del 2012, subito dopo il discorso con cui si era impegnato a fare «tutto il necessario» per salvare l'euro. Ma a parte le occasionali dichiarazioni di sostegno, il loro rapporto è tenuto a debita distanza dallo scrutinio pubblico. Nelle parole di un osservatore che li ha visti operare al picco della crisi, «è nell'interesse di entrambi non reclamizzare la collaborazione. Lei può ciò che a lui non è permesso, e lui può ciò che a lei torna utile. Hanno bisogno l'uno dell'altra».

Per ironia della sorte, dopo anni spesi a criticare la sua politica monetaria espansiva e i tanti strumenti non standard adottati, è proprio la Germania l'epicentro del rallentamento economico che costringerà la BCE a rinunciare al suo piano di avvicinarsi lentamente a un rialzo dei tassi. Nell'estate del 2019 l'economia più importante dell'eurozona si trova sull'orlo della recessione. L'industria è in crisi, vittima del rallentamento globale e della guerra dei dazi tra Stati Uniti e Cina. Si tratta di shock che un'economia aperta e orientata prevalentemente alle esportazioni, come quella tedesca, fa fatica ad assorbire e che vanno lentamente minando anche la fiducia di aziende e consumatori. Adesso il rischio concreto è quello di un'impennata della disoccupazione e di un contagio della debolezza economica al resto dell'Europa. Si prevede che, nell'ultimo anno di Draghi alla guida della BCE, l'Italia sarà l'unico Paese a crescere meno della Germania. Eppure saranno proprio i politici e gli economisti tedeschi quelli che protesteranno più veementemente all'ipotesi di una rinnovata politica di stimolo monetario da parte della Banca centrale – quasi a voler dimostrare che alcune cose proprio non cambiano mai.

6

Rompere le convenzioni

All'inizio del 2013, sei mesi dopo il «Whatever it takes» di Londra, l'eurozona sembra in via di guarigione.

L'euro non è più sull'orlo del disfacimento e i ministri delle Finanze nazionali sono impazienti di voltare pagina dopo tre anni di drammi esistenziali e con lo spettro di una catastrofe imminente. Per il tedesco Wolfgang Schäuble la moneta unica ha scollinato il peggio della crisi, e i mercati finanziari e l'economia sembrano concordare con la sua diagnosi. Lo spread è sceso, il mercato azionario è in rialzo, e aumentano i segnali che presto la regione possa smarcarsi da una recessione durata sei trimestri.

La tentazione di cantare vittoria è forte, ma la crisi ha lasciato cicatrici profonde e i policy maker sono consapevoli che i discorsi di cauto ottimismo servono solo fino a un certo punto. «Negli ultimi tempi vari indicatori congiunturali si sono ampiamente stabilizzati, seppure a livelli bassi, e la fiducia dei mercati finanziari è migliorata in modo significativo» dichiara Draghi nella sua prima conferenza stampa dell'anno. «Più avanti nel corso del 2013 l'attività economica dovrebbe riprendersi gradualmente.»[1] Nel secondo trimestre l'economia dell'eurozona torna a espandersi, ma la disoccupazione supera il 12 per cento, la più alta mai registrata.

E non si schioderà da quel livello record per il resto dell'anno. Dato ancora più preoccupante, i dati relativi all'Unione mascherano la gravità delle situazioni nazionali. In Paesi come la Spagna, il tasso di disoccupazione è più del doppio della media UE, e soprattutto i giovani hanno difficoltà a trovare lavoro. Diversamente dagli investitori, le persone comuni da Helsinki a Lisbona non hanno visto grandi miglioramenti e lo scontento sociale non dà segno di placarsi.

Le aziende, in particolare le piccole e medie imprese, faticano ancora a ottenere prestiti, con tassi che in Italia, per esempio, sono di gran lunga superiori a quelli tedeschi. Sovraccariche di crediti miliardari che hanno scarse o nulle probabilità di riscuotere, le banche si asserragliano entro i confini nazionali. Intanto a Cipro si prepara una nuova crisi.

Le prospettive di una crescita poco più che anemica preoccupano Draghi. Il presidente sa che l'eurozona ha bisogno di una spinta per evitare un prolungato periodo di stagnazione. Ancora più allarmante è un dato che emerge nel secondo semestre del 2013: l'inflazione sta rallentando, e in ottobre scende sotto l'1 per cento. Il petrolio è responsabile solo in parte delle decelerazione e, sebbene sia una manna per le tasche semivuote dei consumatori, il calo del prezzo dell'energia non è sufficiente per stimolare la crescita.

Per oltre tre anni l'inflazione resterà bloccata intorno allo zero, scendendo a volte anche sotto. La caduta dei prezzi può apparire una benedizione agli occhi dei cittadini, soprattutto se appena usciti da una crisi. Ma gli economisti avvertono che la deflazione può rivelarsi più pericolosa dell'aumento incontrollato dei prezzi dell'iperinflazione, perché è più difficile da contrastare.

Se tra le imprese e le famiglie si diffonde la convinzione che presto i prezzi saranno un po' più bassi, l'intera economia è prossima a fermarsi. Ben pochi investiranno in nuovi macchinari o si daranno allo shopping selvaggio. L'aspettativa generale che col passare del tempo la situazione debba migliorare finirà per sbiadire, rimpiazzata dalla magra consolazione che almeno non sia peggiorata. Senza inflazione i debiti diventano progressivamente più difficili da gestire, aggiungendo un altro ostacolo sulla strada di chi si è speso per tentare qualcosa di nuovo. Non a caso il mandato della Banca centrale europea di conservare la «stabilità dei prezzi» non prevede un'inflazione pari a zero, bensì «su livelli inferiori ma prossimi al 2 per cento nel medio periodo». Potremmo definirla una polizza assicurativa contro la deflazione.

Gli effetti sociali della deflazione sono devastanti, e colpiscono indistintamente quasi tutti i ceti. L'esperienza americana durante la Grande Depressione dei primi anni Trenta è stata studiata a fondo, e ha in Ben Bernanke uno dei suoi esperti più illustri. All'inizio degli anni Trenta gli Stati Uniti aderivano al gold standard, un sistema monetario basato su una quantità fissata di oro. Questo significava che la Federal Reserve poteva emettere moneta in misura limitata: il 40 per cento delle banconote in circolazione doveva essere garantito dalle scorte auree. Significava anche che la Fed era costretta a ridurre l'afflusso di denaro quando i cittadini chiedevano di convertire la propria carta moneta in oro, mentre in quegli anni la domanda di contanti si impennò insieme alla disoccupazione, alla carenza di prestiti e ai fallimenti delle banche, acuendo una sofferenza economica già grave. Gli Stati Uniti abbandonarono il gold standard nel 1933.

Dopo la crisi finanziaria del 2008, la Federal Reserve ha reagito in modo rapido e determinato, tagliando i tassi di interesse e lanciando acquisti di titoli su vasta scala. «Ho tratto lezioni durature per i banchieri centrali e i policy maker dalle mie letture e ricerche sulla Grande Depressione» scrive Bernanke nel suo libro, *The Courage to Act*. «Primo, nei periodi di recessione, di deflazione o di entrambe, bisogna implementare un'energica politica monetaria per tornare alla piena occupazione e a livelli normali di inflazione. Secondo, i policy maker devono agire in modo deciso per preservare la stabilità finanziaria e il normale flusso di credito. Una lezione più generale impartita dalla Grande Depressione è che di fronte a circostanze eccezionali devono essere pronti a pensare fuori dagli schemi, e se necessario a sfidare l'ortodossia.»[2]

Anche senza ricorrere a esempi tanto lontani nel tempo, come la Grande Depressione o il periodo di deflazione che precedette l'avvento del nazismo in Germania, studiosi e policy maker del 2013 hanno a disposizione un precedente più recente: il Giappone. Fin dai primi anni Novanta, con il definitivo esaurimento dei vertiginosi tassi di espansione economica del dopoguerra, il Paese asiatico era caduto preda di una crescita letargica, quasi al limite della stagnazione. Una politica monetaria troppo restrittiva, una popolazione sempre più anziana, la debolezza di banche appesantite da prestiti che difficilmente avrebbero recuperato, il senso di rassegnazione dilagante tra i cittadini: molti degli elementi che hanno caratterizzato il «decennio perduto» giapponese sono riscontrabili anche nell'eurozona.

Quando a novembre di quell'anno un giornalista suggerisce un parallelismo tra le due situazioni, il presidente della BCE si inalbera. Ma nonostante la quantità di cifre che riesce a inanellare nella sua risposta, la sua argomentazione termina comunque su una nota dolente. «Guardando la zona euro da lontano, si vede che i fondamenti di quest'area sono probabilmente i più forti al mondo» spiega. «Questo non si traduce automaticamente in una ripresa al galoppo. Ma, in realtà, offre i fondamenti su cui si possono perseguire le politiche economiche giuste. Le riforme strutturali sono la condizione necessaria e sufficiente perché ciò avvenga. In assenza di questo, purtroppo, resteremo fermi qui per un periodo piuttosto lungo.»[3]

Man mano che il focus dell'attenzione si sposta dal salvataggio dell'euro e dallo scongiuramento di una recessione conclamata alla creazione di condizioni favorevoli a una robusta crescita economica, Draghi è consapevole che il ruolo di protagonista dovrà toccare ai governi, non più alla Banca centrale. Ma com'è tipico quando la minaccia di una crisi recede, i politici cominciano a interessarsi di più a vincere le prossime elezioni che a risolvere i problemi a lungo termine che affliggono l'area euro. A preoccupare non è tanto l'allentamento dell'austerità fiscale, la spinta a risanare i bilanci e a contenere le spese che ha dominato la risposta immediata alla crisi. L'aspetto davvero allarmante è la tendenza a procrastinare i cambiamenti di lungo termine di cui i Paesi – e soprattutto quelli alla periferia dell'Unione – hanno bisogno per prosperare nell'euro, perché spesso si tratta di misure indigeste agli elettori già stanchi di riforme.

Niente di tutto questo è una novità per un presidente della BCE che innumerevoli volte ha tentato di guidare l'eurozona fuori dal sottorendimento cronico. Allo stesso tempo, però, Draghi non può limitarsi ad aspettare che i governi decidano finalmente di agire. Da custode della moneta unica, e alla luce delle disparità portate a galla dalla crisi, sa che, se non si colma il divario tra il nucleo e la periferia dell'Unione e le differenze interne non cominciano a ridursi, la prossima crisi potrebbe rivelarsi fatale. Ciò di cui l'eurozona ha bisogno per lasciarsi davvero alle spalle gli ultimi cinque anni è, nel gergo della Banca centrale, la convergenza. I Paesi più deboli devono cominciare a mettersi in pari con quelli più forti in termini di competitività, produttività, standard di vita e istituzioni. E perché sia possibile appianare le divergenze, l'euroblocco necessita come minimo di una solida crescita economica. Senza convergenza la moneta unica non può sopravvivere. Secondo la stessa logica usata per le OMT, questo significa che il compito rientra senza ombra di dubbio nel mandato della Banca centrale europea. È uno dei consigli trasmessi a Draghi da Jean-Claude Trichet. «La BCE è de facto responsabile della coesione dell'intera eurozona nel suo complesso» ricorda di aver detto a Draghi al momento di passargli il testimone nel 2011. «Non possiamo contare davvero sul fatto che i governi, il Consiglio e la Commissione europea siano sempre pienamente consapevoli delle divergenze che notiamo noi. Resta della massima importanza che la BCE non si limiti a garantire la stabilità dei prezzi in senso stretto, ma deve anche comunicare i messaggi corretti su divergenze e squilibri.»

L'incapacità o l'indisponibilità dei governi ad agire diventerà il tema dominante nella seconda parte del mandato di Draghi. Costringerà la Banca centrale a prendere misure sempre più audaci per scuotere la regione dalla stagnazione economica e dare il via all'unica cosa che potrebbe ricucire il suo lacero tessuto sociale: la crescita, per estensione la creazione di posti di lavoro e infine, come previsto dagli obiettivi specifici della BCE, l'inflazione. Strada facendo, la banca con sede a Francoforte si trasformerà da istituto prudente improntato al modello della Bundesbank a una delle istituzioni più innovative al mondo nel suo genere.

Nel 2013, mentre l'eurozona si avvia a una scialba ripresa, il problema di Draghi è che l'arma principale a disposizione della BCE per stimolare l'economia è già a dir poco smussata. Dopo il terzo taglio dei tassi deciso nel luglio del 2012, poche settimane prima del discorso di Londra, il tasso di interesse sui depositi, il più basso dei tre con cui la BCE stabilisce la base per i tassi di interesse sui mercati finanziari, è a zero. Questo riduce moltissimo il margine di manovra rimasto alla Banca centrale. Un modo di aggirare il problema sarebbe tenere inalterato il tasso di interesse passivo e abbassare soltanto gli altri due che pertengono ai prestiti erogati dalla BCE: il tasso di interesse sulle operazioni di rifinanziamento principali, applicato ai prestiti ordinari che la Banca centrale concede per fornire liquidità, e quello sulle operazioni di rifinanziamento marginali, con cui le istituzioni finanziarie possono ottenere prestiti agevolati quando hanno un bisogno immediato di contanti. Quest'ultimo fissa il tetto ai tassi di interesse che le singole banche possono esigere sui prestiti reciproci di brevissimo termine. Restringere il divario tra la base e il «tetto» limita il margine d'azione che le banche hanno nel decidere il prezzo al quale scambiarsi denaro, ed è proprio questo che si decide di fare nel 2013, prima in maggio, poi di nuovo a novembre. Il passo successivo dovrà essere più creativo.

I tassi di interesse negativi non sono un fatto senza precedenti, anche se restano uno strumento piuttosto non convenzionale, poiché il loro utilizzo significherebbe che la BCE imporrà un dazio alle banche su tutto il denaro depositato a fine giornata. Si tratta di una decisione significativa, considerata l'abbondante liquidità che circola nel sistema finanziario da quando la Banca centrale ha permesso agli istituti di credito di ottenere tutto il denaro di cui hanno bisogno – una misura di risposta alla crisi che risale al 2008 per prevenire il prosciugamento dei mercati. Nel 2013 Danimarca e Svezia hanno introdotto i tassi negativi, mentre la BCE ha finora soltanto accarezzato l'idea ma senza grande convinzione. «I tassi di interesse a zero o negativi possono produrre effetti indesiderati sulla redditività delle banche commerciali e più in generale sugli intermediari finanziari. In una situazione di crisi finanziaria potrebbero generare una contrazione del credito» ha osservato Benoît Cœuré all'inizio del 2012, poco dopo la sua nomina a capo del settore mercati della BCE.[4] Secondo alcuni, in un primo momento anche Draghi non è sicuro che i tassi negativi siano un'opzione plausibile nell'eurozona, una regione in cui le banche già fanno fatica a espandere il credito all'economia e a ridurre la montagna di crediti deteriorati lasciata dalla crisi.

Nel maggio del 2013, però, Draghi si convince. La BCE è «tecnicamente pronta» a sfondare la soglia dello zero, annuncia. «Ci sono diversi effetti non intenzionali che possono derivare da questa misura» spiega ai giornalisti. «Se decidiamo di agire, faremo fronte a questi effetti. Guarderemo a questa possibilità con mente aperta e siamo pronti ad agire se necessario.»[5] La mossa avverrà oltre un anno dopo, a metà del 2014, quando il rischio di deflazione si sarà dimostrato reale e concreto, e non soltanto un'anomalia statistica.

Quando, nel luglio del 2013, Draghi prende il suo posto alla consueta conferenza stampa, i giornalisti non si aspettano che abbia grandi annunci da fare. Dopo anni di lotta alla crisi, il trimestre estivo promette di essere il primo relativamente tranquillo, e molti sono impazienti di concedersi una pausa. «Il nostro orientamento di politica monetaria resterà accomodante per tutto il tempo che serve» dice il presidente, leggendo dai suoi appunti con la solita voce monocorde. È una rassicurazione che ha già ripetuto in passato. Ma poi aggiunge: «Il consiglio direttivo prevede che i tassi di riferimento della Banca centrale europea rimarranno ai livelli attuali, o a livelli inferiori, per un periodo prolungato di tempo». Questa parte della dichiarazione è nuova. È quella che gli economisti chiamano forward guidance. Con i tassi di interesse a zero, o sotto, in tutto il mondo, il concetto è diventato di gran moda nelle banche centrali. La Federal Reserve e la Bank of Canada, all'epoca diretta da Mark Carney, vi hanno fatto abbondante ricorso nel periodo subito successivo alla crisi finanziaria. Adesso Carney è governatore della Bank of England, e appena poche ore prima anche quest'ultima ha abbracciato il metodo.

La logica della forward guidance funziona così: quando i tassi si avvicinano o scendono sotto lo zero, un modo per dare una piccola spinta extra all'economia è dire agli investitori che anche in caso di un miglioramento non dovranno temere un improvviso irrigidimento della politica monetaria. Questo per evitare i comportamenti a volte paradossali dei mercati finanziari, che tramutano una buona notizia, per esempio un calo della disoccupazione o un aumento nella produzione industriale, in una notizia pessima, perché uno sviluppo positivo nell'economia diffonde l'aspettativa che presto la banca centrale intervenga a raffreddare gli entusiasmi, e dunque determina una svendita preventiva di titoli.

Il timore non è del tutto irrazionale. Appena due anni prima, sulla scia di un'accelerazione dell'inflazione, Trichet, Draghi e colleghi avevano aumentato due volte i tassi di interesse, salvo poi fare dietrofront nel giro di pochi mesi, quando l'eurozona era caduta nel baratro della crisi.

A metà del 2013 la BCE ritiene urgente inviare un messaggio agli investitori. A maggio Bernanke ha detto al Congresso che, se l'economia americana avesse continuato a migliorare secondo le aspettative, nei mesi successivi la Federal Reserve avrebbe potuto «fare un passo indietro nel ritmo degli acquisti». In sostanza ha annunciato la fine del quantitative easing, e dato che in genere le altre banche centrali seguono l'esempio di quella statunitense, era prevedibile un freno, a livello globale, alle politiche monetarie di sostegno in cui l'economia si era almeno parzialmente cullata dall'inizio della crisi. Il principale indice della Borsa statunitense quel giorno ha perso lo 0,8 per cento, la flessione più forte da tre settimane. Il rendimento dei titoli decennali americani ha superato il 2 per cento per la prima volta da marzo. Il dollaro ha raggiunto i tassi di cambio più alti dal 2010, e i future sull'oro sono andati in ribasso. I mercati finanziari hanno reagito con quello che è stato definito un *taper tantrum*, cioè scaricando in massa le obbligazioni. L'espressione inglese, che di solito descrive i capricci scatenati dei bambini, rende bene l'irrazionalità della reazione. L'evento è una chiara dimostrazione di quanto fosse diventata forte la loro dipendenza dagli stimoli della banca centrale. Ma mentre gli Stati Uniti davano già chiari segni di ripresa, l'eurozona non si trova neanche lontanamente in una situazione in cui si possa pensare di ridurre il sostegno all'economia. L'impegno dichiarato da Draghi a conservare bassi i tassi di interesse o persino a tagliarli di nuovo è un tentativo di sganciare l'eurozona dagli Stati Uniti, un messaggio che per gli investitori suona più o meno così: «Non ripeteremo gli stessi errori del 2011. Abbiamo imparato la lezione».

Ma, come in ogni forma di comunicazione, il destinatario deve recepire il messaggio. La prima domanda posta a Draghi quando finisce di leggere il suo comunicato è se la BCE ha deciso di abbandonare la politica di «nessun impegno preventivo» in favore di una forward guidance più dettagliata e specifica. La risposta di Draghi è glaciale. «Se fa questa domanda non ha ascoltato la mia dichiarazione introduttiva» dice al reporter, che farfuglia una giustificazione. «Per questo dico che non ha ascoltato attentamente» ripete Draghi, accertandosi che nessuno degli investitori e dei gestori di fondi in ascolto in ogni parte del mondo possa fraintendere il messaggio: «Il consiglio direttivo ha preso la decisione senza precedenti di dare una forward guidance in un modo più preciso di quanto abbia mai fatto in passato».[6] Quella guidance evolverà nel tempo, diventando sempre più complessa. Ma il suo primo impatto è anche un esempio dei potenziali inciampi alla celebre capacità di Draghi di orientare i mercati con le sue parole: può capitare che qualcuno all'altro capo della linea non stia proprio prestando ascolto, e questo fa naufragare persino la strategia più accuratamente pianificata. Ci saranno altri momenti di incomprensione nel dialogo tra il presidente e gli investitori, ma in generale la comunicazione resterà una delle carte vincenti di Draghi nel corso di tutto il suo mandato.

Nell'adottare la forward guidance come strumento per tenere ancorate più a lungo le aspettative sui tassi di interesse, Draghi si è staccato dal modello del suo predecessore. Trichet era noto per il rifiuto categorico a impegnarsi preventivamente sulla politica monetaria, esprimendosi solo per annunciare un cambio di direzione già imminente. Abbandonandosi a una rara critica pubblica, in merito alla nuova strategia dell'istituzione che ha guidato per otto anni, Trichet accuserà senza mezzi termini Draghi di essersi lasciato trascinare dall'ultima moda. «Rispetto ai miei tempi, oggi c'è un'epidemia di forward guidance, e la BCE ha subito il contagio» dice qualche giorno dopo l'annuncio di Draghi in conferenza stampa. «Non è necessariamente il concetto migliore, ma in un certo senso esiste un'interazione tra tutte le banche centrali, ed è difficile restare isolati entro una costellazione di altre banche tutte imbarcate nella forward guidance.»[7] Pur non rispondendo mai in modo diretto allo scetticismo di Trichet, Draghi ha sottolineato spesso che offrire agli investitori un orientamento sulle decisioni future è uno strumento potente e utile che resterà parte integrante della cassetta degli attrezzi della BCE. «Perché rinunciare a uno strumento di politica monetaria che si è dimostrato efficace?» sosterrà nel 2017. «Invece di limitarci a comunicare la nostra visione dell'economia e dei tassi di interesse, siamo passati a una comunicazione» che spiega come la Banca centrale europea reagisce ai mutamenti dell'economia e a quali condizioni.[8] Parlare con i mercati, illustrare l'operato della Banca centrale e quali saranno le sue reazioni probabili nel caso si verifichi questo o quell'evento, è più efficace e trasparente che limitarsi a presentare una presunta analisi obiettiva di cosa sta accadendo nell'economia fingendo di ignorare che i policy maker sono essi stessi attori chiave del rendimento economico. In altre parole: cercare di spiegarsi è sempre una buona idea, anche se a volte non tutti ascolteranno con la dovuta attenzione.

Con la dichiarazione preventiva della BCE di un possibile ulteriore abbassamento dei tassi di interesse, i tassi negativi entrano ufficialmente nell'arsenale delle misure potenziali. Che la misura venga poi davvero implementata è un'altra storia. La questione continua a bollire in sottofondo. A novembre lo staff della banca suggerisce un piccolo passo esplorativo, abbassando i tassi soltanto dello 0,1 per cento, abbandonando la prassi consueta di aggiustare sempre di un quarto di punto percentuale, ma poi lasciano perdere.[9] Il vicepresidente Vítor Constâncio rassicura che la BCE non è affatto prossima a una decisione, e agirà solo in caso di circostanze estreme.[10] Il consiglio direttivo torna brevemente sull'argomento nella riunione di dicembre. L'economia della regione continua a segnare il passo, i preparativi iniziano. È a questo punto che, secondo alcuni resoconti, si forma un'improbabile alleanza tra il governatore di Bankitalia Ignazio Visco, colomba conclamata, e il collega olandese, il falco Klaas Knot. I due chiedono al proprio staff di preparare un memorandum da presentare al consiglio direttivo sui pro e contro dei tassi negativi, con l'obiettivo di sminuire i contro e dimostrare che scendere sotto lo zero è un modo come un altro di dare sostegno all'economia. Un valore aggiunto della loro collaborazione è il segnale positivo inviato al resto del consiglio in un momento in cui il divario tra nord e sud è sempre più profondo.

Agli occhi di alcuni governatori i tassi negativi hanno un altro vantaggio, che però resta ancora largamente sottaciuto: sono un'ottima alternativa agli acquisti su vasta scala di titoli di Stato, o quantitative easing, lo strumento impiegato dalla Federal Reserve nel pieno della crisi, una politica aborrita dalla Germania e da altri Paesi che condividono la sua avversione all'espansione monetaria.

Per giunta, secondo i critici, l'acquisto di titoli rischia

di trovarsi in violazione della legge della UE che vieta alla BCE di finanziare il debito dei Paesi membri, uno dei principi fondanti della moneta unica. Perciò qualsiasi iniziativa prometta di tenere la BCE lontana dal QE è bene accetta. Secondo un membro del consiglio direttivo, «era evidente che i tassi di interesse negativi apparivano di gran lunga preferibili ad alcuni colleghi come Jens Weidmann e altri vicini alla sua linea. [Draghi] era aperto all'idea del QE, ma poi scelse un'altra strada».

Nei mesi a cavallo tra il 2013 e il 2014 l'ipotesi di portare i tassi di interesse sotto lo zero è diventata parte del dibattito più vasto tra Draghi e i suoi principali collaboratori alla BCE. L'inflazione non dà cenni di rialzo e minaccia di rimanere piantata più in prossimità dello zero di quanto stabilito dall'obiettivo – appena inferiore al 2 per cento – della BCE; il credito bancario resta anemico e la ripresa fatica a trovare slancio. Gli esperti più vicini al presidente – il capo economista Peter Praet, il direttore generale per la politica monetaria Massimo Rostagno e il consigliere di Draghi, Frank Smets – si stanno rendendo conto che nessuna singola misura potrà avere l'impatto necessario a far ripartire l'economia. Serve un intero pacchetto di iniziative.

Il nuovo approccio richiede del tempo per consolidarsi. In primavera Draghi mette sul tavolo un ampio programma di acquisto di titoli come parte della soluzione, ma lui stesso non è convinto. Prima di ricorrere a misure così controverse vuole essere certo di aver esplorato tutte le altre opzioni. E poi il suo obiettivo primario è incanalare denaro verso le tante imprese del settore privato che faticano a ottenere prestiti, obiettivo che si riflette nelle decisioni che, finalmente, vengono annunciate a giugno. «Nel perseguire il mandato di stabilità dei prezzi, oggi abbiamo deciso una combinazione di misure volte a fornire ulteriore accomodamento monetario e a sostenere l'erogazione di prestiti all'economia reale» spiega.[11] Per cominciare, una riduzione dei tassi di interesse a meno 0,1 per cento – un annuncio che, a dispetto della lunga fase di preparazione, fa trasalire i giornalisti in sala. Inoltre la BCE si impegna ad acquistare attività cartolarizzate e a lanciare un nuovo programma di prestiti a lungo termine alle banche, mirato in modo specifico a espandere l'erogazione di credito, oltre ad altre due misure tecniche, tutti strumenti progettati per rafforzarsi l'un l'altro e risollevare l'economia dal pantano. E, se non dovesse bastare, Draghi si premura di sottolineare che «se necessario, all'interno del nostro mandato, non è finita qui».

Così come i tassi di interesse negativi, la decisione di acquistare attività cartolarizzate – asset-backed security (ABS) – è al vaglio da parecchio tempo. È un passo piuttosto controverso. Dopotutto proprio la cartolarizzazione è stata tra i principali responsabili della crisi finanziaria globale, quando la pratica di impacchettare crediti di vario tipo e quindi di cederli in blocco aveva propagato i rischi in tutto il sistema, distruggendo la fiducia di banche, assicuratori e consulenti finanziari, dissanguando le banche e precipitando le economie del mondo intero nella recessione. Durante la crisi erano state soprattutto le piccole e medie imprese a soffrire per il prosciugamento del credito. Non avevano il peso che permetteva alle aziende più grandi di trattare con le banche da pari a pari, le loro attività erano spesso giudicate meno garantite e – ammesso che ottenessero un prestito – finivano sempre per pagare tassi di interesse più alti. Molte furono costrette a chiudere per l'impossibilità di garantirsi finanziamenti in un'economia come quella europea, in cui circa l'80 per cento del credito arriva dalle banche.

Per la BCE il problema che aveva portato alla crisi era che molti prodotti cartolarizzati erano troppo complessi. La facilità di raggruppare crediti di varia natura – come i prestiti per l'acquisto di auto, i mutui sulla casa o i passivi delle carte di credito – per poi dividerli in tranche con rendimenti diversi, a seconda del rischio che gli investitori erano disposti ad assumersi, aveva reso pressoché impossibile capire a prima vista da dove venissero i soldi a garanzia delle ABS.

L'iniziativa di Draghi nel 2014 punta a promuovere una nuova generazione di prodotti cartolarizzati più semplici e trasparenti. I prestiti alle piccole e medie imprese e ai consumatori sarebbero diventati più attraenti se le banche li avessero riconfezionati su misura per gli investitori in cerca di opportunità. Il presidente aveva sollevato la questione all'inizio dell'anno, in occasione del Forum economico mondiale di Davos, sperando che il suggerimento attecchisse. «Il problema al quale bisogna pensare, guardando al futuro, è la creazione di asset che raccolgano e confezionino i prestiti bancari nel modo giusto» aveva detto. Sebbene al momento la cartolarizzazione fosse «pressoché morta», la situazione poteva cambiare se gli enti di vigilanza fossero riusciti a distinguere tra le ABS di facile trasferimento e quelle «altamente strutturate».[12] Quando a giugno annuncia il piano, Draghi sollecita «le altre istituzioni interessate» a fornire un prodotto attraente, capace di creare «un afflusso di finanziamenti molto consistente per le piccole e medie imprese e l'economia reale. [...] Sarebbe questo il successo più grande».[13]

Il programma di acquisto di ABS finirà per arenarsi. A settembre, prima ancora che inizino gli acquisti, è già evidente che i governi non intendono sostenere iniziative di rilancio del mercato fornendo garanzie statali. In mancanza di queste, le ABS sono destinate a rimanere un prodotto di nicchia. Il programma di acquisto inaugurato nel novembre del 2014 raggiunge un picco di 28 miliardi di euro quattro anni dopo, un risultato troppo irrisorio per fornire il tipo di stimolo di cui ha bisogno l'economia dell'eurozona. Con il senno di poi, persino i collaboratori più stretti di Draghi ammettono che, oggi come oggi, non si prenderebbero più la briga di escogitare un programma tanto complesso per un mercato così piccolo.

La terza parte del pacchetto di giugno della BCE, le operazioni mirate di rifinanziamento a più lungo termine, o TLTRO – targeted longer-term refinancing operations –, pensate in modo specifico per i prestiti bancari, si rivela più efficace. Lo staff della Banca centrale europea studiava fin da ottobre un modo di fornire liquidità alle banche dell'eurozona per un periodo superiore ai tre mesi, la durata massima offerta fino ad allora dalla Banca centrale. Era già accaduto in passato, alla fine del

2011 e all'inizio del 2012, quando le banche avevano smesso di fidarsi l'una dell'altra e i prestiti tra gli istituti finanziari si erano arrestati, incrementando il rischio di fallimenti. A quel tempo, invece di erogare prestiti alle aziende per sostenere l'economia, le banche avevano usato il denaro a basso costo per acquistare titoli di Stato che – data la crisi – offrivano un ritorno di investimento molto interessante. Questa volta la BCE vincola l'accesso ai suoi prestiti a lungo termine all'erogazione di credito all'economia reale. Le banche potranno richiedere prestiti fino a scadenze quadriennali a fronte di un premio esiguo soltanto se soddisfano i target richiesti nella concessione di prestiti. L'adesione iniziale è un po' tiepida, dati la complessità e gli obblighi del programma, e questo sembra confermare lo scetticismo di alcuni policy maker rispetto ai piani di finanziamento in cambio di prestiti attivati da altre banche centrali. Le condizioni del programma saranno però ammorbidite nelle fasi successive, quando la BCE si renderà conto che i termini non sono abbastanza allettanti, e nel complesso i programmi TLTRO I e II inietteranno nelle banche quasi 800 miliardi di euro. (Una terza tornata sarà annunciata nella primavera del 2019.) Più difficile valutare il loro effetto sull'economia, anche se secondo l'analisi della BCE i suoi prestiti hanno svolto un ruolo più rilevante nell'agevolare il credito concesso alle imprese e a costi più bassi.

L'iniziativa di Draghi nell'estate del 2014 segna l'inizio di una metamorfosi della BCE, da istituzione conservatrice per prassi, e talmente cauta a muoversi da venire spesso accusata – come recita il proverbio – di chiudere la porta della stalla quando i buoi sono già scappati, a istituzione nota per l'audacia delle sue innovazioni. Il cambiamento diventerà evidente con l'aggiunta di nuove trame all'arazzo di politiche espansive nel secondo semestre dell'anno. Tassi di interesse ancora più negativi, acquisti diretti di titoli garantiti, e infine la possibilità di comprare debito sovrano su vasta scala.

Draghi ci sta lavorando in sordina da mesi. Ma in Europa gli ostacoli politici a una misura simile sono più alti che negli Stati Uniti e in Giappone, dove il QE è stato implementato già da un pezzo. Per raggiungere il traguardo, il presidente dovrà sfoderare tutto il suo talento strategico.

7

Tolleranza zero per gli sciocchi

Secondo un vecchio adagio, gli ufficiali di un esercito si possono dividere in quattro categorie:

> Il primo gruppo comprende quelli sciocchi e pigri. Vanno lasciati stare, tanto sono innocui... Poi ci sono quelli intelligenti e laboriosi. Sono ottimi aiutanti, e garantiscono che ogni dettaglio sia stato preso in esame. Il terzo gruppo comprende gli sciocchi e laboriosi. Sono una minaccia e vanno congedati all'istante. Caricano tutti di lavoro inutile. Infine ci sono gli intelligenti e pigri. Sono perfetti per le cariche di vertice.

La paternità di queste parole è variamente attribuita a Federico il Grande, a diversi generali tedeschi e persino al generale americano Douglas MacArthur. Gli amanti della letteratura potrebbero pensare a Michail Kutuzov, il generale saggio e affaticato che in *Guerra e pace* di Tolstoj si concede spesso un sonnellino durante le riunioni dello stato maggiore, come l'esempio paradigmatico dell'ufficiale «intelligente e pigro» ai vertici del comando. Quale che sia la sua fonte originaria, il detto si è fatto strada nei manuali di management, in articoli di giornale e in innumerevoli conversazioni a cena in tutto il mondo. Tra quanti amano citare questo adagio, c'è Tommaso Padoa-Schioppa, l'economista italiano che è stato tra i padri intellettuali dell'euro prima di diventare uno dei sei membri del primo comitato esecutivo della BCE nel 1998. Quando, durante l'ascesa costante di Draghi negli anni Novanta e Duemila, qualcuno gli chiedeva un parere sul suo compatriota, la risposta di Padoa-Schioppa era sempre: «Appartiene senz'altro all'ultima categoria».

Accusare Draghi di pigrizia sembra assurdo. Magari non avrà l'abitudine del suo predecessore di convocare gli assistenti a notte fonda per intrattenere lunghi colloqui sugli ultimi sviluppi nei mercati finanziari, ma chi è a stretto contatto con lui lo definisce un lavoratore indefesso. «Non so quando trovi il tempo di dormire» osserva una persona che lo vede regolarmente, aggiungendo che, a prescindere dall'orario della prima riunione mattutina, il presidente arriva sempre preparatissimo, con i giornali già letti e dopo aver studiato tutti i documenti sul problema in esame. La sua attenzione al dettaglio è tale che Draghi non smette mai di sorprendere i collaboratori con la capacità di porre l'unica domanda alla quale i loro meticolosi memorandum non sono in grado di rispondere. Uno degli uomini più indaffarati al mondo, non ha mai dimenticato la religione del lavoro e l'esempio di suo padre.

Tuttavia c'è qualcosa di vero nel giudizio con cui Padoa-Schioppa lo aveva assegnato all'ultimo gruppo della «griglia Von Moltke» (come viene comunemente chiamata, in riferimento al feldmaresciallo prussiano dell'Ottocento Helmuth Karl Bernhard von Moltke, uno dei presunti autori dell'aneddoto), se per pigrizia si intende un'efficienza mirata e il fastidio per l'attivismo fine a se stesso. Draghi delega. Non è tipo da micromanagement. Il tempo a sua disposizione è limitato, perciò non ha pazienza per le discussioni tirate troppo in lungo. Si concentra su poche questioni cruciali ed è ben contento di lasciare la gestione quotidiana a subalterni e collaboratori.

La sua capacità di volatilizzarsi di soppiatto nel bel mezzo di una riunione è leggendaria. «Lo vedevi all'inizio e alla fine non c'era più» racconta un funzionario presente a innumerevoli incontri europei e internazionali con lui fin dai primi anni Novanta. «Impossibile sapere quando se ne fosse andato. Il trucco gli riusciva sempre. Magari aveva infilato la porta già quindici minuti dopo l'avvio della riunione.» Quel talento gli guadagnò il soprannome di «Signor Altrove», che come altri accumulati nel corso della carriera – per esempio «l'Atermico», per l'abitudine di non portare mai il cappotto, o il celebre Super Mario – non gli è particolarmente gradito. «È sempre attentissimo e molto coinvolto nelle prime fasi di un processo. Poi, quando vede che le cose sono instradate come vuole lui, si fa da parte e lascia che proseguano con il pilota automatico» dice un manager che ha partecipato ad alcune delle sue iniziative più importanti durante il mandato a Francoforte.

L'agenda di un presidente della BCE è fitta di impegni, perciò ogni secondo è prezioso. Draghi gestisce con cura il suo tempo ed è selettivo nell'organizzare visite fuori sede o partecipazioni a eventi. Le sue apparizioni pubbliche sono relativamente rare, e scandite badando a non «diluire il marchio Draghi», per citare un funzionario internazionale.

Di conseguenza apprezza i collaboratori che vanno subito al punto e non si perdono in chiacchiere. «So che ha i minuti contati perciò, se devo chiedergli qualcosa, mi capita di riassumere la domanda in una parola sola.

Quanto alla risposta, a volte basta una sua occhiata» dice una persona che ha a che fare con lui quasi tutti i giorni. Draghi ha regolato il suo orologio cinque minuti in anticipo, per evitare ritardi e perdite di tempo.

Quando nel 2011 Draghi approda alla BCE, questo stile efficiente, a volte persino brutale nel suo pragmatismo, segna un netto distacco rispetto a quello del suo predecessore, Jean-Claude Trichet. Negli otto anni di guida del francese molti si erano affezionati al suo impegno incessante per creare un *esprit de corps* all'interno dell'istituzione, e hanno avuto da ridire sul cambiamento. Ci hanno messo un po' a capire che quando Draghi ti affida un progetto significa che ne sei responsabile a tutti gli effetti. «Il mio stile di management si basa sulla delega ma anche sulle verifiche, sia personali sia collegiali, insieme al comitato esecutivo» ha spiegato in un'intervista del 2015. «Secondo la mia esperienza, è un sistema che funziona.»[1]

Mentre Trichet si faceva quasi un puntiglio di essere l'ultimo a lasciare la sede della BCE ogni sera – a volte spegnendo lui stesso le luci nelle sale conferenze a ogni piano – e di passare il suo poco tempo libero a Francoforte, Draghi cerca di ridurre al minimo possibile i suoi soggiorni nella capitale finanziaria tedesca. (In questo ha qualcosa in comune con i tanti tedeschi che vivono a Bankfurt per lavoro ma non ci hanno mai messo radici.) Un modo per riuscirci è una gestione meticolosa della durata di ogni impegno. Diversamente da Trichet, che teneva a concedere sempre la parola a tutti i partecipanti a una riunione – tanto che con lui «sapevi quando si cominciava ma mai quando sarebbe finita» –, Draghi preferisce incontri brevi e mirati, e non permette ai presenti di continuare a parlare per il solo gusto di ascoltare la propria voce. «Non ha alcuna tolleranza per gli sciocchi» dice un suo stretto collaboratore. E quando la sua pazienza scende al livello di guardia, spesso si vede. «Non si fa scrupolo a interrompere le persone» dichiara un governatore che ne apprezza lo stile. «Se ritiene che una discussione abbia superato i limiti, Mario taglia corto.»

La divergenza di stile con il suo predecessore salta agli occhi fin dal primo giorno. Trichet convocava riunioni regolari con il comitato esecutivo e un gruppo di manager di vertice dei settori più direttamente coinvolti nella crisi europea per discutere degli ultimi sviluppi. Gli incontri potevano durare fino a tre ore. «Non era mai stanco» dice un funzionario del tempo. «Noi eravamo sfiniti molto prima di lui.»

Prima della nomina ufficiale, Draghi viene invitato da Trichet a partecipare a una di quelle riunioni. Dopo la nomina, ne ha convocata una lui stesso. «Bene» ha congedato i presenti, alla fine. «Ci riuniremo di nuovo quando sarà necessario.» Da allora, il gruppo ha cessato di esistere.

Draghi preferisce le conversazioni a due alle riunioni affollate. Se gli serve un'informazione, prende il telefono e chiama il membro del consiglio o l'esperto di riferimento invece di riunire più persone intorno a un tavolo.

«Trichet poteva discutere di un argomento fino a mezzanotte senza che se ne vedesse la fine. Draghi propone un argomento, ne parla, decide, poi passa oltre» sostiene un membro del consiglio direttivo. Ed è rigidissimo in merito alla separazione tra vita professionale e privata, un rigore che lo staff apprezza. «Dopotutto anch'io preferisco passare le serate in famiglia che con lui» commenta ridendo un collaboratore.

Una persona che lo conosce fin dagli anni Novanta offre un'analogia più tecnica per spiegare il suo atteggiamento. «Pensandola in termini di funzione di produzione, cioè calcolando i fattori di lavoro e capitale per valutare l'efficienza, i risultati che ottiene sono straordinari. Non si ammazza di lavoro. È così che è riuscito a sopravvivere.»

La differenza nello stile di leadership tra i due presidenti dipende in parte dai diversi periodi storici in cui hanno vissuto i rispettivi mandati. Gli anni di Trichet sono stati caratterizzati dallo sforzo di definire il modus operandi «normale» di un'istituzione incaricata di sovrintendere le economie di diciassette nazioni diverse. Nel periodo di Draghi, invece, la questione centrale è stata tenere insieme l'eurozona – ora salita a diciannove Stati membri –, sondare i limiti e i poteri dell'istituzione e inventare soluzioni innovative per affrontare un susseguirsi di crisi. Se la gestione al cronometro delle giornate è una consuetudine che l'italiano si è portato da Roma, un altro aspetto che lo distingue da Trichet è forse più dovuto alla necessità di ottenere risultati in tempi relativamente brevi.

Il francese era collegiale, gli piaceva che tutti fossero d'accordo, il che implicava inevitabili e lunghissimi dibattimenti. Draghi è più presidenziale. Lascia un certo margine alla discussione, ma poi prende le redini e guida il consiglio direttivo là dove vuole che vada. Alcuni governatori arrivano al punto di definirlo impaziente. «Vuole che le decisioni siano prese in fretta, e in cambio è disposto ad accettare il fatto che alcuni non siano d'accordo.» Quando ha raggiunto una conclusione «non resta molto margine per i correttivi».

Ma lo stile presidenziale è solo una faccia della medaglia. Ciò che gran parte dei suoi pari non riesce a vedere è *come* Draghi giunge alle sue conclusioni. È analitico e ponderato. Pone domande difficili e ascolta con attenzione le risposte. Contesta i luoghi comuni e le consuetudini. Prima che qualsiasi argomento arrivi in sede di dibattito, lui ha dedicato settimane e a volte mesi a studiarlo, soppesando le varie opzioni e formandosi un'opinione. Avanza una proposta solo dopo averla rigirata da ogni lato e dissezionata a fondo per accertarsi che sia la migliore possibile, perciò fatica ad accettare critiche, soprattutto da parte di chi non la vede come lui. Detto questo si considera comunque molto aperto ai suggerimenti alternativi e niente affatto restio a ricredersi. Gli piace citare la celebre frase attribuita a John Maynard Keynes: «Quando i fatti cambiano, io cambio opinione. E lei cosa fa, *sir*?».

Il mondo intero chiede il parere di Draghi sull'economia, il suo punto di vista su qualsiasi sfida imminente. I capi di Stato europei lo vedono come la propria coscienza economica, e danno peso a ogni sua parola. La sua opinione è altrettanto autorevole all'interno del G20. «Mario è il referente d'elezione per avere il polso dell'economia globale e per mettere alla prova la percezione che ne hai tu» dice Jack Lew e, ricordando il proprio periodo alla Casa Bianca e al dipartimento del Tesoro, aggiunge: «In merito a un problema, il presidente Obama mi chiedeva spesso cosa ne pensasse Draghi e teneva sempre conto di una valutazione introdotta dalla premessa: "Mario dice". A volte non serve un contatto personale per avere un rapporto».

Quanti hanno davvero costruito una relazione con lui nel corso della sua carriera, come l'ex presidente della Federal Reserve Janet Yellen, ne parlano con affetto. «Ha una rara combinazione di competenza, comprensione del mercato e immenso talento diplomatico. Mi aveva molto colpita, e personalmente mi era davvero simpatico. Abbiamo avuto parecchie conversazioni proficue e franche. In privato è un tipo molto schietto. Negli anni ho imparato tantissimo da lui.»

Draghi trae la sua ispirazione da sfere che vanno ben oltre i limiti tradizionali delle politiche economiche e monetarie della BCE. Se ritiene che possano servire alla causa si avvale di filosofi, storici e investitori. Il fondatore di Bridgewater Associates Ray Dalio, il segretario del Tesoro di Bill Clinton Larry Summers, il cofondatore di BlackRock Larry Fink, le sue conoscenze dei tempi del MIT Stanley Fischer e Francesco Giavazzi, i colleghi, compresi Ben Bernanke e Mark Carney, ma anche l'intellettuale francese Alain Minc sono tra gli interlocutori cui si rivolge di volta in volta. «Quando è alle prese con una decisione importante, si consulta col mondo intero» dice un vecchio amico.

Gli piace che i consulenti dicano la loro e lo contestino. Altrimenti non stanno facendo il loro lavoro. «Si può avere un ottimo contradditorio con Draghi, ma bisogna che le tue obiezioni abbiano sostanza» commenta un ex assistente. Una delle sue domande più frequenti è: «Non esiste un altro modo di vedere il problema?». E sebbene tenda a concentrarsi sul nucleo essenziale di una questione, lasciando perdere le minuzie, quando un tema è al centro della sua attenzione la sua analisi è molto specifica ed esaustiva.

Noto per le domande indagatrici che rivolge agli altri, per parte sua Draghi gioca sempre a carte coperte. Chi ha a che fare con lui spesso si convince di poter leggere tra le righe e indovinare i suoi piani. La verità è che Draghi ascolta tutti, ma al momento di tirare le somme decide di testa sua. Durante le conversazioni meno irreggimentate che i membri del consiglio intrattengono alle cene del mercoledì sera, prima del dibattito vero e proprio riservato alla riunione formale del giovedì, il presidente assume il ruolo di moderatore, concedendo la parola a chi la chiede e lasciando che il dibattito segua il suo corso senza dare cenni di preferenza, anche quando in realtà ha già preso una decisione. «C'è un detto su di lui» riferisce un governatore che l'ha contestato spesso nel corso degli anni. «Non sai mai da che parte sta, tranne che sarà la sua parte a spuntarla.»

Amici e nemici gli riconoscono il talento di saper leggere gli umori di chi è seduto con lui intorno a un tavolo. Ha perfezionato l'arte di aspettare il momento giusto prima di svelare una strategia, quando è certo di massimizzarne l'impatto e che esistano tutte le condizioni necessarie a garantirne un'efficacia ottimale. Il discorso di Londra, quello del famoso «Whatever it takes» – che molti oggi sostengono di aver ispirato ma che nemmeno i collaboratori più stretti avevano previsto, salvo avere il sentore che il presidente stesse preparando qualcosa di grosso – esemplifica alla perfezione il suo stile decisionale.

I governatori delle banche centrali sono persone notoriamente molto riservate, ma Draghi porta questa tendenza un passo oltre. È prudente persino con la sua cerchia più stretta. Il poco che negli anni ha lasciato trapelare di sé è quanto ci si poteva aspettare da «una persona molto controllata e con un'autodisciplina gigantesca», nelle parole di Mervyn King, ex governatore della Bank of England. «Non c'è niente di sorprendente in lui. Non abbassa mai la guardia.» A volte, nei viaggi internazionali, è stato visto cenare da solo al ristorante, senza assistenti o collaboratori in giro, a godersi uno dei rari momenti privati che un personaggio pubblico può concedersi. Ha pochissimo tempo per le distrazioni.

Quando ne ha, gli piace lo sport. La sua carriera nella pallacanestro è finita con il liceo, ma quando era negli Stati Uniti con la Banca mondiale ha iniziato a giocare a tennis, e più avanti si è dedicato al golf, come tanti altri banchieri suoi pari. Se durante una trasferta all'estero gli capita un'ora libera, va in palestra. E quando si trova nella sua casa al mare, nei pressi di Roma, va a correre, a volte insieme al suo cane, un bracco ungherese. Amante del calcio come ogni italiano che si rispetti, è tifoso della Roma, la squadra della sua città. Dotato di una mente curiosa e versatile, passa con disinvoltura dalle questioni tecniche ai libri alla musica. Quando le sue lunghe giornate di riunioni e viaggi gli lasciano un momento di respiro, gli piace parlare di teatro, di ristoranti o dell'ultimo fenomeno sociale, ed è pronto a offrire suggerimenti letterari e culinari a chi gliene chiede. «Mi ha consigliato i libri di Elena Ferrante» ricorda un collega della BCE, tradendo una certa sorpresa che Draghi si fosse aggiornato sulla cultura popolare italiana.

Se una conversazione tocca i difetti apparentemente cronici della madrepatria, a volte cita *Il Gattopardo*, il classico di Giuseppe Tomasi di Lampedusa in cui Tancredi dichiara, tra l'ironico e lo sconsolato: «Se vogliamo che tutto rimanga come è, bisogna che tutto cambi». Gli piace anche mettere a confronto i rispettivi punti di forza dei due eroi del Risorgimento italiano, Giuseppe Garibaldi e Camillo Benso, conte di Cavour. Inutile dire che la sua preferenza va al secondo. Quando ha ricevuto il premio Cavour, nel 2017, ha tracciato persino un parallelo tra le circostanze presenti e quelle affrontate dal «Tessitore», com'era noto il conte per la sua abilità nel forgiare alleanze:

> Egli fu in primo luogo un uomo d'azione nel senso più alto, attento ai risultati concreti, proteso verso mete ambiziose ma allo stesso tempo realizzabili. Refrattario a ogni fondamentalismo dottrinario, [...] il suo obiettivo prioritario fu la realizzazione di riforme del sistema economico, diremmo, con il linguaggio di oggi, riforme strutturali. [...] In un contesto pur così diverso come quello attuale, la sua ispirazione, la sua maestria nel tenere conto con ambizioso realismo degli interessi delle forze in campo, la sua capacità di tenere unite le forze interne ed esterne al Paese necessarie al conseguimento del proprio progetto, in definitiva il suo

> straordinario successo, sono, specialmente in questi giorni ricchi di richiami a cupi passati, una irresistibile fonte di ispirazione per chiunque, non solo in Italia, veda nella collaborazione internazionale l'unico modo di governare problemi che gli Stati nazionali non riescono ormai da molto tempo a risolvere da soli.[2]

Ma nonostante la sua disciplina, cautela e concentrazione, alcuni riescono ad andare oltre la facciata, cogliendo scorci dell'empatia, della modestia e del calore umano di solito riservati a familiari e amici: sono gli esponenti della nuova generazione, gli studenti e i giovani agli albori della carriera. Draghi trova sempre tempo da dedicare a loro, e si irrita molto se qualcuno – anche con le migliori intenzioni – cerca di annullare gli appuntamenti. I suoi interventi nelle scuole e nelle università europee o davanti a una platea di giovani alla BCE tendono a essere vivaci e coinvolgenti, molto diversi dagli scambi controllati e distaccati tipici della sua agenda. A volte lascia persino trapelare un umorismo in genere accuratamente celato. «Siamo qui per garantire che l'euro sopravviva, e che quando avrete venti o trent'anni non vi ritroverete con un'altra dracma o peseta» ha scherzato davanti a una sala stipata di liceali nel 2012, promettendo il massimo impegno da parte della BCE in una fase in cui quel rischio era molto concreto. A un evento analogo, l'anno dopo, con aria contrita ma strizzando l'occhio, giura ai colleghi di non accennare mai più alla dracma.

Chi ha avuto il privilegio di venir preso sotto la sua ala parla con molta gratitudine della sua disponibilità. Essendo un ascoltatore attento e sensibile, è considerato un ottimo mentore da una quantità di persone lontane e vicine. Per quanto impaziente quando si tratta di prendere decisioni in merito a una strategia, è molto tollerante nei confronti della sua cerchia di collaboratori, e si premura di conoscerne le situazioni personali. Questo vale anche per i governatori delle banche centrali che in patria subiscono le pressioni del governo e della stampa. Dalla Grecia a Cipro alla Slovenia, spesso sono stati loro a trovarsi in prima linea nelle varie fasi della crisi, fino a subire minacce personali. Draghi è stato sempre al loro fianco, chiamandoli con regolarità, a volte persino due volte al giorno, per chiedere notizie, fare una chiacchierata, o anche solo lasciare un messaggio di incoraggiamento. «C'è molta umanità dietro la sua fredda maschera di banchiere» dice uno dei suoi colleghi.

Nei suoi otto anni a Francoforte, Draghi ha intrecciato legami solidi sia all'interno del consiglio direttivo sia con l'élite politica del continente. Persino quando l'opposizione alle sue politiche era più accesa e gli inamovibili «no» della Bundesbank rendevano impossibile l'unanimità – la modalità decisionale prediletta alla BCE –, è sempre riuscito a costruire ampie maggioranze. Nel corso di tutto il suo mandato, ha potuto contare sull'appoggio dei Paesi periferici, che in genere hanno apprezzato le sue politiche di stimolo, e delle nazioni più piccole, che hanno la tendenza a schierarsi con il presidente. I governatori delle loro banche centrali sono stati dalla sua parte in quasi tutti i dibattiti, grandi o piccoli, formando il grosso di una «maggioranza silenziosa» che ha pesato spesso sulla bilancia. Ma anche potendo contare sul loro sostegno e su quello di Paesi più grandi come Italia e Francia, Draghi non ha mai trascurato il parere dei dissidenti cronici: Germania, Olanda e talvolta Lettonia, Estonia, Austria. Quando le differenze appaiono insormontabili, di tanto in tanto ricorre all'invio di «ambasciatori», alleati fidati che godono di ampio rispetto, come il francese Christian Noyer o il finlandese Erkki Liikanen. In un'occasione incaricò addirittura un confidente stretto della missione di riaprire le comunicazioni con uno dei suoi detrattori più implacabili, il ministro delle Finanze tedesco Wolfgang Schäuble. A volte funziona, altre no. Nel caso delle rimostranze tedesche, non sbaglieremmo di molto dicendo che sono state una spina nel fianco per gran parte del suo mandato.

Da politico consumato, Schäuble è uno dei pochissimi capaci di scuotere il proverbiale aplomb del presidente (un altro è stato Yanis Varoufakis). Ma quando perde la pazienza Draghi non alza la voce. Esprime il suo scontento e l'irritazione con un umorismo asciutto e caustico. «Sa essere molto pungente e brusco, ma non è mai sgarbato» dice un veterano delle riunioni europee e internazionali. «Sembra avere sempre addosso il completo scuro e la camicia bianca.»

Alla BCE le divergenze sulle strategie da mettere in atto diventano a volte un fatto personale, quando gli scettici sospettano che Draghi abbia preso accordi a porte chiuse e porti sul tavolo soluzioni già stabilite in partenza, che si possono accettare o respingere, ma non discutere. Il suo successo nell'operare dietro le quinte, i suoi contatti assidui con i politici per accertarsi che le decisioni prese a Francoforte abbiano il sostegno dei governi irritano alcuni colleghi della Banca centrale. A detta loro, ci sono in gioco l'indipendenza della BCE e la sua facoltà e capacità di fare ciò che ritiene giusto per garantire la stabilità dei prezzi a prescindere da ogni considerazione di opportunità politica.

L'irritazione verrà a galla con particolare forza nel novembre del 2014, nei mesi infuocati che precedono la decisione sull'acquisto massiccio di titoli di Stato. Alcuni governatori la sfogheranno con i cronisti della Reuters, il cui lungo resoconto zeppo di dettagli dall'interno della sala del consiglio turberà Draghi nel profondo. Davanti a questo tipo di critiche il presidente della BCE ribadisce la propria disponibilità a tener conto delle divergenze e delle obiezioni, ma sostiene che a un certo punto sia necessario mettere fine alla discussione e trovare il modo di accordare le varie opinioni in una decisione. Sottolinea di aver sempre operato entro i limiti del suo mandato e per la tutela dell'indipendenza e delle prerogative della Banca centrale. La sua logica è che passare all'azione senza tener conto del rischio di un conflitto istituzionale con i governi equivarrebbe a mancare alle sue responsabilità di presidente. Sarebbe un comportamento avventato, e lesivo della capacità della BCE di guidare l'economia dell'eurozona.

Con il tempo la fase acuta delle tensioni che accompagnerà il lancio del QE finirà per placarsi, Draghi riuscirà a varare il programma con un voto a stragrande maggioranza e, almeno in parte, a pacificare i rapporti all'interno del consiglio. Ma non a dissipare del tutto i sospetti sul suo modus operandi.

8

Finalmente, QE

È il pomeriggio del 22 gennaio 2015. All'aeroporto internazionale di Francoforte Mario Draghi è uno degli ultimi a imbarcarsi sul volo Alitalia diretto a Roma. Quando siede al suo posto accanto al finestrino, in economy, gli altri passeggeri lo riconoscono e, bisbigliando, se lo additano l'un l'altro. Qualcuno azzarda persino un saluto rispettoso, che il presidente della BCE ricambia in modo educato ma senza dilungarsi, com'è nel suo stile. Appena l'aereo comincia il rullaggio, accende l'iPad e inizia a giocare a scacchi.

La calma dimostrata in quell'occasione è tipica del suo atteggiamento contenuto, mai sopra le righe. Appena poche ore prima ha annunciato un programma di acquisto di titoli da 1000 miliardi di euro, forse la decisione più ambiziosa nella storia della Banca centrale europea.

È stata la mossa conclusiva di una partita cominciata oltre un anno prima. Per chi segue con attenzione la BCE, il gambetto di apertura era arrivato l'aprile precedente, nel discorso di Amsterdam, in cui per la prima volta Draghi aveva accennato alla possibilità che la Banca centrale si impegnasse in acquisti di asset su larga scala. Prima di allora, i mesi di preparativi erano avvenuti dietro le quinte.

Secondo il resoconto di due dei suoi collaboratori più stretti, una «seria analisi» di come dare forma a un programma di quantitative easing risale agli ultimi mesi del 2013. Già allora la ripresa nella regione prometteva al massimo di essere «moderata», come l'avrebbe più volte definita la BCE negli anni a venire, e probabilmente insufficiente a creare un'inflazione in linea con l'obiettivo della Banca centrale. Serviva una politica ancora più espansiva: una sfida, sapendo che la Germania si sarebbe risolutamente opposta a qualsiasi forma di sollecitazione economica che includesse l'assunzione di debito sovrano. L'obiettivo di Draghi è evitare il ripetersi dello scenario delle OMT nell'estate del 2013, quando il presidente della Bundesbank Jens Weidmann, uno dei membri cardine del consiglio direttivo, aveva sostenuto davanti alla Corte costituzionale tedesca che il piano anticrisi era al limite dell'illegalità. Un altro putiferio di quella portata sarebbe stato controproducente per l'immagine della BCE e per l'efficacia delle sue politiche. Qualsiasi nuovo programma doveva essere inattaccabile sotto il profilo legale.

La situazione si complica con l'uscita di scena di Jörg Asmussen, che all'inizio del 2014 viene sostituito da Sabine Lautenschläger, un'esperta di banche con una lunga carriera nel BaFin, l'autorità federale di vigilanza finanziaria, e che condivide la diffidenza di Weidmann per le politiche non convenzionali. Di colpo Draghi ha perso un avvocato convincente capace di difendere le scelte della BCE presso l'opinione pubblica tedesca. Adesso quel compito tocca a lui.

Contravvenendo alla sua abitudine di tenere le distanze dai circoli sociali di Francoforte, a fine febbraio

Draghi partecipa a una cena di gala al museo di storia naturale Senckenberg. Nell'atrio illuminato di rosa grandi tavoli rotondi occupano tutto lo spazio disponibile tra gli scheletri di dinosauri e le vetrinette di animali impagliati, compreso l'impressionante diorama di un anaconda che inghiotte un capibara: un simbolo eloquente, per chi volesse cercarne.

Il ricevimento riunisce banchieri, lobbisti, politici locali e uomini d'affari, tra cui Jens Weidmann, Sabine Lautenschläger, il capo di Deutsche Bank Jürgen Fitschen e la nuova presidente del BaFin, Elke König. L'ospite d'onore, il governatore della Bank of England Mark Carney, deve andarsene a metà serata per recuperare il BlackBerry dimenticato sul taxi che lo ha accompagnato all'evento. Malgrado il contrattempo, l'atmosfera è elettrica. Draghi conversa amabilmente con l'élite finanziaria, loda i successi della Bundesbank, racconta ancora una volta una delle sue barzellette preferite: «La vittima di un incidente stradale ha bisogno di un trapianto di cuore. Il chirurgo propone quello di un bambino di cinque anni. "Troppo piccolo." Quello del dirigente di una banca d'affari? "Loro un cuore non ce l'hanno." Quello del governatore settantacinquenne di una banca centrale? "Ottima scelta." Perché? "Perché non l'avrà mai usato"». Gli astanti stanno già ridendo quando lui aggiunge, con aria sardonica: «Vale lo stesso per il cervello dei ministri delle Finanze».

I suoi sforzi vanno a buon fine. A marzo, poche settimane dopo il galà, in un'intervista concessa all'agenzia di stampa americana Market News International, Jens Weidmann dichiara che un programma in stile QE «non è del tutto fuori discussione» per la BCE. «Beninteso, dovremo accertarci che sia rispettato il divieto ai finanziamenti monetari» si affretta ad aggiungere. E «il mio esame in questo senso sarà severissimo».[1] Anche tenuto conto delle precisazioni, il punto fondamentale è acquisito: la Bundesbank riconosce che almeno in linea di principio l'acquisto di titoli su vasta scala è uno strumento legittimo. Il rischio che Weidmann sostenga il contrario davanti ai giudici costituzionali è sventato. È un dato essenziale che Draghi sottolineerà nel gennaio del 2015, quando infine verrà annunciato l'allentamento quantitativo per l'eurozona. Il consiglio direttivo, dirà, è «unanime nell'affermare che il programma è una misura di politica monetaria conforme alla legge. Questo è importante, perché stabilisce il principio che si tratta di uno strumento da impiegare nelle situazioni giuste, ma che rientra tra quelli a nostra disposizione».[2]

All'inizio di aprile del 2014, il quantitative easing è ancora un concetto soltanto teorico per la BCE. Draghi annuncia che il consiglio direttivo è «unanime nel suo impegno a utilizzare anche strumenti non convenzionali nell'ambito del suo mandato, al fine di far fronte in maniera efficace ai rischi di un periodo troppo prolungato di bassa inflazione», precisando che anche il QE è da intendersi tra questi.[3]

Tre settimane dopo, l'acquisto di asset su larga scala comincia a configurarsi come un'opzione più realistica, quando Draghi presenta una descrizione dettagliata della nuova strategia della BCE. Ha scelto un'occasione storica per il suo discorso: il duecentesimo anniversario della fondazione della banca centrale olandese, celebrato all'Hermitage di Amsterdam. L'edificio, con la sua imponente facciata larga 102 metri, un tempo casa di cura per gli anziani, risale al 1683, ed è stato trasformato in museo nel 2009 per ospitare opere provenienti dal celebre tempio dell'arte di San Pietroburgo.

Il discorso di Amsterdam, come diventerà noto, è di ampio respiro, ma ecco il punto fondamentale: in tempi turbolenti, quando le banche centrali hanno già impiegato i loro poteri tradizionali fin quasi al limite, serve «un potenziamento della comunicazione».[4] Questo include una spiegazione più chiara di come la BCE risponderà ai colpi bassi dell'economia o agli strascichi della crisi finanziaria. Draghi elenca tre tipi di shock che potrebbero far deragliare la ripresa nell'eurozona, ciascuno dei quali richiede una reazione diversa.

Se il colpo proviene da oscillazioni dei mercati finanziari fuori dal controllo della BCE, per esempio quando una fluttuazione improvvisa nei tassi di cambio o sui mercati azionari incrementa i costi di finanziamento nell'economia dei Paesi dell'euro, la Banca centrale dovrebbe impiegare tassi di interesse negativi o iniezioni di liquidità a basso costo e a lungo termine per le banche, così da contrastare l'effetto negativo dello shock e mantenere un adeguato livello di sostegno all'economia.

Se l'indebolimento delle banche nella regione le rende incapaci di trasmettere all'economia reale le condizioni favorevoli create da una politica già espansiva, e le costringe a ridurre l'erogazione di prestiti, la risposta corretta è un programma di acquisto di ABS o un piano mirato per puntellare la concessione di credito. Due mesi dopo, a giugno, Draghi farà proprio questo, aggiungendo alla ricetta anche tassi di interesse negativi.

La terza eventualità esplorata nel discorso è un peggioramento delle prospettive di medio termine per l'inflazione. Si tratterebbe di un rischio concreto per l'obiettivo di stabilità dei prezzi della BCE, e potrebbe verificarsi, per esempio, in seguito a un rallentamento dell'economia o se un calo improvviso del costo del petrolio desse ai consumatori l'impressione che i prezzi continueranno a scendere: in altre parole, in caso di deflazione. In questo scenario la Banca centrale sarebbe costretta a intervenire in modo significativamente più deciso. Visto lo scarso margine per un ulteriore abbassamento dei tassi, non resterebbe che un'unica alternativa: mettere in campo l'artiglieria pesante, il «bazooka», come lo chiameranno i giornalisti, ovvero l'allentamento quantitativo.

Dove Draghi stia andando a parare è già chiarissimo, eppure lui bada bene a tenersi sul vago. Non dice esplicitamente che la sua risposta al terzo scenario sarebbe il QE. Sceglie una formulazione più involuta, affermando che quel tipo di situazione «richiederebbe un più vasto programma di acquisto di asset».

Il quantitative easing era stato a lungo considerato pressoché impossibile nell'eurozona. La regione – un mosaico di diciannove Stati alla fine del mandato di Draghi – sembrava particolarmente inidonea all'acquisto massiccio di titoli sovrani sulla falsariga di quello avviato dalla Banca del Giappone nei primi anni Duemila e che dal 2008 aveva impresso una svolta all'economia statunitense. Per non parlare della granitica opposizione del Paese più grande del continente, la Germania, che temeva una confusione tra politica monetaria e fiscale, quest'ultima ancora saldamente nelle mani dei singoli governi nazionali.

I policy maker della BCE avevano preso in considerazione l'ipotesi di un programma di questo tipo in varie fasi della storia dell'istituzione, salvo poi scartarla ogni volta come non fattibile. Nel 2010, quando la crisi greca aveva costretto la BCE a lanciare la sua prima iniziativa di acquisti nel settore pubblico, il Securities Markets Programme, l'allora presidente Jean-Claude Trichet aveva esplorato la possibilità di acquistare titoli di tutti gli Stati membri dell'eurozona invece di concentrarsi soltanto su quelli in affanno. «Visto che noi non lavoriamo per il gusto di correre alti rischi e non intendiamo concentrarci sull'emittente di titoli in difficoltà, allora perché non muoverci a tappeto, avviando un QE a tutto campo? A un certo punto avevo ventilato l'ipotesi, ma poi mi ero affrettato a ritirarla perché le nostre munizioni erano limitate, perciò non potevamo permetterci di sprecarle» ricorda il banchiere francese, sostenendo che al tempo l'obiettivo di un massiccio programma di acquisto non sarebbe stato mettere in atto una politica monetaria più espansiva ma una con meno rischi. «Ci ho riflettuto molto, però alla fine mi sono detto che non avrei trovato consensi. C'era la possibilità che peggiorasse la situazione.»

Nella BCE del 2014 i preparativi tecnici sono in corso, con lo staff che studia simulazioni dell'impatto di un acquisto di titoli pari a 1000 miliardi di euro.[5] Ciò che ancora non è chiaro è se il piano sia destinato all'implementazione reale o a restare inattivo nell'arsenale, come nel caso delle OMT. Draghi prosegue nel suo impegno di costruire il consenso all'interno del consiglio direttivo, e i policy maker di allora ricordano di aver «fiutato qualcosa nell'aria». «Si stavano creando le condizioni atmosferiche giuste.»

Sempre in aprile, il capo economista di Draghi, Peter Praet, partecipa a una riunione dell'Euro 50 Group, un'associazione informale di economisti, accademici e policy maker influenti creata nel 1998 da Edmond Alphandéry, ex ministro francese delle Finanze. Le conversazioni che intrattiene con personaggi del calibro di Lorenzo Bini Smaghi, ex membro del comitato esecutivo della Banca centrale europea e futuro presidente della banca francese Société Générale, trasmettono all'economista belga un nuovo senso di urgenza. «Voialtri dovete decidervi ad aprire gli occhi»: è questo il messaggio che gli viene comunicato.

I campanelli d'allarme si stanno moltiplicando. I forward swap, uno strumento finanziario impiegato per misurare il tasso inflattivo previsto dagli investitori in un dato momento del futuro, suggeriscono che nell'eurozona il rischio di deflazione è in aumento. A giugno il rendimento sul debito sovrano europeo scende al livello più basso dai tempi delle guerre napoleoniche di inizio Ottocento, un segno che gli investitori temono una ricaduta nella recessione, la terza nell'eurozona dalla crisi finanziaria, e un effettivo radicamento della deflazione. E intanto prosegue la contrazione del credito bancario.

Ma ancora i tempi non sono maturi per il QE. Quando i colleghi del consiglio direttivo gli chiedono in privato se ci saranno acquisti di asset su larga scala, Draghi risponde di non esserne sicuro. È una risposta che ripeterà spesso nei mesi successivi, e che in seguito gli scettici del consiglio finiranno per imputargli, convinti che in realtà fosse stato quello il suo piano fin dal principio.

A giugno la BCE annuncia un pacchetto di misure che comprende tassi di interesse negativi e prestiti mirati per le banche, oltre ad acquisti di ABS, come se volesse sperimentare tutti gli strumenti possibili prima di avviare il quantitative easing.

A dispetto delle speranze iniziali, diventa subito evidente che il mercato delle attività cartolarizzate è troppo piccolo per l'espansione monetaria che la BCE vorrebbe scatenare. Con i governi che si rifiutano di collaborare con adeguamenti legislativi e le banche che non potenziano l'emissione di prestiti, i 1000 miliardi di euro che gli esperti della BCE hanno in mente non arriveranno certo dagli acquisti di cartolarizzazioni.

Il 21 agosto 2014 Draghi parte per Jackson Hole, nel Wyoming, per partecipare al convegno annuale della Federal Reserve. Il Jackson Lake Lodge, costruito negli anni Cinquanta per volere di John D. Rockefeller Jr. nel cuore del parco nazionale del Grand Teton, è un luogo quasi mitico per i dirigenti delle banche centrali. La sua hall, le sale conferenze e la terrazza offrono una vista davvero mozzafiato sul lago e le montagne, con il maestoso monte Moran al centro. Dal celebre Blue Heron Bar si possono vedere alci, orsi e altri animali selvatici che si aggirano nelle radure ai piedi dell'hotel. Ogni fine agosto, fin dai primi anni Ottanta, il Lodge è sede di un simposio organizzato dalla filiale del Kansas della Federal Reserve che mette insieme economisti e rappresentanti delle banche centrali, ed è un appuntamento imperdibile nel calendario dell'élite economica mondiale. «È un po' come un campeggio estivo, ma di tipo intellettuale» dice l'ex presidente della Fed Janet Yellen. L'evento si apre con una cena giovedì sera, la mattina di venerdì si tengono interventi e dibattiti, seguiti da un discorso a pranzo. Dopodiché i partecipanti sono liberi di godersi un'escursione nel parco, andare a pesca o intrattenere conversazioni accademiche.

Draghi viene regolarmente invitato, ma a causa della crisi non ha potuto partecipare ogni anno, e anzi, in più di un'occasione ha annullato il viaggio all'ultimo minuto. Ma nel 2014 non cambia programma. Nelle lunghe ore del volo intercontinentale ripassa il suo discorso sulla disoccupazione nell'eurozona. Parla con i suoi consiglieri, rivede gli ultimi dati. Le notizie non sono buone. I segnali di un rischio concreto di deflazione si sono intensificati.

La delegazione della BCE giunge al Lodge nella giornata di giovedì. Draghi arriva la sera tardi, sfinito dal viaggio. Sta ancora ritoccando il suo discorso quando prende il telefono nella sua stanza e fa una chiamata. «Sei sveglio? Ti va un bicchiere di vino?» chiede a uno dei collaboratori più stretti del suo entourage. Vuole un aggiornamento sui dati più recenti, e una discussione franca sulla necessità o meno di intervenire. Davanti a un bicchiere di rosso i due ripassano le cifre ancora una volta.

Al mattino Draghi viene visto conversare con Stanley Fischer, il suo mentore al MIT e attuale vicepresidente della Federal Reserve. «Era evidente che qualcosa bolliva in pentola» ricorda uno dei partecipanti che all'ingresso della sala conferenze lo aveva notato mentre parlava in disparte con il suo staff. «Dobbiamo cambiare il testo del discorso?» chiede il consigliere a Draghi. «No, no, ci penso io» risponde lui. Approfitta dell'intervento di Yellen per annotarsi un paio di appunti, poi entra nella sala affacciata sul lago Jackson. La platea comprende un centinaio di persone, in gran parte colleghi delle banche centrali e docenti universitari insieme a parecchi giornalisti.

È a oltre metà del discorso quando fa una pausa e poi legge l'annotazione scritta a mano sul margine del foglio: «Nel corso del mese di agosto i mercati finanziari hanno indicato che le aspettative di inflazione hanno avuto diminuzioni significative su tutti gli orizzonti temporali». Poi aggiunge che «il consiglio direttivo riconoscerà questi sviluppi e, nell'ambito del suo mandato, userà tutti gli strumenti disponibili necessari per garantire la stabilità dei prezzi nel medio termine».[6]

Poco dopo la fine del discorso lascia la sala. Per la differenza di fuso orario, il messaggio di Draghi e la sua conseguenza implicita – che la BCE sta prendendo in seria considerazione il quantitative easing – impiegano un po' a raggiungere l'altra sponda dell'Atlantico. Quando Draghi è salito sul podio a Jackson Hole, in Europa era già sera. Molti reporter hanno scritto i loro articoli basandosi sul testo originario distribuito dalla BCE prima che il discorso venisse effettivamente pronunciato, dopodiché se ne sono andati a letto. Di solito Draghi si attiene al copione e nessuno prevedeva che avrebbe aggiunto qualcosa a margine. Tra i presenti in sala a Jackson Hole, molti non colgono subito il pieno significato di quelle parole. Poi, dopo qualche ora di sconcerto, gli addetti cominciano a collegarle al discorso tenuto ad Amsterdam quattro mesi prima, in cui Draghi aveva accennato ad acquisti di asset su vasta scala proprio come risposta al rischio di deflazione. I dati che ha citato parlano chiaro, ma alcuni governatori della BCE si risentono della sua decisione di suggerire una svolta imminente nella politica monetaria senza prima averli consultati. E saranno ancora più contrariati dalla sua iniziativa poche settimane dopo.

L'episodio consolida la fama del simposio di Jackson Hole come luogo in cui si annunciano politiche importanti, dopo che già nel 2010 e nel 2012 l'allora presidente della Fed Ben Bernanke lo aveva usato per comunicare nuovi interventi di QE negli Stati Uniti.

L'attenzione degli investitori si appunta sui due paragrafi relativi alle aspettative di inflazione, ma Draghi ha anche un altro messaggio da trasmettere: i governi dell'eurozona dovrebbero essere pronti a spendere di più per stimolare le proprie economie. Chiede un approccio triplice di politica monetaria, politica fiscale e riforme strutturali. Alcuni considerano quei commenti un punto di svolta nella comprensione delle interazioni tra i tre elementi.

Qualche settimana prima, nella casella di posta di Draghi era arrivata un'email inviata dalla Commissione europea, il cuore della macchina burocratica di Bruxelles, con allegata una lettera aperta pubblicata nel 1933 da John Maynard Keynes e destinata al presidente americano Franklin D. Roosevelt. L'economista scriveva che

Roosevelt aveva sbagliato le tempistiche delle sue politiche. «Lei si è impegnato nel duplice compito di ripresa e riforma: la ripresa dal ristagno e il varo di riforme economiche e sociali che urgono da tempo. Per la prima sono essenziali rapidità e risultati. Anche la seconda è impellente, ma la fretta sarebbe dannosa: più dei risultati immediati, serve la saggezza di un obiettivo a lungo raggio. L'aumento di prestigio che la sua amministrazione trarrebbe da una ripresa sul breve termine le darebbe la forza propulsiva necessaria a realizzare riforme di lunga gittata. D'altra parte, persino le riforme sagge e necessarie possono per certi versi intralciare e complicare la ripresa.»[7] In sostanza: implementando riforme che espandono l'offerta ma non creano domanda ci si ritrova con un mix squilibrato di misure che rischia di peggiorare la situazione anziché migliorarla. Piuttosto che scoraggiarle, le politiche di sostegno all'economia rendono più semplici le riforme strutturali. Nella sua risposta all'email, Draghi dà a intendere di non aver pensato a quella lettera da parecchio tempo.

Le sue parole a Jackson Hole ne echeggiano i principi. Da sole, disciplina fiscale e riforme – i due pilastri su cui finora si è basata la risposta europea alla crisi – non sono sufficienti sul lungo termine. Affinché il processo di trasformazione sia sostenibile, è necessario che la ripresa venga stimolata. Può occuparsene la Banca centrale, ma anche gli Stati devono fare la loro parte. L'austerity da sola non basta.

Tornato in Europa, Draghi intrattiene una delle sue regolari conversazioni telefoniche con la cancelliera tedesca Angela Merkel. Il 1° settembre incontra il presidente francese François Hollande, che sta cercando un margine di manovra nelle regole di bilancio dell'Unione Europea per finanziare i suoi piani espansivi.

Il 4 settembre il consiglio direttivo ammette per la prima volta che la «flessibilità esistente» nel rispetto delle regole permette tagli fiscali e altre misure a sostegno della domanda. Ma durante la conferenza stampa il presidente si affretta a respingere le ipotesi di un «grande accordo» tra BCE e governi, in cui la prima stimolerebbe l'economia con il QE in cambio di mutamenti strutturali varati dai secondi per rendere la crescita economica sostenibile sul più lungo termine. «Il punto, per un banchiere centrale, è che è molto difficile per noi raggiungere l'obiettivo di un tasso di inflazione inferiore ma prossimo al 2 per cento solo con la politica monetaria» spiega. «C'è bisogno di crescita. È necessario ridurre la disoccupazione. Per farlo occorrono altre cose, e questo è quello che ho detto. Occorre la politica fiscale. E sono necessarie prima di tutto le riforme strutturali. Quindi, in questo senso, qui non c'è alcun "grande accordo", solo ognuno di noi deve fare il proprio lavoro.»[8]

Non è l'unico messaggio che Draghi intende comunicare quel giorno. Dopo aver annunciato un altro taglio dei tassi di interesse a meno 0,2 per cento – una decisione più difficile del passo iniziale di scendere sotto lo zero compiuto tre mesi prima – e un programma di acquisti del debito del settore privato che comprende ABS, aggiunge quasi di sfuggita che uno degli scopi delle nuove politiche della BCE è «estendere in modo significativo le dimensioni del nostro bilancio verso quelle dell'inizio del 2012». È il momento in cui il bilancio della BCE diventa uno degli strumenti principali a sua disposizione. Detto in soldoni, il bilancio di una banca centrale è direttamente correlato alla quantità di denaro circolante in un'economia. Iniettare più denaro nell'eurozona – questa è la teoria – dovrebbe stimolare la crescita abbassando il costo degli investimenti, potenziando la capacità di assunzione delle imprese e infine riavviando l'inflazione per portarla ai livelli indicati come ideali dalla banca centrale. Gli investitori non impiegano molto a fare due conti, e a stimare che se l'obiettivo è questo la BCE dovrebbe aggiungere circa 700 miliardi di euro al denaro che scorre già nel sistema finanziario della regione. Un'impresa impossibile con gli strumenti che la Banca centrale ha messo in atto fino ad allora.

Secondo alcuni governatori dissenzienti, indicando un ordine di grandezza per lo stimolo che la BCE intende fornire, Draghi si sarebbe spinto oltre quanto era stato discusso in sede di consiglio. Il comunicato congiunto concordato con i colleghi parlava solo di un «impatto considerevole» sul bilancio, senza precisare cifre specifiche. Inutile dire che alcuni nel consiglio direttivo sono piuttosto stizziti.

Con il passare del tempo Draghi diventa ancora più esplicito. «Con i programmi di acquisto» dice ai parlamentari europei durante una delle sue audizioni trimestrali al Parlamento europeo a Bruxelles, «stiamo avviando la transizione da uno schema di politica monetaria prevalentemente fondato sulla fornitura passiva di credito da parte della BCE a una gestione più attiva e controllata del nostro bilancio.»[9] Eppure la sua insistenza nel fornire un numero irrita persino alcuni dei suoi alleati più stretti. «Era troppo concentrato sulle dimensioni del bilancio. Non era quello il problema, anche se alcuni pensavano di sì» ricorda un governatore.

A fine settembre la strada per il quantitative easing è aperta. In previsione di un rialzo dei prezzi conseguente agli acquisti della BCE, le banche hanno cominciato a ridurre le loro proiezioni per il rendimento sui titoli di Stato tedeschi (i rendimenti dei titoli calano quando salgono i prezzi e viceversa). La flessione dell'euro persiste. Ma è anche sempre più evidente che Draghi non riuscirà a convincere tutti i governatori a intraprendere il percorso che lui ha tracciato. Weidmann ha già votato contro l'espansione della politica monetaria decisa all'inizio del mese, e le tensioni tra i due si vanno acuendo.

In ottobre il consiglio direttivo tiene la sua riunione mensile a Napoli, luogo di nascita del governatore di Bankitalia, Ignazio Visco. Le condizioni della città sono un chiaro monito sulle gravissime conseguenze della recessione. Il centro è occupato da manifestanti che incolpano la BCE dell'aumento record nella disoccupazione e dei tagli nella spesa pubblica che hanno sforbiciato servizi pubblici già al collasso. «Comprendiamo le ragioni dietro queste proteste» dice Draghi in conferenza stampa, riconoscendo le difficoltà di molti dei suoi connazionali. «Ma quello che credo debba essere corretto è la percezione che la BCE sia in qualche modo colpevole e all'origine di questa situazione.»[10] I governatori sono asserragliati nella reggia di Capodimonte, ma persino a distanza di sicurezza dai disordini di piazza la riunione risulta caotica. Con le finestre aperte per il caldo, il rumore degli elicotteri che sorvolano il palazzo è talmente forte che alcuni non sono neanche riusciti a seguire il dibattito. Altri si infuriano quando Draghi ribadisce in pubblico l'obiettivo di riportare il bilancio della BCE ai livelli dell'inizio del 2012.

Durante l'autunno i mercati finanziari crollano. Nelle prime due settimane di ottobre l'indice Stoxx Europe 600 perde oltre il 9 per cento, e gli indicatori di inflazione basati sugli andamenti dei mercati cadono ai livelli più bassi da un decennio. Dopo una giornata particolarmente nera in cui gli investitori scaricano titoli greci e vendono azioni, Draghi prende parte a un ricevimento all'Alte Oper di Francoforte, dove tre anni prima Trichet gli aveva consegnato la campanella d'oro con cui da presidente era solito annunciare l'inizio di una riunione. Il suo commento sulla portata del compito che deve affrontare è ironico: «Più la sfida si fa difficile e più sembra piacermi».

Di lì a breve l'élite delle banche centrali mondiali si trasferisce a Washington per gli incontri annuali del Fondo monetario internazionale. Draghi e Weidmann si scambiano frecciate a distanza, il presidente della Bundesbank pone in dubbio che le dichiarazioni di Draghi possano rappresentare un obiettivo di bilancio «ufficiale». Secondo la rivista tedesca «Focus», il loro rapporto si è deteriorato al punto che i due trovano quasi impossibile lavorare insieme.[11]

Ma anche altri governatori covano rancori, scontenti del suo «stile di management reticente e delle comunicazioni imprevedibili», secondo quanto confidano fonti anonime all'agenzia Reuters. A quanto pare i governatori dei Paesi dell'euro hanno chiesto a Draghi di agire in modo «più collegiale» e di smettere di prevenire le decisioni del consiglio direttivo con iniziative autonome. Anche la sua abitudine di controllare il cellulare e scrivere sms durante le riunioni ha suscitato polemiche.[12]

Quando gli viene chiesto se queste ruggini possano inficiare le capacità decisionali della BCE in merito al quantitative easing, il presidente liquida le preoccupazioni. «È abbastanza normale non essere d'accordo sulle cose. Succede in tutto il mondo.»[13]

Draghi incontra Weidmann una settimana prima della riunione della Banca centrale europea di novembre. L'opposizione del tedesco al quantitative easing sembra scolpita nella pietra. Ma a Draghi sta a cuore soprattutto accertarsi che il principio affermato dal presidente della Bundesbank a marzo, ovvero che il QE è uno strumento legittimo di politica monetaria, sia ancora valido. Recluta alla causa Christian Noyer, governatore della Banque de France. «Sperava che riuscissi a discutere con Jens Weidmann degli aspetti legali del QE» ricorda Noyer. «Ne abbiamo parlato e ci siamo trovati d'accordo sul fatto che, per quanto si potesse dissentire sull'opportunità di usarlo in questo o quel preciso momento storico, il QE è uno strumento che la Banca centrale europea può includere nella sua politica monetaria senza violare la legge.»

Draghi vuole che il concetto venga comunicato con chiarezza all'opinione pubblica tedesca. I cittadini della prima economia nell'eurozona devono sentire dalla loro stessa banca centrale, l'istituzione di cui si fidano di più in assoluto, che quanto la BCE sta per fare rientra a pieno titolo nelle sue prerogative. Per garantire questo risultato, Draghi è disposto a superare lo scetticismo di Visco e a scendere a compromessi sui dettagli del programma, per esempio sul modo in cui i rischi saranno spalmati tra le banche centrali dell'eurozona o come verranno distribuiti gli acquisti tra i vari Paesi. Si rivolge al ministro delle Finanze tedesco Wolfgang Schäuble e – evento ormai rarissimo – concede un'intervista a due giornali tedeschi.

Nei mesi di dicembre e gennaio gli economisti di tutto il mondo visitano la BCE per discutere le implicazioni dell'acquisto di debito sovrano. Draghi ascolta attentamente i consigli di eminenze grigie della politica monetaria come Larry Summers, Francesco Giavazzi e Markus Brunnermeier, oltre al futuro membro del comitato esecutivo Philip Lane. Si intrattengono scambi intensi anche con la Federal Reserve, che condivide volentieri la propria esperienza su come strutturare e cadenzare il programma.

Il 22 gennaio 2015, data della prima riunione decisionale del consiglio direttivo dell'anno, una decina di economisti della BCE passano il pomeriggio seduti al tavolo di una sala riunioni. Si aspetta un annuncio alla conferenza stampa di Draghi, perciò il gruppo vuole trovarsi sul posto per poterne discutere subito dopo. Alle 13.45 la consueta dichiarazione introduttiva non porta niente di nuovo: come previsto, i tassi di interesse rimarranno invariati.

Tutti sono in trepidante attesa del momento in cui Draghi prenderà posto davanti alla stampa di Francoforte. Alle 14.30 il presidente ancora non si vede, e nella sala cominciano a sollevarsi mormorii. Quando arriva, cinque minuti dopo l'orario stabilito, sorride e scherza con i presenti chiedendo loro di non vedere chissà quali dietrologie nel suo ritardo: è stata solo colpa di un ascensore guasto. Lo staff della BCE scoppia in un applauso. La battuta ha spezzato le tensioni accumulate nei molti mesi di duro lavoro.

Draghi dà il benvenuto alla Lituania come diciannovesimo membro dell'eurozona, dopodiché premette che il consiglio direttivo ha condotto un «esaustivo riesame delle previsioni sull'andamento dei prezzi».[14] Poi, finalmente, annuncia che la BCE ha deciso di estendere l'acquisto di asset ai titoli di Stato, a un ritmo di 60 miliardi di euro al mese.

I dettagli del piano hanno cominciato a emergere due settimane prima, sulla scia di un rapporto che per la prima volta dal 2009 indicava un'inflazione negativa. Lo staff ha presentato al consiglio modelli di simulazione dell'acquisto di titoli di Stato fino a un massimo di 500 milioni di euro. A quel punto molte domande restavano in sospeso, comprese quelle sulla gestione del debito greco, considerato di qualità inferiore alla categoria «investimento» da tutte le principali agenzie di rating. Il 14 gennaio l'avvocato generale della Corte di giustizia dell'Unione Europea, Pedro Cruz Villalón, ha dato un avallo determinante all'obiettivo della BCE di ottenere un definitivo via libera legale per le OMT: «La BCE deve godere di un ampio margine di discrezionalità nella programmazione e nell'esecuzione della politica monetaria della UE e i tribunali devono controllare l'attività della BCE usando molta moderazione, in quanto mancano della specializzazione e dell'esperienza di cui dispone tale organismo in questa materia».[15] Sebbene il parere dell'avvocato generale non sia vincolante, in genere il tribunale vi si adegua. La stessa mattina, a Berlino, Draghi ha incontrato Angela Merkel e le ha illustrato la versione più recente delle simulazioni di quantitative easing, individuando misure per contenere gran parte dei rischi associati all'acquisto di titoli di Stato e ponendo delle limitazioni per evitare di concentrare una quantità eccessiva del debito di una sola nazione nelle mani della Banca centrale.

Alla riunione del comitato esecutivo del 20 gennaio, due giorni prima di quella del consiglio direttivo, si era discussa la proposta di spendere 50 miliardi di euro al mese fino a dicembre del 2016, per un totale di 1100 miliardi. Ma il piano era filtrato al «Financial Times» e, come già nel 2012, il riflesso condizionato dei vertici della BCE era stato di variarne i dettagli, incrementando i volumi di acquisto mensili ma riducendone l'orizzonte temporale.

Alla fine Draghi dovrà accontentarsi di annunciare che la decisione di imbarcarsi in acquisti di asset su vasta scala è sostenuta da «un'ampia maggioranza». I due membri tedeschi del consiglio direttivo, Jens Weidmann e Sabine Lautenschläger, hanno votato contro, come previsto, e i governatori delle banche centrali olandese, austriaca ed estone hanno espresso riserve. Avrebbero tutti preferito rimandare l'impiego di uno strumento potente come il QE, e non sono ancora convinti fino in fondo che il rischio di deflazione sia imminente.

Alla conclusione del programma, quattro anni dopo, affermeranno che l'acquisto di titoli è stato efficace per consolidare la fiducia e sostenere l'economia. Si diranno meno certi che abbia esercitato effetti analoghi sul fronte dell'inflazione.

Durante la conferenza stampa Draghi continua pazientemente a spiegare la decisione della BCE. I destinatari del suo messaggio, però, non sono i giornalisti in sala, ma i governi dell'eurozona, ai quali ribadisce che – «grande accordo» o meno – ora la palla è nella loro metà campo: «La politica monetaria può creare le basi per la crescita, ma affinché l'economia decolli davvero, servono investimenti. Gli investimenti richiedono fiducia, e per costruirla c'è bisogno di riforme strutturali. Oggi la BCE ha avviato un'ennesima nuova misura molto espansiva, però adesso dipenderà dai governi implementare queste riforme strutturali, e più si impegneranno in tal direzione più sarà efficace la nostra politica monetaria. Questo è assolutamente essenziale».[16]

A fine giornata, l'euro è in ribasso del 2,1 per cento, ai minimi in oltre undici anni. Il rendimento sui titoli di Stato in tutta la regione è diminuito, e l'indice Stoxx Europe 600 ha guadagnato l'1,7 per cento, il rialzo maggiore dal 2007. In marzo, quando finalmente cominceranno gli acquisti di titoli di Stato, Draghi si dichiarerà fiducioso che «quest'ultimo pacchetto di misure» possa ristabilire la salute economica della regione.[17] Secondo le proiezioni aggiornate, l'inflazione dovrebbe salire all'1,8 per cento entro il 2017. Ma le nubi di un'altra tempesta si addensano all'orizzonte.

9

Odissea greca

Nell'estate del 2012, l'ipotesi di un'uscita della Grecia dall'unione monetaria europea appare più prossima che mai. Il nuovo governo di coalizione guidato da Antonis Samaras si affanna a trovare un accordo sul pacchetto di tagli di bilancio necessari a ottenere i fondi per salvare il Paese e scongiurare il default. A Berlino, il «numero due» di Merkel, il vicecancelliere Philipp Rösler, dichiara che un distacco «ormai non fa più paura a nessuno», dopo che, all'insaputa dell'opinione pubblica, un gruppo ristretto di esperti internazionali ha steso un piano che delinea l'eventualità passo per passo.[1] A New York, gli economisti della cerchia di Ebrahim Rahbari di Citigroup, che all'inizio dell'anno hanno coniato il termine «Grexit», stimano al 90 per cento la probabilità che la Grecia abbandoni l'euro nei prossimi dodici o diciotto mesi.[2] Intanto, a Francoforte, la Banca centrale europea aggiunge alle sue misure di lotta alla crisi una campagna di pubbliche relazioni per presentare la sua seconda serie di banconote. Al centro campeggia Europa, la principessa fenicia che nel mito greco viene rapita da Zeus e che ha dato il nome al continente.

Già allora, considerate le sfide e i rischi incombenti, sembra ironico puntare i riflettori proprio sulla mitologia del Paese che minaccia di lacerare il tessuto della moneta unica. Ma è anche un presagio dell'impegno inamovibile di cui la BCE e i suoi funzionari daranno prova nel corso degli anni per allargare, piuttosto che vedere restringersi, l'unione monetaria.

La crisi greca è iniziata nell'autunno del 2009. Giorgos Papandreou aveva appena vinto le elezioni nazionali e, come ogni nuovo capo di governo, stava esaminando le finanze del Paese. Ciò che ha scoperto era che i soldi non bastavano, al punto da costringerlo a rivedere le proiezioni del deficit di bilancio annuale già a poche settimane dall'insediamento, portandole a un clamoroso 12,7 per cento del PIL, cifra destinata a salire al 15,1. Secondo le regole dell'Unione Europea, il disavanzo pubblico non può superare il 3 per cento. La reazione degli investitori non si è fatta attendere: il rendimento dei titoli di Stato si è impennato, come pure il costo per assicurarsi contro il default del debito.

Le rassicurazioni che la Grecia fosse perfettamente in grado di gestire la situazione sono cadute nel vuoto, e l'insistenza dei politici nazionali ed europei che non ci fosse alcun bisogno di un salvataggio è stata interpretata come il segno lampante dell'esatto contrario. Così, a mezzogiorno del 23 aprile 2010, Papandreou si è ritrovato nel pittoresco porto di Kastellorizo, un'isola di circa trecento abitanti, due chilometri al largo della costa turca, a dire ai cittadini in un comunicato trasmesso in televisione che la richiesta ufficiale di aiuti era «una necessità nazionale».[3] È l'inizio di un'odissea che avrebbe scosso l'Europa dalle fondamenta, e segnato una nazione per generazioni a venire.

Nel momento peggiore, la crisi avrebbe portato a una contrazione dell'economia greca pari a oltre un quarto del prodotto interno lordo, sprofondato nella disoccupazione quasi il 30 per cento della popolazione – il doppio nella fascia anagrafica tra i quindici e i ventiquattro anni – e gettato i semi della sfiducia nei confronti degli altri Stati europei. Dal punto di vista greco, gli altri Paesi del continente sembravano interessati solo a infliggere altri danni, ulteriori tagli alle pensioni e alla spesa sociale e nuovi aumenti di tasse a un Paese già prossimo al collasso.

Da membro della troika – il nome con cui i media greci hanno bollato il trio formato da Commissione europea, Fondo monetario internazionale e BCE che inviava regolarmente i propri esperti ad Atene per passarne al setaccio le finanze e vigilare sull'implementazione delle riforme –, la Banca centrale è percepita come parte attiva nei negoziati sul salvataggio. È uno dei motivi per cui, sempre più a disagio in quel ruolo, i vertici della BCE avrebbero finito con gli anni per sottolineare con forza crescente la propria indipendenza. Ma nelle fasi iniziali della crisi, prima che le strutture approntate dall'Unione a sostegno dei suoi membri in affanno diventino pienamente operative, il contributo di competenza della BCE è fondamentale.

Quando, nel novembre del 2011, Mario Draghi assume la guida della BCE, la crisi greca è al suo secondo sussulto. In luglio i governi sono tornati al tavolo delle trattative, per discutere i dettagli di nuovi prestiti dopo che il pacchetto da 110 miliardi di euro concesso in seguito all'appello di Papandreou si è dimostrato insufficiente a colmare le falle del bilancio.

Quando, all'inizio del 2012, si concludono i negoziati, il premier che ha sparato la prima salva sulla crisi viene sostituito da Lucas Papademos, ex vice di Jean-Claude Trichet alla BCE. Il suo compito è condurre a buon fine le trattative e mettere il Paese sulla rotta delle nuove elezioni indette per la primavera, dopo che negli ultimi mesi del 2011 la decisione improvvisa di Papandreou di sottoporre il pacchetto di aiuti a un referendum aveva brevemente rianimato lo spettro di un'uscita della Grecia dall'euro. Con le successive dimissioni di Papandreou, la crisi del debito aveva fatto la sua prima vittima tra i capi di governo. Fino a quando il Paese finalmente uscirà dal programma di aiuti, nel 2018, ad Atene si avvicenderanno altri cinque premier.

Il secondo pacchetto di salvataggio alla Grecia viene ratificato nel febbraio del 2012. Oltre ad altri finanziamenti per 130 miliardi di euro, comprende la più vasta ristrutturazione del debito mai registrata. In base a un complesso accordo, gli investitori si piegano ad accettare perdite di oltre il 50 per cento sui titoli in loro possesso, scelta motivata dal timore che un mancato accordo avrebbe avuto per risultato il default sovrano e dunque una perdita secca.

La decisione mette la BCE in una situazione difficile perché anch'essa è titolare di debito greco, acquistato con il Securities Markets Programme dell'era Trichet. La sua esposizione complica i negoziati perché, diversamente dagli investitori privati, la BCE non ha la facoltà di accettare perdite sui titoli acquisiti. L'articolo 123 del Trattato sul funzionamento dell'Unione Europea vieta il finanziamento ai governi, e acconsentire a un taglio sul valore dei titoli in suo possesso equivarrebbe proprio a questo. Bisogna trovare un modo di aggirare il problema, ma per fortuna i funzionari di Bruxelles e Francoforte sono esperti nell'escogitare soluzioni innovative senza violare la lettera delle regole della UE.

Nel corso di un'operazione gestita con discrezione – ma che finirà comunque per filtrare alla stampa –, la BCE scambia i titoli incriminati con altri, distinti dai primi solo perché non implicati nella ristrutturazione che nel giro di pochi giorni riduce di oltre 100 miliardi il gigantesco debito greco. È la prima volta che Draghi si attira critiche per una decisione che, sebbene mirata a proteggere l'integrità e il funzionamento della BCE come istituzione indipendente, viene percepita come una mossa politica a tutti gli effetti.

Nella primavera del 2012 l'eurozona è entrata in una recessione che si rivelerà la più lunga della sua storia. La sfiducia nella possibilità degli Stati membri di onorare i propri debiti è dilagata dalla Grecia al Portogallo e all'Irlanda, per poi colpire anche Spagna e Italia. Il timore di un contagio è alto. L'opposizione all'austerity ha portato un socialista alla presidenza francese, mentre in Germania Angela Merkel affronta critiche sempre più insistenti per il suo rifiuto di intervenire attivamente. I mercati finanziari offrono ogni giorno un'istantanea del caos che affligge il continente europeo, con l'euro e le azioni in calo mentre il rendimento dei titoli degli Stati periferici passa da un rialzo record all'altro.

Nelle sue comunicazioni Draghi si sforza di evidenziare i pochi squarci di luce nel paesaggio economico e a sollecitare i governi a un'azione più decisa per rafforzare la loro unione e proteggerla dalle speculazioni su un imminente distacco della Grecia. Le elezioni di maggio nel Paese non sono riuscite a insediare un governo ad Atene, rendendo necessario un altro voto a giugno che ha rinfocolato il dibattito sulla Grexit, non soltanto nel ministero delle Finanze tedesco, dove Wolfgang Schäuble ha dichiarato che l'eurozona sarebbe in grado di tollerare l'uscita del Paese, ma anche alla BCE.

Il 12 maggio Patrick Honohan, governatore della banca centrale irlandese che in un documento di ricerca del 1984 aveva analizzato la separazione valutaria tra il suo Paese e la Gran Bretagna, dichiara che l'addio della Grecia all'euro sarebbe «tecnicamente» gestibile.[4] Per coincidenza, e di propria iniziativa, nel giro di poche ore il collega della banca centrale belga, Luc Coene, afferma che, «se mai fosse necessario, esiste la possibilità di un divorzio amichevole».[5] Sono chiacchiere che Draghi disprezza, in particolare per il messaggio implicito che trasmettono in merito alla coesione interna della BCE, e il monito che, alla prima occasione utile, rivolge ai policy maker è limpidissimo: «Ci sono persone che stanno parlando di questioni di rilevanza costituzionale. È un errore da parte di tutti noi».

È più o meno in questo periodo che un gruppo ristretto di funzionari della UE, della BCE e dell'FMI sta per finalizzare un piano B. Ufficialmente viene camuffato come un programma per l'ingresso della Croazia all'unione monetaria, ma di fatto è un copione dettagliato su come ricostruire l'economia e le strutture finanziarie greche nel caso il Paese dovesse uscire dalla moneta unica. I lavori erano cominciati a gennaio sotto la guida di Jörg Asmussen, membro del comitato esecutivo della BCE, di Thomas Wieser, l'economista austriaco a capo dell'Eurogroup Working Group, che offre consulenza ai ministri delle Finanze dell'eurozona, di Marco Buti, direttore generale degli affari economici e finanziari della Commissione europea, e di Poul Thomsen, del Fondo monetario internazionale. Si tratta di un'operazione segreta che coinvolge una decina di persone, e protetta da un riserbo così rigoroso che per prevenire hackeraggi e fughe di notizie vige il divieto di scambiarsi email o inviare documenti scritti. Le questioni al vaglio del gruppo hanno una portata immensa. Come introdurre una nuova valuta? Come istituire controlli alle frontiere e sui movimenti di capitale per impedire che gli investitori si portino via i propri soldi? Come gestire il totale collasso del sistema dei pagamenti? Come proteggere la stabilità finanziaria nel resto dell'Unione? E come prevenire lo scoppio di disordini sociali?

I depositi nelle banche greche si riducono al lumicino mentre il Paese si prepara alle elezioni del 17 giugno, al punto che per garantire la possibilità dei prelievi si organizza un ponte aereo per inviare contanti da altri Paesi dell'eurozona. Quando Angela Merkel, Mario Monti e François Hollande partono per il summit del G20 convocato a Los Cabos nel weekend, Draghi si trattiene in Europa insieme al presidente dell'Eurogruppo, Jean-Claude Juncker, e a Olli Rehn, commissario per gli affari economici e monetari, così da trovarsi sul posto nel caso il voto inneschi una decisione sbagliata e si renda necessaria una reazione immediata.

Questa volta, però, Atene riesce a formare un governo che, sotto Samaras, leader del partito liberalconservatore Nuova Democrazia, reggerà fino all'inizio del 2015: due anni e mezzo in cui sarà possibile concentrarsi su problemi esterni alla Grecia. Problemi che in Europa non mancano di certo.

Appena sei giorni dopo l'insediamento di Antonis Samaras come premier, e circa due settimane dopo che i ministri delle Finanze dell'eurozona hanno concesso alla Spagna prestiti per circa 100 miliardi di euro per rimediare al dissesto del suo settore bancario, Cipro diventa il quinto Paese dell'euroblocco a chiedere aiuti. Le banche dell'isola, estrema punta orientale dell'unione monetaria, non sono più in grado di far fronte all'esposizione alla Grecia, e un prestito da 2,5 miliardi di euro ottenuto dalla Russia alla fine dell'anno non è stato sufficiente a finanziare il deficit di bilancio e ricapitalizzare le istituzioni finanziarie.

I negoziati si trascinano per nove lunghi mesi. I governi europei sono restii a spendere il denaro dei contribuenti, soprattutto alla luce della reputazione di Cipro come paradiso fiscale per evasori e oligarchi russi. Anche l'élite politica del Paese cerca di chiamarsi fuori, dichiarandosi innocente della situazione e addossando tutte le colpe alle banche. All'incontro con il presidente della Repubblica Demetris Christofias, tenutosi sull'isola a metà settembre, Mario Draghi non nasconde la sua irritazione per lo scaricabarile. «Dovete darvi una mossa. Il tempo stringe» lo incalza. Ci vorranno altri sei mesi e un rischioso fuori programma prima che tutte le tessere del domino vadano al posto giusto.

La mattina di sabato 15 marzo 2013 i ciprioti si svegliano con la notizia di una «tassa di stabilità» del 6,75 per cento imposta sui conti correnti inferiori ai 100.000 euro, in circostanze normali coperti dall'assicurazione nazionale sui depositi, e del 9,9 per cento su quelli con somme superiori, non garantiti. (Quando era diventato evidente che sarebbe toccato agli investitori privati pagare il conto, controvoglia gli oligarchi russi avevano accettato di dare una mano, ma solo fino al 10 per cento. Il prelievo non era bastato a raccogliere i fondi necessari, e a quel punto è diventato giocoforza ricorrere a un prelievo forzoso anche sui depositi garantiti.) È un passo che potrebbe avere conseguenze devastanti se i correntisti dell'eurozona si convincessero che i loro depositi non sono più al sicuro nelle banche e decidessero di prelevarli e chiudere i conti.

I ministri delle Finanze dell'eurozona hanno discusso tutta la notte in cerca di alternative, senza trovarne. Quando, alle prime ore del mattino, si sono rassegnati al piano proposto da Cipro, è stato Jörg Asmussen a sottoscriverlo in nome della BCE. Draghi aveva lasciato la riunione intorno alle venti della sera prima, dando per scontato che fosse avviata a una soluzione ragionevole. Il suo telefono squilla molto presto, quel sabato. Panicos Demetriades, governatore della banca centrale cipriota, vuole risposte che l'italiano non è in grado di fornire. «Panicos, se credi che sia la soluzione sbagliata, come penso anch'io, possiamo cambiarla» suggerisce. Il piano si arena tre giorni dopo, bocciato dallo stesso Parlamento cipriota.

Il 21 marzo la BCE traccia la sua linea rossa, concedendo a Cipro quattro giorni per trovare una soluzione, pena la perdita di accesso, per le banche del Paese, agli indispensabili fondi di emergenza erogati dalla propria banca centrale. Il 25 marzo il governo cede alle richieste di ridurre le dimensioni del proprio sistema bancario in cambio di un pacchetto di salvataggio da 10 miliardi di euro. La seconda principale banca del Paese chiude i battenti, spazzando via depositi non garantiti e partecipazioni azionarie, compresi i crediti privilegiati. Non viene utilizzato nemmeno un centesimo dei contribuenti. Nel giro di una notte Cipro è diventata il primo Paese dell'eurozona ad applicare le cosiddette regole di bail-in – salvataggio interno – che a distanza di un anno verranno formalizzate nella direttiva di risanamento e risoluzione delle banche, la Bank Recovery and Resolution Directive (BRRD).

Il dramma di Cipro si sarebbe rivelato soltanto un intermezzo. All'inizio del 2015, la Grecia torna al centro della scena, e con potenza decuplicata. Il 25 gennaio la Coalizione della sinistra radicale, o Syriza, vince le elezioni generali aprendo la strada ad Alexis Tsipras come premier al posto di Samaras. Il suo ministro delle Finanze è Yanis Varoufakis, un economista di formazione britannica, che fomenterà la crisi, provocherà i colleghi europei e giocherà d'azzardo con il futuro del suo Paese portandolo fin sull'orlo dell'abisso, salvo poi riconoscere all'ultimissimo minuto che, malgrado il tanto parlare di «exit», il futuro della Grecia è saldamente legato all'euro.

Durante la campagna elettorale Tsipras aveva chiesto una cospicua riduzione del debito, minacciando di stracciare gli accordi per il pacchetto di salvataggio: una strategia che ha conquistato al suo partito oltre il 36 per cento del voto popolare. Nel giro di una settimana lo stile combattivo del nuovo governo catapulta la Grecia di nuovo in cima alle preoccupazioni dell'Europa, se non del mondo intero.

Uno dei primi ad avere un assaggio del tono che dominerà i negoziati è Jeroen Dijsselbloem, ministro delle Finanze olandese e presidente dell'Eurogruppo, la sede in cui si concordano i pacchetti di aiuti salva-Stati. «Non intendiamo collaborare con quell'organismo» dichiara Varoufakis dopo il loro primo incontro ad Atene.[6] La Grecia vuole un nuovo accordo che permetta un consistente aumento della spesa invece di concentrarsi sul taglio del deficit. E vuole che l'eurozona e la BCE contribuiscano a ridurre il suo debito pubblico.

È il segnale sbagliato da mandare agli altri governi della regione, appena quattro settimane prima della scadenza del programma di salvataggio per il Paese. «Ieri ho avuto conversazioni costruttive con i membri del governo greco. Non abbiamo raggiunto conclusioni definitive» è il massimo cui Dijsselbloem possa spingersi a dire in pubblico in seguito all'incontro con Varoufakis e Tsipras.[7] In privato ha dato l'allarme. Appena uscito dal ministero delle Finanze greco, ha telefonato a Draghi, avvertendolo che Varoufakis stava prendendo in seria considerazione la possibilità di non ripagare la BCE alla prossima scadenza delle obbligazioni detenute dalla Banca centrale. Nel giro di pochi minuti squilla il telefono alla banca centrale greca. Draghi vuole sapere da Yannis Stournaras se la minaccia è reale. Il governatore, che aveva ricoperto l'incarico di ministro delle Finanze per due anni prima di passare alla Banca di Grecia nell'estate del 2014, cerca di rassicurarlo. «Non credergli» dice al presidente della BCE, prima di contattare Tsipras. «Senti, Alexis, abbiamo un problema. Varoufakis ha detto a Jeroen che non intende pagare, e lui lo ha riferito a Mario.» Segue un silenzio all'altro capo della linea, poi Tsipras chiede: «Cosa posso fare?». «Ti do il numero di Mario. Chiamalo subito.» In privato il premier greco dice a Draghi la stessa cosa che ripeterà in pubblico il giorno dopo: il governo onorerà i suoi debiti con la BCE e l'FMI, e «a dispetto delle differenze di opinione sono assolutamente certo che presto raggiungeremo un accordo positivo per tutte le parti, per la Grecia come per l'Europa nel suo complesso».[8]

Al suo arrivo a Francoforte il 4 febbraio per incontrare il comitato esecutivo della BCE, Varoufakis porta con sé un testo informale, non ufficialmente approvato da nessuno, in cui su una pagina delinea la sua proposta di ristrutturazione del debito. Tra le altre cose, propone di trasformare i titoli acquistati dalla BCE con il Securities Markets Programme in bond a scadenza illimitata. Ribadisce anche la richiesta che la BCE restituisca alla Grecia tutti gli utili realizzati con gli acquisti di titoli di Stato. Draghi risponde che la prima proposta violerebbe l'articolo 123, che vieta alla Banca centrale di finanziare i governi. Quanto alla seconda, spiega, non è una scelta che tocchi alla BCE.

Nell'incontro a porte chiuse, Draghi e il responsabile della BCE per gli affari finanziari e per i mercati internazionali, Benoît Cœuré, cercano anche di spiegare a Varoufakis che sta giocando col fuoco. Il presidente della BCE raccomanda al ministro delle Finanze greco di moderare le sue esternazioni e di evitare di parlare di crac del Paese e delle sue banche, perché così facendo impedirebbe alla Banca centrale ogni ulteriore iniezione di liquidità. Alla riunione del consiglio direttivo del pomeriggio Draghi viene discussa l'ipotesi di sospendere l'accesso delle banche greche ai fondi della BCE.

Nell'eurozona gli istituti di credito possono ricevere liquidità dalla BCE, attraverso le banche centrali di ogni Paese, in base a un calendario regolamentato di operazioni di rifinanziamento, in cambio della presentazione di un collaterale, cioè titoli o altri asset giudicati di qualità sufficiente. Il debito sovrano si qualifica come collaterale se le agenzie di rating internazionale lo classificano al livello di «investimento».

Dal 2008 la Banca centrale europea ha ammorbidito più volte i requisiti minimi allo scopo di conservare costante il flusso di liquidità e prevenire contrazioni. E ha fatto un'eccezione chiave per i Paesi in crisi il cui debito è stato declassato a «junk»: finché quei Paesi sono in un programma di aiuti internazionali, come quelli gestiti dall'FMI, e quel programma è considerato ancora operativo, la Banca centrale ne accetterà comunque il debito a garanzia. In questo modo le banche possono continuare a ricevere contanti dalla BCE per gestire le proprie operazioni quotidiane, e i cittadini e le imprese possono continuare a prelevare soldi dai propri conti e a chiedere prestiti.

La Grecia si era avvalsa per la prima volta di una simile deroga nel 2010. Ma dato il secco rifiuto del governo di Tsipras di accettare i termini del pacchetto di salvataggio negoziati dal suo predecessore, la BCE non potrà concederla ancora per molto. «Non vogliono seguire il programma» dice Draghi a Stournaras, che malgrado il proprio parere critico sul governo si affanna a prevenire una decisione tanto gravida di conseguenze. Nel frattempo, Varoufakis è partito per Berlino. La sera riceve una telefonata in cui Draghi lo informa che la deroga è stata ritirata e che dalla settimana successiva il sistema bancario greco dovrà fare affidamento sulla cosiddetta liquidità di emergenza, o ELA (emergency liquidity assistance).

Le operazioni di ELA sono finanziamenti straordinari estesi, a proprio rischio e pericolo, dalla banca centrale di un Paese a una o più banche operanti nel suo territorio. Lo scopo è soccorrere istituti di credito solvibili ma che per qualche motivo non sono in grado di dotarsi di liquidità attraverso i mercati finanziari e che non dispongono di un collaterale sufficiente per accedere alle operazioni ordinarie della BCE. Una banca centrale nazionale che intenda avvalersi dei fondi di emergenza per finanziare un istituto di credito deve notificarne il consiglio direttivo della BCE, che ha facoltà di obiettare. Questo strumento, l'ELA, è diventato cruciale nel corso degli anni per prevenire il fallimento di interi sistemi bancari. Nel 2012 la liquidità di emergenza prestata alle banche greche tocca un picco di 124 miliardi di euro, l'equivalente di qualcosa come il 65 per cento dell'economia nazionale al tempo. E anche nel 2015 le richieste di fondi straordinari aumentano in fretta.

Sono soldi ottenuti a caro prezzo – gli interessi superano dell'1,5 per cento il tasso imposto dalla BCE per le sue operazioni normali –, ma per le banche non c'è alternativa, salvo rassegnarsi alla bancarotta, con tutte le conseguenze del caso per il sistema finanziario e l'economia. Senza l'ELA, per l'economia greca sarebbe il tracollo.

I ministri delle Finanze europei hanno un'idea abbastanza precisa di cosa aspettarsi da Varoufakis quando, l'11 febbraio, arrivano a Bruxelles per la prima riunione dell'Eurogruppo dopo le elezioni. Alcuni hanno incontrato il loro omologo greco la settimana precedente, altri lo hanno seguito solo a distanza dalle notizie sui media.

Nonostante la benintenzionata raccomandazione di un funzionario di vertice che parteciperà all'incontro di evitare atteggiamenti troppo aggressivi, Varoufakis si presenta a muso duro. «La Grecia rischia la catastrofe umanitaria» dice, chiedendo di alleggerire il carico che grava sui cittadini e dichiarando che il suo governo è pronto a lottare con le unghie e con i denti finché prevarrà sui suoi creditori. Non è il tipo di diplomazia cui sono abituati i presenti seduti al tavolo rettangolare nella sala riunioni al quinto piano del Palazzo Justus Lipsius di Bruxelles. Schäuble gira di lato la targa con il suo nome per chiedere la parola, dopodiché lancia l'ultimatum: la Grecia deve raggiungere gli obiettivi concordati nel programma di aiuti o affrontare le conseguenze. Ovvero: il congelamento del flusso di denaro europeo di cui la Grecia ha un disperato bisogno. Draghi segue il dibattito in silenzio, con un'espressione cupa in volto.

Anche un secondo incontro, tenutosi cinque giorni dopo, si chiude con uno scambio aspro, e gli investitori reagiscono al crollo delle trattative vendendo titoli, azioni ed euro. Ci vorranno una terza seduta, il 20 febbraio, e altri quattro giorni di suspense prima che il governo greco ottenga una dilazione di quattro mesi del programma di finanziamenti, fino alla fine di giugno, in cambio di un lungo elenco di impegni. Per gran parte del tempo Draghi lascia a Cœuré il compito di presentare la posizione e le argomentazioni della Banca centrale. Di tanto in tanto, però, si lascia coinvolgere, e quando accade di solito la spunta.

Alla fine di marzo, quando la Grecia dispone ancora di liquidità per una o due settimane al massimo, è il suo intervento a permettere ai funzionari della Commissione europea, della BCE e dell'FMI di tornare ad Atene per esaminare i conti del Paese. «Possono cominciare presto?» domanda a Varoufakis. Il ministro risponde di sì. «Mercoledì?» E l'accordo è preso.[9] Il clima resta però esplosivo. Meno di una settimana dopo, i funzionari delle tre istituzioni sfogano la loro rabbia in una breve e astiosa teleconferenza: la Grecia non sta rispettando gli accordi previsti per l'estensione dei fondi di salvataggio, e non sta cooperando con i suoi creditori. La squadra di Christine Lagarde bolla il Paese come il cliente meno collaborativo con cui il Fondo monetario abbia mai avuto a che fare nei suoi settant'anni di vita.[10]

Alla BCE la questione greca sarà all'origine del primo scontro tra il neoistituito consiglio di vigilanza e il consiglio direttivo, che ha l'ultima parola su ogni misura varata. Il conflitto ruota intorno alle quote di debito sovrano greco a breve scadenza acquisite dalle banche greche, una fonte chiave di finanziamenti per il governo di Atene. Proibire agli istituti di credito di aumentare i propri investimenti, come vorrebbero i supervisori, minaccia di aggravare la sofferenza fiscale della Grecia.

L'alternativa, ovvero permettere alle banche di acquistare nuovi titoli, infischiandosene delle regole della BCE, non è granché più allettante. Alla fine, dopo uno iato per lasciare più tempo ai negoziati politici, i policy maker approveranno un tetto sulle quote di debito greco che le banche del Paese possono detenere. Draghi non intende in alcun modo rendersi responsabile del destino della Grecia.

In aprile la pazienza dei partner europei con il governo greco si sta esaurendo. Durante un incontro a Riga, capitale della Lettonia, i ministri delle Finanze si lamentano apertamente della condotta di Varoufakis. La sua offerta di un pagamento parziale degli aiuti in cambio di un programma meno stringente di riforme viene bocciata seduta stante. Draghi aumenta la pressione, minacciando di rivedere i termini in base ai quali le banche greche hanno ottenuto liquidità di emergenza dalla BCE. È convinto che, diversamente dagli episodi precedenti della crisi del debito, questa volta il problema sia circoscritto alla Grecia, con un rischio di contagio basso o nullo al resto dell'eurozona. Poco dopo Varoufakis viene accompagnato alla porta. Alla conferenza stampa conclusiva si presentano solo Dijsselbloem e Klaus Regling, il tedesco a capo del fondo salva-Stati europeo, senza Draghi: troppa politica per i suoi gusti.

Come nei capitoli precedenti della crisi, gli Stati Uniti sono attivamente coinvolti, anche se, almeno nelle prime fasi, si tengono perlopiù lontani dagli occhi dell'opinione pubblica. Con svariate telefonate quotidiane, gli esperti del Tesoro americano intessono un fitto scambio diplomatico, sforzandosi di assumere il ruolo di onesti intermediari in quel dibattito infuocato. «Abbiamo cercato di proporci come consiglieri informati e obiettivi, incoraggiando sistematicamente i vari interlocutori a raggiungere un accordo senza intrometterci come parti in causa» ricorda Nathan Sheets. Ex funzionario della Fed, al tempo Sheets è sottosegretario al Tesoro per gli affari internazionali.

Di fatto tutti i partecipanti ai negoziati sanno già quale dovrà essere il risultato: un patto fiscale meno gravoso per la Grecia, qualche riforma strutturale, una minore sorveglianza da parte dell'FMI e un certo alleggerimento del debito. Resta il problema politico di come arrivarci. Né la Grecia né la Germania, le due avversarie principali nel conflitto, stanno comunicando nel modo corretto, con il risultato di alimentare lo scetticismo e il risentimento della parte avversa. Il governo greco non ha mai spiegato ai propri cittadini i benefici delle riforme, e la leadership tedesca non ha mai dichiarato in che modo la riduzione del debito sarebbe nell'interesse del proprio Paese. Le conseguenze, visibili a chiunque, sono riforme meno ambiziose e una riduzione del debito inadeguata: un compromesso insoddisfacente per tutte le parti in causa.

Con i negoziati europei impantanati in impegni, promesse e proclami, gli Stati Uniti escono dall'ombra della diplomazia sotterranea per tentare di forzare un accordo. «La politica del rischio calcolato è una strategia pericolosa se adottata a caso» dice il segretario al Tesoro Jack Lew a una platea londinese, prima di recarsi in Germania per un incontro del G7 a Dresda.[11] La questione Grecia non è ufficialmente all'ordine del giorno ma dominerà comunque le conversazioni al Palazzo reale che un tempo ospitava i principi e i re sassoni. Dal punto di vista americano la Grecia è qualcosa di più di un'economia tra le più piccole d'Europa. È la culla della cultura e della civiltà occidentali, un ponte importante con l'oriente e il barometro per capire se l'euro sarà un impegno duraturo o un esperimento destinato a finire. Considerato il caos quasi certamente scatenato da qualsiasi «exit» sui mercati finanziari, e la situazione economica europea – per non dire mondiale –, i funzionari a tutti i livelli del governo statunitense, fino al presidente Barack Obama, hanno ogni interesse a trovare un accordo che soddisfi tutti i contendenti e sventi la catastrofe. Il messaggio di Lew a Tsipras in quei giorni è incalzante: «Il tempo sta per scadere».

Con l'avvicinarsi delle scadenze di rimborso sui prestiti concessi alla Grecia, che a giugno dovrà ripagare al Fondo monetario internazionale quasi 1,6 miliardi di euro, la cancelliera Angela Merkel porta i negoziati a un livello più alto. Dopo una serie di colloqui costruttivi con Tsipras a fine maggio, convoca a Berlino una consultazione di vertice, con Hollande, Juncker, che nel 2014 diventerà presidente della Commissione europea, Draghi e Christine Lagarde. Questi ultimi si sono tenuti in stretto contatto nelle ultime settimane, rivedendo dati, cifre e argomentazioni tra loro e con le rispettive squadre. La priorità di Draghi è che la Grecia non manchi i pagamenti dovuti alla BCE, perché in quel caso la Banca centrale sarebbe costretta a interrompere i finanziamenti agli istituti di credito del Paese. Quel 1° giugno il dibattito a Berlino su come scongiurare il disastro si protrae fino a notte fonda, e termina con una proposta in stile «prendere o lasciare» da presentare alla Grecia. Nel comunicato ufficiale la cancelleria afferma che «adesso il lavoro deve continuare con intensità ancora maggiore».[12]

Tsipras non aspetta il loro suggerimento su come superare lo stallo, e aggrava le tensioni decidendo di presentare un proprio piano.

A peggiorare le cose, il contagio è tornato a diffondersi nell'eurozona. Lo sgretolamento dell'unione monetaria è di nuovo una possibilità concreta, e gli investitori esigono premi maggiori per compensare i rischi. Malgrado il programma di acquisti di asset su larga scala, il QE lanciato dalla BCE all'inizio dell'anno per evitare la deflazione, i costi di indebitamento per le nazioni periferiche come Italia e Portogallo sono i più alti registrati da almeno sei mesi. Le banche greche perdono liquidità a una velocità allarmante, diventando di giorno in giorno più dipendenti dai finanziamenti di emergenza forniti dalla banca centrale nazionale.

Draghi e la BCE si trovano in una situazione difficile. La minaccia di sospendere i finanziamenti, una strategia che nel 2010 e nel 2013 aveva funzionato per costringere Irlanda e Cipro ad accettare i pacchetti di salvataggio internazionali, appare pericolosa con la Grecia, considerata la sua tendenza a spingere le cose sull'orlo della rottura. Al tempo stesso è sempre più difficile giustificare il proseguimento delle misure che tengono in piedi l'economia greca. Ad alcuni può sembrare un eufemismo continuare a definire le banche greche «istituzioni finanziarie solvibili che si trovino ad affrontare temporanei problemi di liquidità», il requisito per autorizzare le operazioni di ELA.[13] Tuttavia nessuno ha messo fine ai negoziati con il governo greco, e Draghi resta fermamente convinto che non spetti a lui, un tecnocrate non eletto, impartire ultimatum che potrebbero decidere del futuro politico del continente. L'«exit» greca dall'euro non è un'ipotesi contemplabile – non per lui e, almeno ufficialmente, nemmeno per i politici. Poiché gran parte delle difficoltà in cui si trovano le banche greche sono conseguenza del timore di un'uscita del Paese dall'euro, è possibile continuare l'erogazione di liquidità di emergenza. In una conversazione con Christine Lagarde, il presidente osserva in tono ironico che la BCE è soltanto «il partner di minoranza in questa partita», ma trova parole più forti nel rivolgersi ai legislatori di Bruxelles.[14] Deve essere «assolutamente chiaro» che la decisione sul programma di salvataggio della Grecia va presa dai leader eletti, dice al Parlamento europeo a metà giugno.[15] E precisa anche che non c'è tempo da perdere.

Nella seconda metà di giugno la BCE sta alzando il tetto per l'erogazione di fondi ELA quasi ogni giorno, mentre in alcuni membri del consiglio direttivo che vogliono la fine dell'emorragia e l'introduzione di controlli sui movimenti di capitale da parte della Grecia cresce il malcontento. Il 26 giugno il totale di liquidità d'emergenza è salito a quasi 89 miliardi di euro dai 60 di febbraio, quando la BCE aveva revocato la deroga, escludendo la Grecia dai finanziamenti ordinari.

Tsipras passa l'ultima settimana di giugno a Bruxelles, in negoziati che finalmente sembrano muovere nella direzione giusta. Il venerdì, quattro giorni prima della scadenza del programma di salvataggio, fissata alla fine del mese, Angela Merkel lo sollecita ad accettare un'offerta che considera generosa. Per la cancelliera tedesca solidarietà e solidità vanno di pari passo. Il premier greco sembra disposto a cedere alle condizioni stipulate ma poi, durante il viaggio di ritorno ad Atene, cambia idea. Poche ore prima che nella giornata di sabato i ministri delle Finanze si riuniscano nella capitale belga per definire gli ultimi dettagli del piano, Tsipras indice per il 5 luglio un referendum sulle condizioni del pacchetto. È uno schiaffo a tutti coloro che negli ultimi giorni, settimane e mesi hanno lavorato senza sosta per porre la Grecia su un terreno più solido e garantire la sua permanenza nell'euro.

Ma persino allora, mentre i greci fanno la fila agli sportelli delle banche e svuotano i bancomat e l'Eurogruppo cerca di capire come contenere le ricadute dell'incombente collasso finanziario della Grecia, Draghi è restio a essere quello che staccherà la spina. Varoufakis ricorda una discussione tra il presidente della BCE e Schäuble. Alla domanda di quest'ultimo su quanto ancora la BCE avrebbe continuato a finanziare le banche greche, Draghi aveva risposto: «Capisco il tuo interesse sulla durata dei finanziamenti di ELA. Ma tu devi capire che la nostra indipendenza è ancora più importante. Anche a me piacerebbe saperne di più delle tue politiche fiscali, eppure evito di chiederlo, perciò mi aspetto la stessa discrezione anche da parte tua». Il messaggio è chiarissimo: «Se vuoi cacciare la Grecia, fallo tu in prima persona. Non usare la BCE».[16]

È questo atteggiamento a conquistargli il rispetto della gente di Atene, diversamente da Schäuble, ritratto come un nazista fin dalla vignetta pubblicata in febbraio da un giornale legato al partito Syriza al governo. «Draghi è il più intelligente di tutti, e si è dimostrato un vero amico della Grecia» commenta un uomo che sta prelevando contanti dal suo conto in una banca del Pireo per riuscire ad arrivare alla fine della settimana.[17] Il lunedì devono entrare in vigore i controlli sui movimenti di capitale che limitano i prelievi. In assenza di limitazioni sull'uscita di capitali dal Paese, le banche, impossibilitate a rifinanziarsi anche con l'ELA, si ritroveranno ben presto a secco, e per l'economia sarà il collasso.

Le ore che precedono quella decisione sono cariche di tensione. Stournaras, il governatore della banca centrale greca, è a Basilea per partecipare all'assemblea generale annuale della Banca dei regolamenti internazionali fissata nel weekend. Scioccato dalla notizia del referendum, sabato pomeriggio torna ad Atene per un ultimo tentativo di prevenire il collasso totale del sistema bancario nazionale. «Chiederemo al governo di imporre per via legislativa controlli sui movimenti di capitale» gli dice Draghi. «Domenica a mezzanotte ne riparliamo in teleconferenza, così potrai dirci che cosa hai ottenuto.»

I lavori alla banca centrale greca, al ministero delle Finanze e a Villa Maximos, sede degli uffici del premier greco, cominciano alle prime ore di domenica. La raccolta di ogni dettaglio importante per soppesare la necessità di controlli sui movimenti di capitale e redigere la bozza del decreto tiene impegnati i funzionari per l'intera mattinata. Nel pomeriggio segue un infuocato dibattito politico. Varoufakis, che a quel punto mira apertamente a creare un incidente che spinga il Paese fuori dall'euro, cerca di confutare qualsiasi argomento presentato da Stournaras. Non riesce a spuntarla, e infine il governatore greco porta la sua proposta a Tsipras.

Lo stesso pomeriggio il consiglio direttivo della BCE si riunisce in teleconferenza. C'è un unico tema in agenda: i finanziamenti di ELA concessi alla Grecia. Senza un programma di salvataggio, senza un piano di austerity fiscale e riforme strutturali, e senza una rete di sicurezza finanziaria, come può la Banca centrale giustificare il proseguimento delle operazioni di liquidità di emergenza destinate alle banche del Paese? Il consiglio direttivo decide di congelare la quantità di contanti disponibile ai prestatori, aumentando le pressioni sul governo greco affinché istituisca i controlli sui capitali per bloccare la fuga dei depositi. In caso di fallimento si rischia il tracollo finanziario e forse anche peggio. (In futuro la BCE chiederà ai candidati per un posto di speech writer di scrivere un testo in cui discutono la legittimità della decisione di interrompere i finanziamenti se la conseguenza fosse stata l'uscita della Grecia dall'eurozona. Scopo dell'esercizio è, secondo quanto spiegato nell'introduzione al test, dimostrare che «una banca centrale non può chiudere gli occhi davanti alle conseguenze politiche delle proprie decisioni».)

Ad Atene è una corsa contro il tempo. Le 23.30 passano con un nulla di fatto. Il consigliere legale di Tsipras, Spyros Sayas, informa un agitatissimo Stournaras che il lavoro sulla bozza di decreto è ancora in corso. Richiama venti minuti dopo. Ancora niente, ma promette che il decreto sarà completato in tempo per la pubblicazione sulla Gazzetta ufficiale. La notizia arriva poco dopo l'inizio della teleconferenza del consiglio direttivo. Quando Stournaras conferma che, malgrado le tante battute d'arresto, i dissidi e le incalzanti discussioni susseguitesi, il decreto è pronto, i governatori scoppiano in un applauso. «Yannis, non speravamo proprio che potessi farcela» gli dice il collega italiano Ignazio Visco, riassumendo il pensiero di tutti. Secondo Stournaras, il merito dell'impresa va spartito con Draghi: «Mario si è impegnato in ogni modo per aiutarmi a trovare la soluzione meno onerosa per il Paese. Mi ha detto: "Senti, lascia che il settore pubblico tratti con l'Eurogruppo e accetti i finanziamenti. Il tuo compito è proteggere i cittadini, il settore privato e le banche". E così ho fatto. Lui mi ha guidato passo passo».

Alla possibilità di una Grexit non avevano mai neanche accennato. Il loro unico scopo era cercare di scongiurarla.

Poche ore dopo segue l'annuncio ufficiale che le banche resteranno chiuse almeno fino al 6 luglio, l'indomani del referendum. Il conto della crisi, dal suo inizio nell'ottobre del 2009, è pesante: l'indice ASE dei titoli greci è precipitato del 73 per cento. National Bank of Greece, la banca più grande del Paese, ha perso circa il 99,5 per cento del suo valore di mercato. L'euro è sceso del 25 per cento, e il rendimento sui titoli biennali del Paese toccherà presto il 50.

L'introduzione dei controlli sui movimenti di capitale innalza una barriera di sicurezza intorno al sistema finanziario greco, impedendo, almeno per il momento, il contagio nel resto dell'eurozona. Ma ancora non c'è garanzia che il Paese resterà all'interno della moneta unica, sebbene tutte le parti in causa siano fermamente convinte che una Grexit vada evitata a ogni costo. L'unica consolazione è che, grazie al duro lavoro di un manipolo di funzionari, l'eurozona sarebbe pronta ad affrontarla, nei limiti del possibile. A febbraio la Commissione europea, la BCE e l'FMI avevano cominciato a rispolverare il loro piano d'emergenza del 2012, dedicando i tre mesi successivi a revisioni e adattamenti. A maggio il piano B – questa volta chiamato anche piano Z o programma Albania – ha raggiunto un totale di 315 pagine. Ogni eventualità è stata presa in considerazione. È previsto un ponte aereo dell'aeronautica tedesca per trasportare i turisti fuori dal Paese e accompagnare gli osservatori al suo interno. La fornitura di farmaci è garantita. Tutte le domande su come disattivare Target2, il sistema di pagamento europeo, hanno trovato una risposta. Le differenze principali rispetto alla versione originaria riguardano questioni di stabilità finanziaria.

Solo a porte chiuse e con i confidenti più stretti Draghi si è concesso di parlare di Grexit, concludendo che le conseguenze potrebbero essere catastrofiche. Al Fondo monetario internazionale l'opinione degli esperti è un po' diversa: certo, l'uscita della Grecia sarebbe traumatica. Ma data la minore turbolenza finanziaria globale correlata al Paese rispetto agli episodi precedenti della crisi e le strutture istituzionali approntate per contenere il problema, l'abbandono di un membro non è più una minaccia per la sopravvivenza della moneta unica.

A ottobre Alexis Papahelas, direttore del quotidiano ateniese «Kathimerini», chiederà a Draghi fino a che punto alla fine di giugno si era arrivati vicini alla Grexit.

«È una domanda che mi hanno fatto spesso» replica il presidente. «E ogni volta ho risposto che la BCE ha sempre agito in base al presupposto che i membri attuali dell'unione monetaria europea resteranno tali, e la Grecia è una di loro. Non spetta alla BCE decidere quali Paesi possano appartenere all'eurozona. La Banca centrale ha agito e continuerà ad agire secondo questo principio.» Dunque l'uscita è stata definitivamente rimossa dal tavolo delle trattative, insiste Papahelas. «Per quanto riguarda la BCE, su quel tavolo non ci è mai arrivata.»[18]

Ma, nonostante le buone intenzioni della BCE, nell'estate del 2015 la minaccia sembra reale. Il 30 giugno la Grecia salta un rimborso dovuto all'FMI, e la settimana prima del referendum indetto da Tsipras il commercio rallenta fin quasi allo stallo. Il pagamento delle pensioni viene razionato e davanti ai bancomat si formano lunghe file di cittadini in attesa di prelevare i 60 euro concessi al giorno.

Quando la sera del 5 luglio si annunciano i risultati della consultazione referendaria, il 61 per cento dei votanti ha respinto le ultime richieste dei creditori. La cittadinanza ha consegnato a Tsipras il mandato per tornare a Bruxelles con un elenco di controproposte. Ma un ultimatum europeo, le condizioni desolanti delle banche greche e l'aggravarsi della sofferenza economica lo inducono a cambiare rotta. Con una concessione preventiva, al ministero delle Finanze Varoufakis viene rimpiazzato da Euclidis Tsakalotos, un economista laureato a Oxford che si spera possa facilitare i negoziati.

Il 7 luglio Tsakalotos viene accolto a braccia aperte

alla riunione dell'Eurogruppo, ma il clima si guasta appena gli altri ministri si rendono conto che non ha un piano concreto per tappare la falla finanziaria greca. E a un incontro tenuto più tardi lo stesso giorno, i capi di Stato sfogano la propria rabbia. «La pacchia greca a spese degli altri è finita. L'Europa e l'eurozona non intendono pagare il conto del comportamento irresponsabile del nuovo governo greco» sbotta la presidente lituana Dalia Grybauskaité, prendendosela con Tsipras.[19]

«Abbiamo preparato uno scenario dettagliato in caso di Grexit» garantisce Juncker ai leader prima che il premier greco venga rimandato a casa con cinque giorni di tempo per decidere se scendere a patti o affrontare le conseguenze.[20] Gli concedono altri tre giorni per trasformare in legge le loro richieste, fissando la scadenza al 12 luglio. L'elenco comprende un aumento dell'imposta sulle vendite, tagli alle pensioni, la modifica della normativa nazionale sulla bancarotta, regole a tutela dell'indipendenza dell'Istituto di statistica e tagli automatici alla spesa se il bilancio non consegue gli obiettivi concordati. Le trattative durano diciassette ore, con i leader che fanno a turno per rubare qualche minuto di sonno, si dividono in sottogruppi per rivedere le proposte riga per riga e più di una volta minacciano di infilare la porta. Non lasciano margine di dubbio sul fatto che per la Grecia questa sarà l'ultima possibilità.[21]

All'inizio di quel weekend la Germania aveva messo sul tavolo la proposta di un time out temporaneo dall'euro per la Grecia. Preparato dal ministero delle Finanze di Berlino in stretta collaborazione con la cancelleria, il documento viene considerato un'opzione percorribile da tutti i Paesi dell'eurozona tranne tre: Francia, Italia e

Cipro. Non si saprà mai con certezza se il piano avesse il pieno appoggio di Merkel o se fosse soltanto un *ballon d'essai* per forzare la mano a Tsipras durante i negoziati. In questa fase Draghi non partecipa alla discussione, anche se la sua istituzione si troverebbe in prima linea nella lotta contro le ricadute di un'eventualità simile. La decisione è nelle mani dei politici. La sua priorità è, ed è sempre stata, proteggere l'indipendenza della BCE.

Alla fine i leader decidono contro la Grexit. Tsipras è costretto a piegarsi a quasi tutte le richieste dei partner europei: il prezzo di un'uscita dall'euro si è dimostrato troppo alto da ingoiare. In un vortice di attività, il 16 luglio il Parlamento greco approva le riforme necessarie a garantire fino a 86 miliardi di nuovi fondi di salvataggio: il terzo programma del Paese dal 2010. I ministri delle Finanze, che dall'inizio dell'anno hanno tenuto qualcosa come trenta riunioni, concordano in linea di principio un prestito ponte da 7 miliardi di euro per la Grecia, mentre la BCE aumenta il livello dei finanziamenti di emergenza concessi alle banche del Paese.

La Grecia uscirà dal programma di aiuti e dalla stretta sorveglianza della troika nell'agosto del 2018, respingendo anche una linea di credito precauzionale che offrirebbe un sostegno in caso di difficoltà, e il marzo successivo vende per la prima volta titoli decennali. Se la Grecia abbia fatto abbastanza da prosperare all'interno dell'eurozona resta una questione aperta per tutte le parti in causa. Ma almeno per il momento è unanime la fiducia che il Paese non sarà all'origine di una crisi europea per gli anni a venire.

10

Una vigilanza da inventare

12 dicembre 2012. È una serata gelida e tersa a Bruxelles, una delle rare occasioni in cui il cielo sopra la capitale belga non è coperto e non piove.

Nel Palazzo Justus Lipsius, nel grigio quartiere delle istituzioni europee, i ministri delle Finanze dell'eurozona si preparano a un'altra nottata di trattative. Ormai ci hanno fatto l'abitudine. Questa volta l'obiettivo è concordare la creazione di un'unica, potente autorità di vigilanza che sorvegli le ammaccate banche della regione, e consegnarla nelle mani della Banca centrale europea. All'inizio della riunione, nel primo pomeriggio, i ministri erano ottimisti sulla possibilità di trovare un accordo. Ma dopo la mezzanotte il dibattito sembra essersi arenato. Uno dei motivi del contendere è quanta voce avrà l'istituzione di Francoforte in merito alle decisioni dell'ente di vigilanza. La supervisione delle banche dovrebbe essere indipendente da ogni considerazione non soltanto politica ma persino economica, così da evitare il salvataggio di istituti deboli e non competitivi che in mancanza di interventi esterni si estinguerebbero da sé.

A un certo punto della notte due uomini sgusciano fuori dalla sala riunioni per un consulto privato in corridoio: Mario Draghi, i cui poteri come presidente della BCE stanno per allargarsi in modo considerevole, e

Wolfgang Schäuble, il ministro delle Finanze tedesco noto per le posizioni conservatrici e legaliste. I due si sono scontrati spesso negli ultimi mesi in merito al programma OMT, e continueranno a contrastarsi negli anni a venire. Stavolta, però, si trovano esattamente sulla stessa lunghezza d'onda. Draghi si siede su una seggiola per guardare il collega negli occhi, e i due si lanciano in una fitta conversazione su alcuni punti chiave della bozza del nascente Meccanismo di vigilanza unico.

In una riunione successiva, insieme al commissario europeo per il mercato interno Michel Barnier e al ministro delle Finanze francese Pierre Moscovici, oltre ai consiglieri Ignazio Angeloni e Olivier Guersent, Draghi e Schäuble ripasseranno il documento parola per parola. Il ruolo della Banca centrale europea, l'interazione tra l'ente di vigilanza e la politica monetaria, il numero di istituti di credito destinati a rientrare sotto la supervisione di Francoforte, la tempistica per l'implementazione del piano. Quando Jeroen Dijsselbloem, il ministro delle Finanze olandese che sta per essere nominato presidente dell'Eurogruppo, fa irruzione nella stanza, stizzito per esserne rimasto escluso, deve restare in piedi: non ci sono più sedie.

Sono le 4.30 del mattino quando infine Michel Barnier può annunciare che «la BCE avrà la vigilanza diretta su tutte le banche della zona euro, anche se in un modo differenziato e in stretta collaborazione con le autorità di controllo nazionali».[1] La riunione è durata quattordici ore.

L'istituzione di un organo unico di vigilanza bancaria è il più grande balzo in avanti nell'integrazione europea dalla creazione dell'euro. È un segno che i governi dell'eurozona, malgrado i battibecchi costanti e l'enormità della crisi, restano più fedeli che mai all'unione valutaria, al progetto dell'Unione Europea nel suo complesso, e a un destino comune che trascende le persistenti differenze nazionali.

La decisione di dicembre è l'esito finale di un'intesa raggiunta sei mesi prima dai leader europei. La volontà politica dimostrata da quell'accordo aveva creato le condizioni per l'audace dichiarazione di Draghi, qualche settimana dopo, che la BCE avrebbe fatto «tutto il necessario» per tenere in vita la moneta unica.

Sarebbe ragionevole presumere che le menti dietro l'idea di una vigilanza condivisa si sarebbero prese il merito di quel risultato. Invece preferiscono congratularsi con coloro che hanno spinto a firmare l'accordo. Circa un anno prima che i governi sottoscrivessero il progetto, proprio Draghi e Barnier avevano progettato a grandi linee quello che sarebbe diventato l'ente unico di vigilanza europea.

Una sera d'inverno dell'inizio del 2012 i ministri delle Finanze dell'eurozona erano riuniti a Bruxelles per gli ultimi ritocchi al Meccanismo europeo di stabilità, il fondo salva-Stati permanente a sostegno delle nazioni dell'euroblocco in sofferenza finanziaria, quando Draghi si è dileguato dalla sala. Aveva fissato un incontro a cena con Barnier all'hotel Sofitel, dove alloggiano abitualmente i funzionari della BCE nei loro soggiorni a Bruxelles. Il francese Barnier, attivo in politica dagli anni Settanta, ha ascoltato con attenzione l'analisi di Draghi sulla situazione dei mercati finanziari. Persino le banche più solide faticavano a emettere debiti per le profonde preoccupazioni degli investitori sulla loro capacità di onorarli. Draghi ha spiegato che la BCE stava fornendo finanziamenti attraverso i prestiti triennali annunciati alla fine del 2011. Ma si trattava solo di un rimedio a breve termine. Insieme ai rispettivi consiglieri, Christian Thimann e Olivier Guersent, i due hanno parlato animatamente per circa due ore di una possibile soluzione permanente in grado di rinfocolare la fiducia. In seguito avrebbero scherzato su quella cena, dicendo che quella notte avevano «complottato per l'unione bancaria».

Draghi aveva in mente una vigilanza condivisa sotto l'egida della BCE sin dall'inizio del suo mandato. Qualche mese prima, al suo incontro informale preliminare con i vertici della Banca centrale, gli era stato chiesto un parere sul futuro della supervisione bancaria. Draghi aveva risposto che secondo lui era possibile che nel giro di cinque anni la BCE si trovasse nel ruolo di supervisore delle banche. Ce n'era un gran bisogno, aveva aggiunto. Alla fine sarebbero bastati tre anni.

A giugno l'idea era stata posta sul tavolo per la prima volta come una reale possibilità politica. Era successo nel corso di un incontro segreto tra i ministri delle Finanze tedesco, francese, italiano e spagnolo, oltre a Christine Lagarde del Fondo monetario internazionale, all'aeroporto parigino Charles de Gaulle. Il tema in esame era se fosse legittimo per il MES iniettare nuovi fondi direttamente nelle casse delle banche in sofferenza. Nell'agitazione di quei mesi, quando la disgregazione dell'eurozona era una minaccia concreta, molti dei principali istituti di credito della regione, soprattutto nei

Paesi alla periferia sud dell'Europa, si erano trovati a un passo dall'esaurimento della liquidità, nonostante i generosi prestiti della BCE.

Com'era prevedibile, la Germania si era opposta all'idea di una ricapitalizzazione diretta da parte del MES, perché avrebbe significato impiegare il denaro raccolto dagli Stati dell'eurozona per salvare banche mal gestite e mal supervisionate nel loro Paese. Secondo Schäuble, certi annosi problemi andavano trattati a livello nazionale, salvo, naturalmente, che la stessa vigilanza bancaria diventasse una questione europea. Nel proporre l'ipotesi di un supervisore unico, l'identica soluzione che Draghi e Barnier avevano escogitato cinque mesi prima, il ministro delle Finanze tedesco si era detto dubbioso della sua fattibilità politica. Forse l'aveva persino ventilata nella speranza che i partner europei la demolissero. La cancelliera Angela Merkel si era tirata indietro, temendo di non disporre del capitale politico necessario a condurre in porto il progetto. Dopotutto le banche e i loro meccanismi di controllo sono un tema estremamente delicato. E poi la Francia, la Spagna e l'Italia avrebbero accettato di vedere quel potere sottratto alle proprie autorità nazionali e consegnato nelle mani dei tecnocrati europei?

La responsabilità, se volete, è proprio della gravità della crisi: fatto sta che quell'idea paradossale ha preso vita, trasformandosi in un piano vero e proprio. Herman van Rompuy, presidente del Consiglio europeo, lo ha incluso nella relazione dei quattro presidenti sul futuro dell'euro presentata quel mese.

Così, nel giro di poche settimane, il sogno di accademici, integrazionisti e dei rari policy maker lungimiranti (Tommaso Padoa-Schioppa era stato tra i primi a schierarsi in favore di una vigilanza congiunta durante le trattative che avevano preceduto la creazione dell'euro, ma l'ipotesi era stata bocciata all'istante) è diventata una priorità, scritta nero su bianco nelle conclusioni della riunione di giugno del Consiglio europeo.

È una delle molte ironie dell'Unione Europea che il MES non abbia mai ricapitalizzato direttamente una banca. Come per le OMT, le operazioni definitive monetarie, il fatto stesso che lo strumento esista, insieme ai requisiti stringenti che ne regolano l'attivazione, ha garantito che non ci fosse bisogno di utilizzarlo.

Inizialmente non era chiaro quale sarebbe stata la sede del supervisore unico. Quando Draghi e Barnier ne hanno parlato per la prima volta, all'inizio del 2012, hanno immaginato di istituire un'agenzia indipendente presso la UE. Solo quando lo staff ha cominciato a studiare nel dettaglio i testi normativi è diventato evidente che si trattava di scegliere tra il lungo processo di emendamento delle leggi europee per creare un nuovo ente (l'ultima revisione dei trattati aveva richiesto otto anni) e i rapidi risultati di investire la BCE del compito.

Al ritorno da Bruxelles dopo il summit di luglio, Draghi ha convocato nel suo ufficio una vecchia conoscenza: Ignazio Angeloni, consigliere della BCE per le questioni di stabilità finanziaria fin dal 2008. Nel corso di una carriera trentennale alla Banca d'Italia, al Tesoro e alla BCE, la strada di Angeloni si era incrociata spesso con quella di Draghi. Quel venerdì il presidente gli ha comunicato che con l'avvio del progetto di creare un ente di vigilanza per il sistema bancario europeo gli serviva un modello per la nuova istituzione. E gli serviva in fretta. «Ce la fai a preparare una bozza per lunedì?»

Il prospetto fatto circolare nel comitato esecutivo della Banca centrale e tra i manager di vertice la settimana seguente mostra impressionanti analogie con la struttura che, oltre due anni dopo, avrebbe preso il nome di Meccanismo di vigilanza unico (MVU). Il testo, intitolato *Modello per un'autorità di vigilanza dell'eurozona (€SA)*, era datato 9 luglio 2012: lunedì, proprio come richiesto da Draghi.

Prevedeva una supervisione diretta della BCE sulle banche principali dell'eurozona, mentre le altre sarebbero rimaste sotto il controllo degli enti nazionali in collaborazione con Francoforte. Il consiglio direttivo della BCE, l'unico organo interno alla Banca centrale con la facoltà di prendere decisioni vincolanti per legge, avrebbe ufficialmente avuto l'ultima parola su tutte le questioni. Per garantire la separazione tra supervisione e politica monetaria «si potrebbe raggiungere un accordo in cui, come prassi, le questioni di vigilanza non vengano discusse in sede di consiglio [...] ma siano adottate in seguito alla raccomandazione» di una commissione a parte. È quella oggi nota come «procedura di non obiezione»: il consiglio direttivo adotta regolarmente – e ratifica – le risoluzioni del consiglio di vigilanza, la massima autorità di supervisione della BCE, salvo che uno dei governatori obietti in modo esplicito. Lo schema di Angeloni proponeva anche che il monitoraggio quotidiano fosse affidato a «squadre di revisori» formate da membri della BCE e delle banche centrali dei Paesi sottoposti alla vigilanza. Oggi i gruppi di vigilanza congiunti (GVC) gestiscono la gran parte delle attività del Meccanismo di vigilanza unico nell'eurozona.

Al termine del mandato di Draghi, alcune proposte di quel piano originario sono ancora incomplete. In parallelo con l'autorità di vigilanza dell'eurozona, il documento prevedeva la creazione di un ente europeo per la garanzia dei depositi e per la risoluzione delle crisi bancarie. Il Comitato di risoluzione unico, l'ente dell'eurozona incaricato di amministrare il fallimento delle banche, è diventato operativo nel 2015, ma è ancora in via di conclusione il processo che, come suggerito dalla bozza, autorizza il MES a coprire gli ammanchi in caso di emergenza. Quanto alla garanzia dei depositi a livello europeo, un'ipotesi cui i tedeschi si sono opposti con tutte le forze, sette anni di dibattito non hanno messo fine alle controversie.

Esistono anche alcune differenze. La proposta originale prevedeva che solo ventitré banche sistemiche fossero sottoposte al monitoraggio diretto della BCE (cinque in Francia e Germania, quattro in Spagna, tre in Italia e in Olanda, due in Belgio e una in Austria). L'elenco compilato dalla BCE, che indicava sessanta banche di importanza sistemica, appariva «troppo vasto, almeno all'inizio». Mentre la Germania, i cui molti istituti di credito di medie dimensioni e concentrati sull'economia interna del Paese erano scettici sull'idea di una supervisione europea, sarebbe stata ben contenta di ridurlo, la Francia, il cui sistema bancario consiste quasi esclusivamente di grandi banche che sarebbero finite comunque sotto la supervisione di Francoforte, aveva sostenuto con forza la sua estensione, e l'aveva ottenuta: nel novembre del 2014, quando l'MVU inaugura ufficialmente le sue attività, sarà responsabile di centoventi istituti.

Ma prima che la BCE possa assumere il nuovo ruolo di supervisore delle banche, la attende un compito monumentale. Come per qualsiasi acquisizione, bisogna assolvere le procedure di due diligence, per garantire la credibilità del neonato Meccanismo di vigilanza unico e capire fino a che punto gli effetti della crisi si siano diffusi nel sistema finanziario. Le attività di indagine, che cominciano nel novembre del 2013 e costituiscono un elemento chiave del prospetto di Angeloni, prendono il nome calzante di «valutazione esaustiva», ed esaustive lo sono davvero. Per un anno circa lo staff setaccia i bilanci bancari, verifica l'esposizione a vari settori dell'economia, valuta la qualità degli asset e conduce stress test, per misurare la capacità degli istituti di credito di reggere a una crisi economica. Circa l'85 per cento del sistema bancario dell'eurozona finisce sotto il microscopio.

Alla fine di ottobre del 2014 sono stati raccolti almeno venticinque milioni di dati relativi a crediti, collaterali e accantonamenti: una mole gigantesca che la BCE esamina con l'aiuto della società di consulenza Oliver Wyman. È un compito delicato, che potrebbe causare danni enormi se i risultati, in particolare quelli sfavorevoli, filtrassero alla stampa prima che siano approntati i dovuti correttivi. Perciò anche le misure di sicurezza sono proporzionali. Gran parte del lavoro si svolge in una stanza senza collegamento internet e linee telefoniche esterne o altri canali che potrebbero facilitare le indiscrezioni.

Nelle fasi iniziali, Draghi è coinvolto in prima persona con l'MVU e le sue attività. Partecipa a tutte le riunioni e conduce lui stesso i colloqui per le cariche di vertice della nuova istituzione. «Se n'è interessato moltissimo fin dal principio» ricorda Andreas Dombret, rappresentante della Bundesbank nel consiglio di vigilanza della BCE e in molte altre organizzazioni come il Fondo monetario e la Banca dei regolamenti internazionali fino al 2018. «E non mancava mai di citare il tema della vigilanza nei suoi interventi sulla politica monetaria alle riunioni internazionali. Questo ha molto aiutato a consolidare la credibilità del Meccanismo di vigilanza unico.»

A proposito della valutazione esaustiva, Draghi dice chiaro che il suo obiettivo primario sarà la trasparenza. «Prevediamo che questa valutazione rafforzi la fiducia del settore privato rispetto alla solidità delle banche dell'eurozona e alla qualità dei loro bilanci» afferma nell'ottobre del 2013.[2]

Sottolinea anche il fatto che affinché l'esame sia considerato credibile non tutti gli istituti di credito potranno superarlo. «Alcune banche dovranno essere bocciate. [...] Se sarà necessario bisognerà bocciarle. Su questo non c'è alcun dubbio.»[3] Tuttavia il potenziale impatto della bocciatura di una banca lo preoccupa. In una lettera riservata lavora per trovare un modo di gestire quei casi spinosi in cui i revisori giudicano un istituto solvibile ma ancora bisognoso di capitali aggiuntivi.

I nuovi regolamenti dell'Unione Europea sugli aiuti di Stato erano entrati in vigore nell'estate del 2013, nel tentativo di spezzare il circolo vizioso tra governi e banche che era stato al cuore della crisi. L'idea era di passare dal principio del bail-out, cioè del salvataggio da parte dello Stato, che si ritrova a dover versare denaro a una banca in difficoltà per accertarsi che non fallisca, a quello del bail-in, il salvataggio interno, nel quale sono gli azionisti e gli investitori della banca stessa a mettere i fondi per una prima linea di difesa. Soltanto se non sono in grado di tappare la falla e se la sopravvivenza della banca è ritenuta necessaria per il buon funzionamento del sistema finanziario dell'eurozona nel suo complesso, si potranno iniettare fondi pubblici. Draghi però ritiene che un'applicazione troppo zelante di queste norme «rischia di distruggere proprio la fiducia nelle banche dell'eurozona che stiamo tutti cercando di recuperare». Il problema è stabilire se sia giustificato imporre il bail-in sulla base dei risultati degli stress test, che simulano la tenuta di una banca a fronte di una nuova recessione. In quel caso la sua proposta prevede di ricorrere a fondi statali per delle «ricapitalizzazioni precauzionali».[4] In Italia, Slovenia e Portogallo, ma anche in gran parte del resto dell'Europa, con una successione di istituti di credito che annaspa per cavarsi dal pantano creato dalla crisi, stabilire se gli Stati saranno autorizzati a soccorrere le banche e in quali circostanze sarà fonte di polemiche accese, crisi politiche, indagini e negoziati estenuanti.

Quando, il 26 ottobre 2014, vengono pubblicati i risultati della valutazione esaustiva, venticinque banche non hanno superato il vaglio, con un ammanco totale di 25 miliardi di euro. A quel punto, però, gran parte della somma è già stata raccolta o impegnata, il che riduce il gap effettivo a poco più di 6 miliardi. Sebbene la cifra sia inferiore a quella prevista dagli investitori, quasi tutti gli analisti lodano la severità e la meticolosità della valutazione, riconoscendo che ha posto le basi del nascente ente di vigilanza europeo su un terreno solido.

Se in quel momento l'esercizio viene considerato un successo, è anche vero che i semi di alcuni dei più grossi problemi che Draghi dovrà affrontare negli anni successivi mentre tenta di rivitalizzare l'economia dell'eurozona emergono già da quei risultati. L'indagine ha messo a nudo la debolezza del sistema bancario italiano, i cui istituti rappresentano metà del buco di capitali identificato. Otto banche italiane sono state bocciate, comprese Monte dei Paschi di Siena, Banca Carige, Veneto Banca e Banca Popolare di Vicenza. Tutte passeranno da una crisi all'altra, per sfociare infine nel salvataggio da parte dello Stato o nel fallimento. La valutazione ha anche evidenziato la portata delle sfide create dai prestiti non performanti. In genere le banche sono restie ad ammettere che uno dei loro creditori non sarà in grado di onorare il proprio debito, perché questo imporrebbe maggiori accantonamenti per coprire la perdita prevista. È più comodo ricorrere a un differimento e fingere che tutto si aggiusterà da sé. Ma l'applicazione degli standard europei costringe le banche a ridurre di 48 miliardi di euro la valutazione dei propri asset e a riclassificare come non performanti altri 136 miliardi di euro di prestiti, portando il totale di prestiti più o meno inesigibili nel sistema bancario dell'eurozona a 879 miliardi di euro.

Come affrontare una montagna simile di crediti deteriorati, cercando di ridurla senza soffocare la capacità delle banche di erogare prestiti, sarà uno dei più intricati dilemmi che la BCE si troverà davanti.

La BCE diventa ufficialmente il supervisore delle banche dell'eurozona il 4 novembre 2014, poco più di due anni dopo l'avvio del progetto. È soprattutto per via dell'MVU che sotto la leadership di Draghi lo staff della Banca centrale è più che raddoppiato, da una media di 1601 dipendenti nel 2011 a una media di 3546 nel 2018. La trasformazione è radicale, e ancora in atto alla fine del suo mandato.

Il consiglio di vigilanza, principale organo decisionale dell'MVU, è organizzato sul modello del consiglio direttivo, con un presidente, un vicepresidente, quattro membri che rappresentano la BCE ed esponenti degli enti di vigilanza degli Stati membri dell'eurozona. La struttura, almeno in teoria, dovrebbe garantire una valutazione equa e imparziale nel caso in cui lo sguardo delle istituzioni nazionali fosse annebbiato.

La prima presidente del Meccanismo di vigilanza unico, nominata nel dicembre del 2013, è Danièle Nouy. Dopo che il Parlamento europeo si era rifiutato per mesi di ratificare la nomina di Yves Mersch al consiglio della BCE, in segno di protesta contro la scelta dell'ennesimo uomo ai vertici interamente maschili della banca, Draghi si è messo in cerca di una donna per appianare lo squilibrio di genere, anche alla luce del fatto che le nuove norme implementate per l'MVU davano al Parlamento una voce molto più forte nella scelta dei suoi leader rispetto alla BCE. La veterana della vigilanza francese è emersa da subito come favorita.

Sua stretta collaboratrice nel ruolo di vicepresidente del consiglio di vigilanza è la tedesca Sabine Lautenschläger, diventata membro del comitato esecutivo della BCE al posto di Jörg Asmussen all'inizio del 2014.

Esperta di sistemi bancari e vice di Jens Weidmann alla Bundesbank fin dal 2011, Lautenschläger era la candidata ideale per il ruolo di cotimoniere dell'MVU. E la sua nomina ha un valore aggiunto: i suoi impegni nella supervisione delle banche le lasceranno meno tempo per concentrarsi sulla politica monetaria, ambito in cui si è dimostrata molto più scettica di Asmussen nei confronti degli strumenti non convenzionali.

Le loro due nomine fanno dell'MVU un caso unico nell'Unione Europea: un'istituzione guidata da sole donne. Nei suoi cinque anni a Francoforte, soprattutto Danièle Nouy cercherà costantemente di promuovere e dare risalto alle donne, nel tentativo di controbilanciare il predominio maschile nel mondo della finanza e delle banche centrali. I suoi sforzi su quel fronte culmineranno in un evento memorabile di fine novembre del 2017. Cinque donne, guidate da Nouy, siederanno fianco a fianco sul podio per presentare le nuove, stringenti regole sui prestiti non performanti che un mare di banchieri in completo scuro in platea – quasi esclusivamente uomini – disapprova e contesta a gran voce.

Nel corso degli anni Danièle Nouy e Sabine Lautenschläger costruiranno un solido legame e opereranno in stretta collaborazione. Non si può dire lo stesso dei quattro rappresentanti della BCE nel consiglio. Durante le trattative con la Commissione e il Parlamento europei e i ministri delle Finanze dell'eurozona che avevano preceduto l'istituzione del Meccanismo di vigilanza unico, Draghi aveva lottato strenuamente per rafforzare il ruolo della BCE all'interno del consiglio di vigilanza.

Ma trovare le persone giuste da assegnarvi si è dimostrato un compito tutt'altro che facile, e un'anticipazione delle difficoltà a venire. Una levata di scudi accoglie già la prima nomina, quando Draghi propone Angeloni, l'uomo che aveva coordinato la creazione dell'MVU e la valutazione esaustiva. A una cena del consiglio direttivo nel febbraio del 2014 parecchi governatori criticano l'iniziativa del presidente. L'opposizione riguarda più il metodo di Draghi che l'idoneità del suo candidato, ma è comunque una sconfitta, e costringe a rimandare la nomina al mese successivo. Agli occhi di un veterano della BCE, Draghi «non aveva preparato a dovere l'aspetto diplomatico. Lo aveva dato per scontato». A marzo il presidente avanza di nuovo la candidatura di Angeloni, insieme a quelle della finlandese Sirkka Hämäläinen, membro del primo comitato esecutivo della BCE fino al 2003, e di Julie Dickson, supervisore canadese. La rosa dei tre ottiene l'approvazione del consiglio.

Il ruolo dei membri della BCE nel Meccanismo di vigilanza unico non è definito con chiarezza nel quadro normativo e, diversamente dai colleghi del comitato esecutivo sul lato della politica monetaria, quelli dell'MVU non hanno un controllo diretto sulle attività e sullo staff dell'istituzione. A volte sono incaricati di progetti specifici, ma la gestione quotidiana della vigilanza resta saldamente nelle mani del presidente e del vicepresidente. Alcuni membri considerano addirittura i propri compiti come un lavoro part-time, presentandosi solo alle riunioni per poi ripartire subito. È un tipo di gestione che genera conflitti e controversie. Secondo uno dei rappresentanti nazionali del consiglio, Danièle Nouy non tiene nel giusto conto i membri della BCE, considerandoli alla stregua di «spie» dell'altro ramo della Banca centrale, con l'intento di sminuire l'influenza dell'MVU e minimizzarne l'impatto. Per parte loro, secondo un altro funzionario di vertice della BCE, i membri «si considerano agenti del tutto autonomi», senza coordinamento reciproco o con i dirigenti dell'istituzione. «Ma allora perché dovrebbero rappresentare la BCE?»

Nonostante l'impegno profuso nella fase negoziale, Draghi non interviene per correggere la situazione. Rimanda le nuove nomine per le cariche rimaste vacanti, tanto che per gran parte del suo mandato di fatto solo due dei quattro posti vengono assegnati. Saranno riempiti soltanto nell'estate del 2019. Né fa alcuno sforzo per sostenerne le prerogative e l'autorità, lasciando che Nouy e Lautenschläger agiscano come meglio credono. Forse si è reso conto che qualsiasi mossa equivocabile come un tentativo di condizionare l'MVU sarebbe controproducente.

All'inizio i rappresentanti della BCE lo incontrano ogni trimestre per riferire sull'agenda e sulle dinamiche del consiglio di vigilanza, ma poi la prassi viene sospesa. Il presidente si dimostra interessato a tutti gli argomenti, dai temi più vasti che influenzano il settore finanziario nel suo complesso a quelli che riguardano le singole banche. Ma per gran parte del tempo si limita ad ascoltare, senza impartire istruzioni specifiche. È un approccio che adotta anche nei briefing delle altre istituzioni dell'eurozona sulle attività della Banca centrale. E quando i dirigenti delle banche private si rivolgono a lui lamentandosi dell'operato della supervisione unica – e accade spesso, soprattutto nei primi tempi –, li rispedisce indietro, dicendo che non è sua competenza.

In alcuni casi, però, l'interesse del presidente e del consiglio direttivo si risveglia. In genere capita in merito a questioni che possono condizionare la stabilità del sistema finanziario dell'eurozona, tema che a Draghi sta particolarmente a cuore. Secondo un funzionario europeo che per anni ha lavorato con lui, il presidente studia a fondo il rischio di eventi rari ma ad alto impatto. A differenza dei supervisori, che tendono a concentrarsi sui singoli istituti di credito e sugli elementi specifici di un dato caso, Draghi considera il quadro più ampio, cogliendo le possibili ricadute sul resto del sistema che potrebbero sfuggire a chi ha una visione più settoriale. Considera sua responsabilità garantire che le banche siano in grado, oggi e in futuro, di svolgere il proprio compito di finanziare l'economia.

Ed è proprio quello che accade nella prima metà del 2015, quando l'MVU sta ancora muovendo i primi passi. La Grecia e i suoi creditori europei hanno ingaggiato un braccio di ferro che tra qualche mese spingerà il Paese sull'orlo dell'uscita dall'euro. Mentre le incertezze sul suo futuro nell'unione monetaria sprofondano la Grecia in un'altra recessione e le sue banche faticano a trovare finanziamenti adeguati, in un'intervista rilasciata a gennaio Danièle Nouy dichiara che le istituzioni finanziarie della nazione sono «piuttosto forti» e in grado di tollerare la turbolenza.[5] Il suo giudizio rispecchia le lunghe discussioni in sede di consiglio direttivo sul problema di come valutare le banche, se alla luce della situazione esistente o degli sviluppi prevedibili nei mesi successivi.

Il secondo approccio, che terrebbe conto del probabile rifiuto del governo greco di rispettare il patto con i creditori europei, porterebbe alla percezione generalizzata di un imminente fallimento degli istituti di credito. È un classico esempio di paradosso in cui cercare di prevenire un esito avrebbe l'effetto di accelerarne la realizzazione. Ma i governatori rifiutano di prendere una decisione che nei fatti scatenerebbe proprio la crisi che stanno cercando di prevenire. La loro tesi è che, se tutto va secondo i piani, le banche continueranno a essere solide, perciò al momento deve essere questa la base della valutazione. Dopotutto nessuno è in una posizione migliore di loro per capire se, tirate le somme, la Grecia onorerà i suoi impegni o se bisognerà trovare un altro accordo. Dunque Danièle Nouy porta avanti il secondo approccio, a dispetto del dibattito infuocato nel consiglio di vigilanza e del fatto che tra non molto gli istituti di credito greci dovranno davvero ricorrere ai fondi d'emergenza forniti dalla loro banca centrale.

Un altro caso è il principio del bail-in. L'idea, nella formulazione del ministro delle Finanze italiano Pier Carlo Padoan, è che «una banca in crisi andrebbe trattata come un'azienda in crisi; quindi, se la sua sopravvivenza non è sostenibile, bisogna lasciare che fallisca». In realtà, considerato il ruolo vitale delle banche per l'economia dei Paesi europei, e dell'Italia in particolare, mettere in pratica un rigoroso bail-in senza un adeguato periodo di transizione rischia di diffondere il contagio e di paralizzare un'economia già zoppicante.

Da presidente della BCE, Draghi è estremamente restio a manifestare disaccordo con le regole europee del salvataggio interno, sapendo che qualsiasi critica espressa da un italiano lo esporrebbe alle accuse di voler semplicemente evitare di pagare il conto. Ma a volte, a porte chiuse, si è dimostrato più esplicito, rivelandosi preoccupato che il bail-in renda molto più complessa la gestione di qualsiasi crisi bancaria. In una lettera del 2013 al commissario europeo per la concorrenza, Joaquín Almunia, contesta le regole che vietano alle banche di accedere agli aiuti di Stato se prima non hanno imposto perdite agli azionisti di minoranza.[6] Nel luglio di tre anni dopo, a margine di un summit del G20 a Chengdu, in Cina, lascia trasparire l'esasperazione in una discussione sul tema con il presidente dell'Eurogruppo, l'olandese Jeroen Dijsselbloem. «Riteneva che l'Italia stesse subendo un trattamento ingiusto, e aveva ragione» dice un testimone dello scambio. A quel tempo l'Italia stava tentando un'iniezione di nuovi capitali in Monte dei Paschi, dopo che uno stress test aveva rivelato un buco di quasi 9 miliardi di euro che nessun investitore privato era disposto a colmare.

La determinazione del governo a intervenire contravveniva alle regole del bail-in, aggravando l'incertezza sul destino di una banca il cui fallimento avrebbe scosso nel profondo la terza economia dell'eurozona. Già nei mesi precedenti, quando la leadership italiana aveva cercato una soluzione senza coinvolgimento pubblico per la banca più antica del mondo, gli interlocutori di Draghi avevano avuto l'impressione che il presidente fosse scettico sulle possibilità di successo di un piano fondato soltanto sull'apporto del settore privato. Al tempo stesso, però, era ben consapevole che la situazione era cambiata rispetto ai primi giorni della crisi, quando Paesi come Germania e Olanda non avevano fiatato alla prospettiva di riversare miliardi di euro a sostegno dei propri istituti di credito. L'Italia, le cui banche non avevano subito un contraccolpo troppo grave dalla prima ondata della crisi, non era riuscita a far approvare un periodo di transizione più lungo per l'implementazione delle nuove regole. Adesso ha le mani legate. Quando infine l'MVU invia i suoi ispettori a Siena e poi spiana la strada alla ricapitalizzazione precauzionale con il denaro pubblico, i funzionari europei e della BCE osservano che Draghi usa ogni cautela per non violare la «muraglia cinese» che separa la politica monetaria dalla vigilanza bancaria.

Ci sono stati altri casi in cui il consiglio direttivo e Draghi si sono trovati in disaccordo con il consiglio di vigilanza. Nel gennaio del 2015, meno di tre mesi dopo l'avvio ufficiale delle sue attività, il Meccanismo di vigilanza unico raccomanda che le banche adottino una politica «prudente» sui dividendi. In altre parole, gli istituti di credito che ancora non hanno raggiunto i requisiti di capitale richiesti dai supervisori dovrebbero evitare del tutto di distribuire denaro agli azionisti o quantomeno limitare gli importi. E la presidente Nouy mette in guardia: i supervisori vigileranno con attenzione per evitare ogni violazione. Le principali banche dell'eurozona protestano a gran voce in una lettera alla BCE. Avvertono che le restrizioni imposte dall'MVU sono potenzialmente dannose e potrebbero diffondere la paura tra gli investitori che hanno acquistato alcune tipologie di debito bancario. Portano il problema fino a Bruxelles, dove la Commissione europea è incaricata della normativa bancaria e della sua interpretazione. In sede di consiglio direttivo, i governatori, in particolare quelli di Francia e Germania, sedi di alcune delle banche principali della regione, prendono parte attiva al dibattito. A preoccuparli è soprattutto l'opacità del sistema posto in essere dall'MVU, che impedisce alle banche e ai loro investitori di sapere se i dividendi saranno distribuiti oppure no. Infine, secondo due funzionari di vertice della BCE del tempo, il consiglio decide di fare pressioni sull'MVU per chiedere un ripensamento della politica sui dividendi. Il loro suggerimento è di adottare l'approccio più trasparente, sebbene meno aggressivo, della banca centrale inglese.

La questione in sé è molto tecnica. Semplificando, i supervisori possono esigere che le banche accantonino somme extra oltre ai requisiti minimi di capitale e alle riserve previste dalla legge, a seconda delle loro caratteristiche individuali, del loro ambito di attività e dei rischi che ne conseguono. Stimare l'entità esatta di questo requisito extra di capitale costituisce una parte significativa delle attività quotidiane dei supervisori. La legge prevede anche che, se il capitale di una banca cala sotto il livello richiesto, si dovrà limitare, se non azzerare del tutto, l'ammontare distribuito sotto forma di dividendi o altri pagamenti. Inizialmente la BCE aveva stabilito che questa norma prudenziale dovesse tener conto anche del potenziale impatto delle recessioni, calcolato dai cosiddetti stress test. Le banche avevano obiettato sul ruolo sproporzionato che scenari ipotetici avrebbero svolto nella loro gestione e nella remunerazione dei loro investitori. Avevano presentato le proprie rimostranze a Bruxelles ed esercitato pressioni per ottenere una revisione della norma.

Le loro critiche non erano infondate e anche Draghi

si mette in moto. Nel suo caso il canale è una telefonata a un cellulare che squilla in alta montagna, su una pista da sci. Il presidente spiega al suo interlocutore che la decisione dell'MVU ha indotto molte banche a differire l'accumulazione di un particolare tipo di capitale, e che un mercato di finanziamento chiave per gli istituti di credito del continente rischia di arenarsi, con conseguenze potenzialmente negative sulla capacità del sistema finanziario di funzionare a dovere. All'inizio del 2016 la Commissione suggerisce una nuova interpretazione delle norme, che viene adottata subito dopo. Di conseguenza la BCE cambia il modo di calcolare quanto capitale le banche siano tenute ad accantonare, cominciando a distinguere tra i requisiti obbligatori per prevenire le restrizioni sui dividendi e le indicazioni non vincolanti, come accadeva in altre giurisdizioni. L'impatto di queste misure sulle banche è significativo. Se nel 2015 gli istituti di credito dell'eurozona dovevano accantonare un capitale superiore al 10,2 per cento del loro patrimonio totale per evitare limitazioni ai pagamenti, un anno dopo la soglia è scesa all'8,3 per cento. (Da allora la BCE ha evitato di ritoccare al rialzo i requisiti vincolanti, e a oggi gran parte delle banche li soddisfa.) «La lobby delle banche è riuscita ad allentare la pressione» è la morale della storia secondo un revisore. I più grandi istituti di credito della regione avevano messo a segno la loro prima vittoria contro la nuova vigilanza europea.

Alla fine del 2017 viene a galla un problema potenzialmente molto più pericoloso. Nei tre anni trascorsi dalla valutazione esaustiva all'avvio del Meccanismo di vigilanza unico, la montagna di prestiti non performanti che pesava sui bilanci delle banche dell'eurozona aveva continuato a crescere, arrivando a oltre 900 miliardi di euro, di cui più di un terzo in Italia. Dietro l'aumento c'è il rallentamento economico nei Paesi meridionali della regione, oltre alla scoperta di altri crediti inesigibili nei bilanci bancari.

I supervisori dell'MVU sono decisi a mettere fine al temporeggiamento delle banche di fronte al problema. Vogliono che gli istituti stabiliscano un calendario chiaro e vincolante per l'identificazione e la riduzione dei crediti deteriorati. Sono anche consapevoli del fatto che riclassificare come non performante un prestito è una questione controversa, che influisce sul profilo patrimoniale di una banca e potrebbe costringere gli investitori a scucire più soldi per riempire i buchi. Un'alternativa è cedere i crediti deteriorati a società specializzate per eliminarli dai propri libri contabili. La pratica, incoraggiata dai supervisori, è invisa alle aziende rimaste in arretrato con i pagamenti, perché spesso si ritrovano a dover trattare con un creditore ben più determinato, e talvolta spietato, nel recupero del denaro.

L'Italia è particolarmente contraria a qualsiasi iniziativa draconiana per ridurre i prestiti non performanti, temendo un ulteriore indebolimento delle proprie banche e la decimazione delle piccole imprese che costituiscono la spina dorsale della sua economia. Ogni volta che la stampa torna sull'argomento, i titoli bancari vanno male, e i politici e i dirigenti di banca sono inamovibili nel respingere ogni ipotesi di piani di riduzione dettati dall'esterno.

La faccenda diventa controversa anche dentro la

BCE. Nel marzo del 2017, il Meccanismo di vigilanza unico pubblica linee guida sulla gestione dei crediti deteriorati, in cui chiede alle banche di preparare piani fattibili per la loro riduzione, da sottoporre poi alla sua approvazione. Ma la presidente Nouy è convinta che non basti. Per fare davvero la differenza servono obiettivi quantitativi e scadenze. Il suo piano è evitare di affrontare subito la giacenza di prestiti non performanti già esistente per concentrarsi invece su quelli appena classificati come tali. La prima bozza informale presentata al consiglio direttivo viene rispedita al mittente in seguito alle proteste dei governatori delle banche centrali italiana, portoghese, cipriota e maltese. Anche il governatore della Banque de France ha espresso riserve.

Ma dopo una nuova tornata di consultazioni interne, a ottobre i rigorosi standard sulla copertura dei crediti deteriorati vengono comunque pubblicati. Come previsto, le nuove norme riguardano soltanto i crediti appena classificati come inesigibili. Le disposizioni non sono vincolanti, tuttavia le banche «sono tenute a spiegare qualsiasi deroga». Dopodiché, tenendo conto della loro risposta, spetterà alla BCE «valutare la necessità di ulteriori misure di supervisione».[7] L'escamotage non rassicura i dirigenti e gli investitori, che danno per scontata l'estensione futura delle norme a tutti i prestiti non performanti.

Neanche il Parlamento europeo apprezza. Il presidente Antonio Tajani, spalleggiato dall'allora presidente della Commissione economia Roberto Gualtieri (oggi ministro delle Finanze in Italia), scrive a Draghi dicendosi «profondamente preoccupato» che la Banca centrale abbia valicato i limiti dei suoi poteri, assumendosi compiti che spettano soltanto al legislatore.[8] La lettera non impiega molto a filtrare alla stampa e il conflitto tra le due istituzioni europee diventa di dominio pubblico. Draghi è preso nel mezzo. È esattamente il tipo di polemiche che ha sempre cercato di evitare.

Gli avvocati della BCE avevano messo in guardia sui rischi dell'iniziativa e il consiglio direttivo aveva chiesto a Sabine Lautenschläger di astenersi dall'annuncio di obiettivi numerici di riduzione. Anche se alla fine verranno presentate come semplici orientamenti ai fini di una maggiore trasparenza, le linee guida esporranno la Banca centrale all'accusa di aver imposto nuovi requisiti obbligatori alle banche, una prerogativa riservata agli Stati e al Parlamento europeo.

Il conflitto in sé si risolve in fretta. Draghi incarica Danièle Nouy di rispondere a Tajani, che aveva commissionato un parere legale al suo staff a sostegno della tesi che la BCE avesse di fatto usurpato i poteri legislativi del Parlamento. Ma la presidente dell'MVU difende la propria iniziativa, affermando che le norme «non istituiscono obblighi aggiuntivi per le banche e dunque non esulano dal quadro di regolamentazione già esistente».[9] Dopo alcune modifiche per rispondere alle questioni sollevate dal Parlamento europeo e con la concessione alle banche di più tempo per mettersi in regola, le nuove regole vengono pubblicate nel marzo del 2018.

L'episodio illustra quanto sia spinosa la questione dei prestiti non performanti. E, cosa ancora più significativa, il fiasco parziale costituirà un intralcio al piano di Danièle Nouy di insediare Sharon Donnery, vicegovernatrice della banca centrale irlandese e sua persona di riferimento per i prestiti non performanti, come suo possibile successore al vertice dell'MVU.

Sin dall'inizio Draghi aveva fissato alcuni principi chiave per l'assunzione della vigilanza bancaria da parte della BCE: evitare i «rischi alla reputazione» della Banca centrale creando una funzione di supervisione «efficace, rigorosa e indipendente»; conservare una netta distinzione tra la vigilanza bancaria e la politica monetaria per scongiurare ogni «contaminazione»; perseguire sinergie con le autorità nazionali; proteggere l'indipendenza della BCE; e puntare a un «livello più alto di responsabilità democratica». In larga parte questi principi, formulati nel prospetto del luglio 2012, sono rispettati dalla struttura definitiva del Meccanismo di vigilanza unico. Tuttavia i nuovi poteri hanno aggiunto un ulteriore strato di complessità alla gestione della Banca centrale.

La politica monetaria che costituisce il suo mandato principale è relativamente chiara: uno strumento fondamentale, i tassi di interesse, viene usato per calibrare il livello di stimolo finanziario fornito all'economia e dunque per tenere sotto controllo l'inflazione. Certo, la crisi finanziaria e i molti strumenti non convenzionali che ha richiesto hanno complicato le cose. Ma in sostanza la BCE continua a perseguire una politica valida per l'eurozona nel suo complesso, lasciando poi che le differenze interne tra Stati e regioni si aggiustino da sé.

Nel caso della vigilanza bancaria, invece, i dettagli più infinitesimi diventano essenziali. I supervisori non si affidano a un unico strumento generale ma ne usano svariati, prendendo centinaia di decisioni spesso altamente specifiche, ciascuna delle quali condiziona in modo diretto e profondo un numero relativamente piccolo di persone e istituzioni. Il livello di minuziosità richiesto da queste decisioni significa che la Banca centrale deve abbandonare la posizione elevata da cui di solito contempla l'economia per abbassarsi a valutare una moltitudine di interessi e contro-interessi particolari, comprese le clausole di innumerevoli contratti e accordi. La faccenda diventa personale, anche nel senso più stretto del termine, poiché la nomina dei dirigenti di vertice delle banche va vagliata e autorizzata dai revisori.

Il margine di errore, o quantomeno di controversia, è enorme. La reputazione della BCE, malgrado gli sforzi di Draghi di proteggerla quando è stato istituito il Meccanismo di vigilanza unico, è in gioco ogni volta che viene presa una decisione. È uno dei cambiamenti più grossi cui l'istituzione ha dovuto adattarsi.

11

Tutto cambia

La Banca centrale europea che Mario Draghi lascerà al suo successore è un'istituzione ben diversa da quella che ha ereditato da Jean-Claude Trichet. Sono tramontati i tempi in cui i policy maker giuravano di non prendere mai impegni preventivi sulle loro prossime mosse, o in cui lo zero era il valore minimo a cui potessero scendere i tassi di interesse. Il quantitative easing – in passato uno strumento malvisto in una banca centrale alla quale era proibita ogni forma di finanziamento ai governi – è diventato un elemento essenziale della politica monetaria, i resoconti regolari sulle riunioni strategiche hanno consolidato la trasparenza e il nuovo mandato di vigilanza bancaria ha dato alla BCE un ruolo di primo piano nel tutelare diciannove nazioni e 340 milioni di cittadini dalle crisi finanziarie del futuro.

Negli ultimi otto anni l'istituzione deputata a governare la seconda valuta più importante del mondo è cambiata per moltissimi aspetti. La leadership di Draghi ha contribuito a trasformarla da un'istituzione acerba, ispirata all'etica conservatrice e anti-inflazione della Bundesbank, in un'autorità innovativa e credibile che si è meritata, a prezzo di enormi sforzi, la reputazione di paladina dell'euro, l'emblema dell'unità europea.

Alcuni cambiamenti, però, sono stati controversi, e

non soltanto perché ogni strumento aggiunto da Draghi al kit delle politiche monetarie è stato spremuto fino ai limiti, lasciando pochissimo margine per reagire alle inevitabili crisi a venire. Pesano ancora di più le contestazioni espresse da alcuni dei funzionari più illustri d'Europa in merito alle priorità dell'istituzione che hanno contribuito a fondare. Il carico eccessivo di compiti potrebbe metterne a repentaglio l'indipendenza, avverte Otmar Issing, il tedesco che da capo economista della Banca centrale ne ha definito le politiche, in un'intervista del 2018. «Oggi si pretende che la BCE garantisca la sopravvivenza dell'eurozona. [...] A mio avviso, questo supera di molto il suo effettivo mandato di stabilità dei prezzi. È un compito politico.»[1]

I policy maker della BCE non potrebbero che essere d'accordo sul fatto che l'euro è un progetto eminentemente politico, creato per cementare l'unione europea e contribuire alla prosperità economica del continente. Tuttavia lo stesso mandato di garantire la stabilità dei prezzi nell'eurozona fa sì che sia un loro preciso dovere impegnarsi in ogni modo possibile per assicurare la sopravvivenza della moneta unica, finché i governi della regione non decideranno altrimenti. In ultima analisi, ciò che conta è il successo delle loro politiche: un approccio più conservatore avrebbe gettato l'eurozona in una recessione persino più profonda, ponendo dubbi ben più seri sulla legittimità della Banca centrale.

I collegamenti tra la politica monetaria e le reali situazioni politiche avevano cominciato a venire a galla già sotto la presidenza di Trichet, quando le preoccupazioni degli investitori per le misure fiscali di alcuni Paesi avevano ostacolato in modo considerevole la capacità della

BCE di determinare le condizioni finanziarie in alcune parti dell'area euro. Detto nel gergo della BCE: in alcune parti dell'eurozona si era spezzato il meccanismo di trasmissione che avrebbe dovuto far arrivare le nuove misure della Banca centrale alle imprese e alle famiglie. Di fatto significava che, a prescindere dagli sforzi della BCE, un'impresa tedesca e una italiana pagavano tassi di interesse ben diversi su un prestito. Con tanti saluti ai vantaggi della moneta unica.

La risposta di Trichet erano stati gli acquisti selettivi di titoli di Stato – prima in Grecia, Portogallo e Irlanda, poi in Spagna e Italia –, affiancati alla richiesta reiterata ai governi di implementare le riforme. Era stato un grosso passo per un uomo che al momento di assumere la presidenza era noto come l'«ayatollah du franc fort» – uno strenuo sostenitore di una politica orientata alla stabilità – o un clone della Bundesbank, ma che tuttavia si sarebbe rivelato infinitesimo in confronto alle ampie falcate del suo successore.

Quanto all'invenzione di nuovi strumenti per stimolare l'economia dell'eurozona, il curriculum di Draghi è impressionante. Non sembra avere tabù di sorta, tranne quello di attenersi al mandato della BCE, una precisazione che aveva premesso anche al famoso impegno di fare «tutto il necessario» per salvare la moneta unica, anche se al tempo quasi nessuno le aveva prestato particolare attenzione, e da allora è stata opportunamente dimenticata da chi ha voluto interpretare quella dichiarazione come una garanzia incondizionata della sopravvivenza dell'euro. Molte delle misure introdotte da Draghi per favorire la crescita e combattere la deflazione nella regione – ben oltre il semplice ricorso all'acquisto di titoli su vasta scala – travalicano di parecchio la comfort zone dell'istituzione che ha fatto da modello per la BCE, e che di tanto in tanto si presta al ruolo di «grillo parlante»: la Bundesbank. Anche altri governatori di Paesi allineati con le posizioni tedesche hanno espresso il timore che la Banca centrale si sia convertita alla filosofia che è lecita qualunque cosa non sia espressamente vietata.

Ma la trasformazione della BCE in una banca centrale con opinioni e standard operativi propri non si limita agli strumenti impiegati. Riguarda anche il suo interno. Con l'uscita di scena di Jürgen Stark, che alla fine del 2011 si è dimesso da capo economista in segno di protesta contro l'acquisto di titoli italiani e spagnoli, la predominanza tedesca nel dipartimento economia della BCE ha cominciato a vacillare. Draghi sceglie, per succedere a Stark, il belga Peter Praet mentre il nuovo tedesco del comitato esecutivo, Jörg Asmussen, viene incaricato delle relazioni internazionali: una mossa che secondo alcuni era stata incoraggiata da Angela Merkel per proteggere gli interessi tedeschi nei negoziati sulla crisi, finalità al tempo ritenuta molto più importante della politica monetaria. Negli anni seguenti altri eminenti tedeschi lasciano il dipartimento, chi per pensionamento e chi in cerca di altre opportunità, e da un clima in cui era considerato accettabile mandare via email a intere divisioni barzellette offensive sui greci o ridere degli italiani che in pausa caffè parlavano la loro lingua definendoli «mafiosi», oggi sono i tedeschi a essere guardati con una certa diffidenza. La trasformazione si completa tra il 2017 e il 2018, dopo la dipartita di due veterani della Bundesbank da decenni ai vertici della catena decisionale: Wolfgang Schill, insigne capo dell'influente Commissione per la politica monetaria, è andato in pensione, e Hans-Joachim Klöckers, incaricato di redigere le proiezioni economiche trimestrali, è stato trasferito alla guida del dipartimento relazioni internazionali. Sono spostamenti come questi a fare largo a una nuova generazione di economisti: Frank Smets, il belga esperto di modelli macroeconomici che Draghi sceglie come consigliere economico prima di destinarlo alla successione di Schill, e Massimo Rostagno, l'architetto del quantitative easing e dei TLTRO, diventato direttore generale per la politica monetaria nel luglio del 2017.

Durante il mandato di Draghi la gestione della BCE si è fatta sempre più complessa. Grazie in larga parte al nuovo compito di vigilare sulle banche dell'eurozona, il numero di dipendenti è più che raddoppiato. Alla Eurotower nel centro di Francoforte, dove oggi l'istituzione svolge gran parte delle sue attività di supervisione, si è aggiunto un nuovo quartier generale nella zona est della città. Con l'avvento di altre sfide, tra cui la necessità di dotarsi di sistemi informatici più performanti e di raccogliere e analizzare una mole incredibile di dati economici, la gestione quotidiana delle attività dell'istituzione divora fette sempre più sostanziose del tempo dei dirigenti di vertice. Per alleggerire i membri del comitato esecutivo da compiti importanti ma routinari come le risorse umane, le tecnologie informatiche, le finanze e l'amministrazione, così da lasciarli liberi di concentrarsi sulla guida del sistema finanziario dell'eurozona, la BCE – su suggerimento di Draghi – ha assunto un responsabile generale dei servizi. Il primo, nominato nel gennaio del 2016, è Michael Diemer, ex top manager della divisione tedesca di IBM.

Con i tassi di interesse al minimo e la Banca centrale europea che si avventura sempre più in profondità in una politica monetaria non standard, è cresciuta l'importanza della comunicazione, sia come strumento per orientare le aspettative sulle politiche, sia per migliorare la trasparenza.

In tal senso il mese di luglio del 2013 rappresenta un momento cruciale: per la prima volta Draghi rivela agli investitori come intende intervenire sui costi di indebitamento nei mesi a venire e, ancora per la prima volta, i suoi luogotenenti avanzano apertamente l'ipotesi di diramare i resoconti delle riunioni, per rendere più comprensibili i processi che portano alle delibere del consiglio. A distanza di un anno, dopo una serie di prove ed esperimenti, si stabilisce la pubblicazione del sunto della discussione di politica monetaria circa quattro settimane dopo il suo effettivo svolgimento. I verbali veri e propri continueranno a restare confidenziali per un periodo di trent'anni.

La divulgazione di una sintesi degli incontri del consiglio direttivo ne cambia le dinamiche, e in una direzione molto apprezzata da Draghi. A suo avviso, le riunioni decisionali – che di solito si tengono di giovedì – non sono la sede adatta per le vaste dissertazioni filosofiche incoraggiate da Trichet, ma il luogo e il momento di decidere su azioni i cui pro e contro sono già stati esaminati nel dettaglio dallo staff, nei seminari e nelle innumerevoli riunioni che le banche centrali dei Paesi dell'eurozona convocano quasi ogni settimana. Oggi quegli incontri sono improntati a brevità ed efficienza, in accordo con le preferenze del presidente. Il primo resoconto pubblicato dalla BCE riguarda la riunione di gennaio del 2015: un incontro determinante nella storia dell'istituzione, con l'annuncio del QE.

Generalmente il consiglio direttivo si riunisce ogni due settimane, ma solo una seduta su tre – quindi una ogni mese e mezzo – è dedicata alla politica monetaria e seguita da una conferenza stampa. (Fino al 2014 la politica monetaria veniva discussa una volta al mese, ogni due sedute.)

I governatori cominciano ad arrivare a Francoforte da ogni angolo dell'eurozona nel pomeriggio di martedì o il mercoledì mattina, con le ventiquattrore e gli smartphone zeppi di appunti preparatori e di documenti trasmessi dalla sede centrale nei giorni precedenti. Nei seminari del mercoledì pomeriggio i dirigenti della BCE presentano ai membri del consiglio simulazioni dell'impatto delle politiche, andamenti di specifici segmenti di mercato o ricerche su temi pertinenti all'interpretazione delle ultime tendenze economiche. Quando è Rostagno a tenere il seminario è probabile che il giovedì mattina ci sarà una nuova proposta sul tavolo della discussione. Ma i seminari non sono il momento adatto a discutere le azioni potenziali o a esprimere preferenze: i governatori sono incoraggiati a limitare le domande ai dettagli tecnici del tema in esame.

Le procedure ufficiali cominciano con un intervento di Benoît Cœuré, il membro del comitato esecutivo che si occupa dei mercati, che di solito nel giro di un'ora offre una panoramica generale degli ultimi sviluppi. Dopodiché, in un tempo equivalente, il capo economista – Peter Praet, per gran parte del mandato di Draghi – condivide il proprio parere. La giornata si conclude con una cena di tre portate al quarantesimo piano della torre nord, un'opportunità per scambiare opinioni, discutere di temi più vasti che non richiedono decisioni immediate e costruire consenso per quelle dell'indomani.

Sotto Trichet quelle cene si protraevano spesso oltre la mezzanotte, e con altrettanta frequenza erano seguite da whisky e sigari al Frankfurter Hof. Sotto Draghi nessuno si sorprende che la serata si concluda entro le ventidue, dopo il formaggio e la frutta, preferiti dall'italiano, e il dessert per tutti gli altri.

La seduta del giovedì comincia alle nove del mattino, con la proposta presentata da Praet della politica da adottare quel giorno e l'apertura della discussione. Draghi si incarica di tenerla entro binari rigorosi, e all'inizio di ogni riunione elenca una serie di temi che saranno off limits per la giornata, per evitare di vederli poi citati nel resoconto. Jens Weidmann è spesso il primo a fare un intervento, seguito dai governatori delle banche centrali francese e italiana. In larga parte sono loro tre a guidare la conversazione, anche se i governatori dei Paesi più piccoli possono influire sul dibattito e fungere da catalizzatori di un compromesso.

È raro che il consiglio direttivo voti nel senso formale del termine. Di solito, con il proseguire della discussione, il consenso emerge da sé. In caso contrario, saranno i dissidenti ad alzare la voce, per esprimere la propria opposizione e accertarsi che venga verbalizzata. Ed è allora che Draghi ricorre alle sue domande – «Cosa intendi, esattamente? Stai dicendo che non sei d'accordo? Oppure che approvi fino a un certo punto? Qual è la tua posizione?» – per garantire che il testo pubblicato quattro settimane dopo rispecchi in modo adeguato il pensiero del consiglio.

Una volta concordata una decisione, i policy maker volgono l'attenzione alla dichiarazione introduttiva che il presidente leggerà in conferenza stampa. Il documento – di norma tra le 1000 e le 1500 parole – è in fase di preparazione già da sei giorni, sottoposto al vaglio accurato del capo economista, degli economisti di vertice, degli esperti di comunicazione e dei consulenti. In genere la sua finalizzazione non richiede più di quindici minuti. È in questa fase che i pochi inglesi madrelingua del consiglio diventano particolarmente preziosi. Fino al suo pensionamento nel 2015, Draghi ricorreva spesso a Patrick Honohan quando i tentativi di rendere la sfumatura giusta si incagliavano. «Il bardo, per favore» diceva, con la sua tipica ironia, e l'irlandese trovava la quadratura del cerchio.

Non molto dopo i telefoni nelle redazioni di tutta l'eurozona cominciano a squillare. «Buongiorno, è in linea con la teleconferenza della BCE, rimanga in attesa» dice un centralinista, e alle 13.45 in punto segue una lettura della decisione della Banca centrale. A quel punto Draghi è già chiuso nel suo ufficio a studiare il dossier preparato dallo staff con i temi su cui si ritiene verteranno le domande dei giornalisti. Capita spesso che la consegna del plico sia accompagnata da una strizzata d'occhio e da un avvertimento: «Comunicare questa decisione non sarà facile!». Un paio di minuti dopo le 14.30 il presidente entra nella sala stampa della BCE, accolto dai flash delle macchine fotografiche, poi si siede e avvia il discorso con l'apertura di rito: «Signore e signori, il vicepresidente e io siamo molto lieti di darvi il benvenuto alla nostra conferenza stampa. Passiamo ora a riferire sull'esito della riunione odierna del consiglio direttivo».

In tanti anni, un'unica domanda l'ha colto in contropiede. «Mi chiedo: può la BCE restare mai a corto di soldi?» domanda un inviato della televisione svedese all'inizio del 2014. «Be'» comincia Draghi, con una risata nervosa, per poi lanciarsi in un balbettio del tutto atipico per lui: «Tecnicamente no... Noi siamo... Non... Non possiamo restare a corto di soldi. Cioè... abbiamo ampie risorse per far fronte a tutte le nostre emergenze». Mentre parla, sfoglia i suoi appunti, nella speranza di trovare una battuta preparata. Niente da fare. Così, dopo un breve silenzio e un'altra risata, conclude: «Penso che questa sia l'unica risposta che posso darle».[2]

Gli incontri con la stampa sono di prassi fin dalla fondazione della BCE. Quelli con accademici di alto livello, colleghi delle banche centrali ed esperti di vari settori, invitati a un evento analogo al simposio della Federal Reserve a Jackson Hole, sono una tradizione relativamente recente. Nel 2014, come sede del suo conclave intellettuale annuale, la Banca centrale europea sceglie Sintra, con i suoi palazzi sgargianti ed eclettici che ne testimoniano la storia di residenza estiva della famiglia reale portoghese.

Da molti punti di vista la scelta è politica. Rappresenta l'impegno della BCE nei confronti dei Paesi periferici che in quel periodo sono ancora in affanno – il Portogallo uscirà dal programma di aiuti più o meno in coincidenza con il primo forum – e compensa il fatto che le attività quotidiane della BCE si svolgano nel cuore più profondo dell'Europa.

La location, il Penha Longa Resort, ospitato nella tenuta di un palazzo ottocentesco nato come monastero circa cinquecento anni prima, rivela senz'altro la mano di Vítor Constâncio, vicepresidente della BCE per gran parte del mandato di Draghi. Ma la mente dell'iniziativa è il presidente. Il suo obiettivo, allargare l'orizzonte mentale dei governatori e dei supervisori europei esponendoli al meglio del pensiero economico mondiale, dà vita a un evento che contribuirà a portare la BCE allo stesso livello della Federal Reserve come think tank all'avanguardia della ricerca e della politica monetaria.

A distanza di tre anni, l'intensa attenzione pubblica che da subito si concentra sul forum, tenuto a fine primavera, si rivelerà un'arma a doppio taglio.

A fine 2014 la BCE si trasferisce dalla Eurotower, nel centro di Francoforte, proprio di fronte al teatro dell'opera, alla sua nuova sede nella zona est della città. L'impressionante complesso architettonico comprende l'ex mercato generale – l'edificio più grande della città al tempo della sua inaugurazione, nel 1928 –, in cui si inseriscono i due nuovi grattacieli di vetro e acciaio, che si dice simboleggino i pilastri dell'approccio della BCE alle sue politiche: l'analisi economica e quella monetaria.

Al momento di decidere l'acquisto del sito sul fiume Meno, nel 2001 e sotto il suo primo presidente, Wim Duisenberg, la Banca centrale si era impegnata a preservarne l'aspetto generale e la memoria del suo passato tormentato. Oggi i vecchi binari ferroviari e le targhe affisse alle pareti della passerella est dell'edificio rammentano ai passanti che tra il 1941 e il 1945 i nazisti usarono il mercato come luogo di transito degli ebrei rastrellati e destinati alla deportazione nei campi di concentramento e di sterminio. In quegli anni passarono dal Großmarkthalle, il nome tedesco dell'edificio, quasi 10.000 persone. Ne sopravvissero meno di 200.[3]

Trichet pose la prima pietra in un giorno di pioggia di maggio del 2010, e, a pieno ritmo, il cantiere contava 1400 operai e 200 architetti.[4]

«La storia si integra nella BCE» dice Mario Draghi, terzo leader dell'istituzione, quando per la prima volta, nel dicembre del 2014, accoglie i giornalisti nella nuova sede.[5] Entrando dall'ingresso dell'ex mercato, il vasto spazio, le superfici accuratamente restaurate del soffitto e della facciata a griglia, e la pavimentazione in terrazzo veneziano ne rievocano il passato industriale. Un centro conferenze collocato al suo interno, distinto da travi d'acciaio color antracite, da pannelli di alluminio grigio-argento e da enormi finestre, e il collegamento tra le due torri che ospitano gran parte dei 2900 posti di lavoro testimoniano la cura di un progetto avanguardistico. Ancora sgomento per la bellezza del luogo, a volte Draghi lascia di soppiatto il suo ufficio per aggirarsi tra le strutture e scoprire le prospettive sempre nuove offerte dal vecchio mercato ristrutturato e dalle due moderne torri di vetro.

All'inaugurazione ufficiale del quartier generale di Sonnemannstraße, a nord del fiume che taglia Francoforte da est a ovest, non c'è molto da festeggiare. Nel marzo del 2015, con il QE appena avviato e una timida ripresa in corso, le debolezze dell'unione economica e monetaria sono fin troppo evidenti. Le politiche di austerity hanno inflitto ferite profonde al sud del continente, le campagne dei partiti populisti reclamano la sovranità nazionale e la Grecia minaccia di uscire dall'euroblocco, accusando la BCE e i propri creditori di aver strozzato il Paese e i suoi cittadini.

In quella tarda mattinata d'inverno disperazione e desolazione incontrano aggressione e violenza sulle strade, lasciando una scia di devastazione nel quartiere finanziario e nel vicino Westend, una delle zone più eleganti di Francoforte, quella dove risiede Mario Draghi quando è in città. Decine di persone restano ferite dai ciottoli scagliati dai manifestanti contro gli agenti antisommossa, che rispondono a colpi di manganello, spray urticante e idranti per disperdere la folla. Auto della polizia, pneumatici e cassonetti sono dati alle fiamme, diffondendo nell'aria l'odore inconfondibile della gomma bruciata. Le colonne di fumo salgono fino in cielo, dove gli elicotteri sorvolano le strade.

Mentre qualcosa come diecimila manifestanti si aggirano per la città, all'interno della BCE i policy maker cercano risposte alle sfide cui è posta di fronte l'eurozona. «Alcuni, come molti dei manifestanti oggi scesi in piazza, pensano che l'Europa stia facendo *troppo poco.* Vogliono un'Europa più integrata, con una maggiore solidarietà tra nazioni» spiega Draghi. «Altri, come i partiti populisti che vediamo emergere in tutto il continente, credono che l'Europa stia facendo *troppo*. La loro risposta è la ri-nazionalizzazione delle economie e il ritorno alla sovranità economica. Io capisco le loro ragioni e il loro bisogno di cambiamento. Ma in realtà nessuna delle due parti offre una vera soluzione alla situazione che oggi abbiamo davanti. [...] La risposta non è una revoca dell'integrazione. Né proporre una visione inattuabile di integrazione futura. La risposta è il completamento dell'unione monetaria negli ambiti in cui è possibile e necessario completarla. Dobbiamo essere ambiziosi nei nostri fini e pragmatici nei mezzi.»[6]

Un mese dopo avrà un incontro più ravvicinato con il malcontento sulle politiche europee. È seduto nella sala stampa della BCE e da due minuti ha iniziato a leggere la sua dichiarazione introduttiva quando una ragazza in jeans neri e giacca cachi salta sul tavolo, rovesciando in testa al presidente allibito una manciata di coriandoli e gridando «Basta con la dittatura della BCE» prima di venire trascinata via dagli addetti alla sicurezza.

La reazione di Draghi «è stata impagabile», dirà in seguito Tjadea Marckmann, alias Josephine Witt, attivista indipendente ed ex membro del gruppo Femen, della propria impresa. «Avevo deciso di introdurmi nel covo del diavolo, di ballare sul tavolo e di seppellirli tutti con una pioggia di coriandoli, per dimostrare che non siamo d'accordo con le loro politiche, che siamo contrari [alle misure] che ci colpiscono nel vivo, e che siamo arrabbiati. [...] Volevo manifestare il mio disappunto, e farlo proprio in faccia a Draghi.»[7]

Il presidente trova parole sorprendentemente comprensive quando quel pomeriggio riprende la conferenza stampa. «La Banca centrale europea è diventata il punto su cui si focalizza chi è esasperato dalla situazione» dice. «Le loro accuse sono forse immotivate, visto che abbiamo operato proprio allo scopo di attutire gli shock subiti dall'economia. Ma in quanto banca centrale dell'intera eurozona, abbiamo il dovere di ascoltare con molta attenzione tutto ciò che ci viene detto dai nostri cittadini.»[8]

Facciamo un balzo in avanti di quattro anni. Nell'estate del 2019, il dibattito sull'accortezza delle politiche decise dalla BCE è più acceso che mai. Se prima i detrattori accusavano Draghi di aver impiegato troppo a mettere fine al quantitative easing, adesso, con l'aggravarsi del ristagno del settore manifatturiero, comincia a emergere la tesi che non avrebbe dovuto interromperlo mai. Le banche lamentano che anni di tassi di interesse ai minimi o addirittura sotto zero hanno danneggiato pesantemente i loro affari, e alimentano campagne per alleggerire almeno in parte la pressione con un rialzo dei tassi o con misure per mitigarne l'impatto. I cittadini dei Paesi nel cuore dell'Europa accusano la Banca centrale di aver espropriato i risparmiatori, sostenendo che la ripresa dell'economia offriva l'occasione ideale per una revoca, quantomeno parziale, degli strumenti di stimolo messi in atto nel corso degli anni, occasione che i policy maker si sono lasciati sfuggire. Tra la fine del 2016 e la metà del 2018, la regione ha registrato tassi di crescita superiori al 2 per cento, un dato che fa del 2017 l'anno migliore da un decennio, grazie a consumi interni e a investimenti solidi, oltre al rifiorire delle esportazioni. Ma invece di ridurre il sostegno all'economia

Draghi ha continuato con il QE, con il motivo che l'inflazione nell'eurozona è ancora inferiore all'obiettivo di medio termine della BCE.

Nemmeno a conclusione del programma, alla fine del 2018, le prospettive di crescita dei prezzi al consumo appaiono del tutto convincenti. La spinta economica ha cominciato a rallentare, ma i policy maker si dicono fiduciosi che l'inflazione migliorerà, man mano che gli effetti delle misure di stimolo filtreranno a tutti i livelli dell'economia. L'economia non impiega molto a confutarli, e un rilancio del programma prima della fine del mandato di Draghi diventa una possibilità concreta.

Dal primo riesame del programma nel settembre del 2015, sei mesi dopo l'avvio, i policy maker concludono che «gli acquisti hanno avuto un impatto favorevole sul costo e la disponibilità del credito alle imprese e alle famiglie».[9] E riconfermano l'intenzione di acquistare 60 miliardi di euro di debito privato e pubblico nell'anno successivo.

A ottobre Draghi dà parecchie indicazioni pubbliche di un intervento entro la fine dell'anno. L'economia globale sembra prossima a un rallentamento, dovuto soprattutto alla Cina, e l'eurozona è ancora troppo fragile per reggersi sulle sue gambe. La posizione del consiglio direttivo è di «operare e valutare» più che di «aspettare e vedere», spiega il presidente, aggiungendo che la BCE ha incaricato i propri organi tecnici di cercare modi per ampliare le misure espansive. «Vogliamo essere vigili» dichiara, ricorrendo alla frase con cui il predecessore segnalava un imminente cambiamento di politica monetaria.[10] I mercati finanziari abboccano, determinando un calo immediato dell'euro e un abbassamento nel rendimento dei titoli tedeschi a un minimo record.

Prima della riunione di dicembre, Draghi e il suo capo economista alimentano le aspettative di un annuncio di nuove iniziative significative dicendosi preoccupati dell'inflazione troppo bassa e degli effetti negativi che questo scenario può avere sulla credibilità dell'istituzione. Ma il pacchetto che infine viene presentato delude gli investitori. La proroga degli acquisti di asset di un altro semestre, fino al marzo del 2017, la promessa di reinvestire il capitale dei debiti in scadenza e un piccolo taglio dei tassi non sembrano sufficienti alla luce di un'inflazione sottostante – cioè depurata dalle fluttuazioni dei prezzi dell'energia – inferiore all'1 per cento. Persino i funzionari della Federal Reserve si erano lasciati ingannare dalle allusioni di Draghi a misure imponenti. «Il mercato si aspettava azioni che non si sono concretizzate» dice la presidente Janet Yellen in audizione davanti al Congresso a Washington.[11] È uno dei rari momenti in cui si sollevano dubbi sulla capacità di Draghi di orientare le aspettative e plasmare il consenso nel consiglio direttivo. Certo non aiuta il fatto che cinque membri del consiglio – tra cui i tedeschi Jens Weidmann e Sabine Lautenschläger – fossero contrari ad almeno parte del pacchetto.[12]

Tre mesi dopo Draghi compensa lo scivolone conducendo in porto un taglio dei tassi a meno 0,4 per cento, aumentando da 60 a 80 miliardi l'acquisto mensile di titoli, estendendo il QE anche alle obbligazioni emesse dalle aziende private e, infine, lanciando un nuovo programma di prestiti a lungo termine mirato a stimolare la crescita del credito.

Nell'estate del 2017 il QE è stato prorogato fino alla fine dell'anno, con il volume mensile degli acquisti ridotto in aprile a 60 miliardi di euro, e Draghi comincia ad avere un assaggio di quanto i mercati finanziari siano diventati dipendenti dalle misure espansive della BCE. Dopo aver detto a Sintra che «possiamo essere fiduciosi dell'efficacia delle nostre politiche. [...] La minaccia di deflazione è sparita e sono in atto forze riflazionistiche»,[13] l'euro va al rialzo e i rendimenti sui titoli si impennano. Quello che nelle sue intenzioni doveva essere un messaggio ottimistico sulla capacità dell'economia di marciare da sola dopo anni di supporto da parte della Banca centrale è stato equivocato dagli investitori come il segnale che i policy maker stessero pensando di revocare le loro misure di sostegno.

Constâncio, il suo vice alla BCE, si affretta a chiarire l'equivoco, insistendo che le affermazioni del presidente erano «completamente» in linea con le politiche previste e descrivendo la reazione degli investitori come difficile da capire.[14] L'esperienza consolida la convinzione di Draghi che in questa fase qualunque ipotesi di ridurre le misure espansive è fuori discussione, il che acuisce la frustrazione dei tedeschi e degli altri falchi del consiglio direttivo.

Ma a settembre, due anni e mezzo dopo l'avvio del quantitative easing, cominciano ad affiorare i primi piani per l'uscita dal programma di acquisto di asset. Varie opzioni vengono presentate al vaglio dei funzionari, con diverse combinazioni di volumi mensili e tempistiche, sempre entro i complessi limiti fissati dalla BCE per garantire il rispetto delle regole della UE che vietano alla Banca centrale di finanziare i governi.

Il mese successivo il consiglio decide di dimezzare gli acquisti a 30 miliardi di euro al mese, e di proseguirli fino a settembre del 2018. Persino i falchi più agguerriti sembrano essersi fatti una ragione del prolungamento di altri nove mesi, accontentandosi della prospettiva che la fine del programma sia almeno in vista. A irritarli, però, è l'esternazione spontanea di Draghi che gli acquisti non possono interrompersi di punto in bianco, dichiarazione che lascia presagire la possibilità di un'altra proroga. «Non era affatto quello il tema della discussione» ricorda un governatore. «La questione era: non avremmo già dovuto annunciare la fine del programma? Draghi era contrario.» Ma a quel punto parecchi dei partecipanti al dibattito sostengono che quella proroga deve essere l'ultima.

Nel giugno del 2018 la BCE annuncia che a partire da ottobre gli acquisti di asset saranno ulteriormente ridotti a 15 miliardi di euro e termineranno a dicembre. Dall'inizio del programma, nel 2015, le banche centrali nazionali dell'eurozona hanno accumulato oltre 2500 miliardi di euro di titoli emessi dal settore pubblico e privato, una cifra equivalente a qualcosa come il 22 per cento dell'economia dell'intera regione.

Togliere il piede dall'acceleratore è un'operazione delicata. Se lo si fa con eccessiva fretta si rischia di giocarsi tutti i risultati acquisiti. Se invece si esita troppo, l'economia sviluppa dipendenza, prosciugando le risorse della Banca centrale in previsione di una futura crisi. Il verdetto sul tempismo di Draghi è ancora sospeso, ma nell'estate del 2019 non appare promettente. Il consenso degli osservatori sembra essersi spostato verso la necessità di un aumento, non di un'eliminazione, del sostegno offerto all'economia dalla BCE. È già in preparazione una nuova tornata di prestiti a lungo termine alle banche, con la possibilità di ulteriori tagli dei tassi, di nuovi acquisti di asset.

Il fenomeno non si limita soltanto all'eurozona. Anche altrove i policy maker faticano a capire perché gli investitori non si fidino più della capacità delle banche centrali di far salire l'inflazione. Quel che è certo è che agli occhi della gran parte degli osservatori la BCE ha molto meno margine di manovra per contrastare una nuova recessione rispetto alle banche centrali che negli ultimi anni sono riuscite a revocare parte delle misure di stimolo lanciate in seguito alla crisi. L'approccio estremamente cauto di Draghi all'uscita dal QE lascia al suo successore, Christine Lagarde, un bilancio di oltre 4500 miliardi di euro, triplicato rispetto a prima della crisi finanziaria, e tassi di interesse che sarà quasi impossibile tagliare ulteriormente. E tutto questo in un momento in cui l'economia potrebbe proseguire sulla strada di un'espansione solo moderata, o addirittura finire nel baratro della recessione, spinta da un rallentamento della crescita globale, da una guerra commerciale dichiarata dagli Stati Uniti e da svariati altri ostacoli.

Allo stesso tempo è sempre più chiaro che all'eurozona non basterà un'altra dose di sostegno monetario da parte della Banca centrale. Ciò di cui c'è davvero bisogno è un'espansione fiscale intelligente e riforme strutturali ambiziose – proprio quello che la BCE va ripetendo ai governi da anni. Non che tutti i politici abbiano fatto finta di non sentire, sperando che il problema sparisca da solo se ignorato abbastanza a lungo. La maggior parte dei Paesi ha fatto qualche sforzo. Ma serve una strategia più flessibile e radicale per completare quanto fatto dalla politica monetaria.

Comunque vada, sotto il suo quarto presidente l'azione della BCE non tornerà al semplice rialzo o taglio dei tassi, con qualche iniezione di liquidità alle banche di tanto in tanto. Per incanalare denaro alle imprese e alle famiglie e aiutare l'economia nei periodi difficili, serviranno mezzi ancora più creativi, ben oltre quanto oggi è immaginabile.

12

Realtà italiane

Per qualche mese, la fine del mandato di Draghi sembrava somigliare in modo inquietante al suo inizio: l'Italia sull'orlo del caos economico, lo scetticismo degli investitori sulla sua capacità di sostenere un debito colossale e il rischio non più remoto di uscire dall'unione monetaria. Poi, una svolta politica inattesa e una ventata di fiducia sui mercati verso il Belpaese hanno rovesciato il quadro, spingendo il costo del debito italiano ai minimi storici. Ma questa inversione repentina mostra ancora una volta l'instabilità del Paese d'origine di Mario Draghi, che è stato un mal di testa costante per il presidente della BCE. Il fatto che – con l'eccezione della Grecia – nessun'altra nazione se la sia cavata tanto male con la moneta unica è solo parte del motivo.

In Italia il PIL pro capite è calato del 12 per cento dal 2011, e la disoccupazione è scesa appena sotto il 10. Lo status di seconda potenza manifatturiera d'Europa è minacciato dalla Francia. Il sistema bancario, orgoglioso di aver affrontato la crisi senza ricorrere agli aiuti salva-Stati, è emerso gravemente indebolito da anni di crescita bassa o nulla, vacilla ancora per i colpi della recessione e non è riuscito a modernizzarsi.

In tutto questo la coesione politica e sociale si è visibilmente deteriorata. Per misurare il grado di instabilità basta guardare il lungo elenco di presidenti del Consiglio – Silvio Berlusconi, Mario Monti, Enrico Letta, Matteo Renzi, Paolo Gentiloni, Giuseppe Conte – e di ministri delle Finanze – Giulio Tremonti, Monti, Vittorio Grilli, Fabrizio Saccomanni, Pier Carlo Padoan, Giovanni Tria – che si sono avvicendati in rappresentanza del Paese a Bruxelles e sulla scena internazionale negli otto anni di Draghi a Francoforte.

Ancora più frustrante per il presidente è il fatto che l'euro sia diventato il bersaglio della disperazione e della rabbia di tanti italiani per il susseguirsi di crisi, misure di austerity, promesse disattese di riforme e declino negli standard di vita che ha contrassegnato l'ultimo decennio, e di cui finora si fatica a vedere la fine. Nel 2014 quasi metà dei suoi connazionali ha definito l'euro «negativo» per il Paese, e lo stesso è accaduto nel 2016, mettendo in minoranza quanti giudicavano positivo l'avvento della moneta unica. Soltanto in tempi molto recenti questi ultimi hanno superato il 50 per cento.

Sotto il recente governo populista, la prospettiva di un'«Italexit» – per quanto di fatto ancora remota – è diventata un tema costante del discorso politico. Alcuni esponenti della Lega, il primo partito del Paese dopo le elezioni europee del 2019, sembrano persino determinati a forzarla, presto o tardi. Sebbene siano relativamente pochi gli italiani che aspirano a un ritorno alla lira e i sondaggi dimostrino che il sostegno all'euro si è rafforzato ogniqualvolta la possibilità di lasciare l'unione monetaria ha dato anche il minimo cenno di concretizzarsi, il carico di debiti del Paese e l'incapacità cronica dei governi di ridurlo significano che il rischio di un evento catastrofico è sempre dietro l'angolo.

Draghi ha osservato tutte queste convulsioni con attento interesse, ma conservando un sostanziale distacco. Forse anche perché lo stereotipo del meridionale spendaccione destinato a scatenare un'inflazione galoppante e a piegare le politiche della BCE alle esigenze di Paesi scialacquatori come il suo lo ha perseguitato durante tutto il suo mandato. Agli accenni alla sua nazionalità e all'insinuazione che lo rendesse inidoneo alla carica, in genere ha reagito con umorismo, ma spesso con un'impazienza appena velata. Il messaggio è che i cliché del passato vanno lasciati alle spalle per costruire l'Europa del futuro.

«La cosa non mi riguarda» risponde nel 2013, quando «Der Spiegel» gli chiede dei sospetti che il suo vero obiettivo sia aiutare le nazioni del «Club Med». «Nessuno nel consiglio direttivo» aggiunge «ragiona in termini di categorie nazionali. È una mentalità che semmai va attribuita a chi esprime certe critiche ingiustificate.»[1]

Forse la dichiarazione non era sincera fino in fondo oppure la sua esasperazione rispetto ai vecchi cliché si è acuita con il revival del populismo in Europa.

Ma quando, un anno dopo, «Die Zeit» gli chiede se «la offende l'accusa di essere un agente dei Paesi meridionali», la sua risposta è un lapidario «Sì». Non è disposto ad accettare certe caratterizzazioni, o a fare altro dal suo lavoro per confutarle. «Non accetto etichette. Presento fatti» dichiara. Tuttavia, aggiunge, «posso solo citare Paul Krugman: "Quando la fede si scontra con i fatti, questi ultimi non hanno chance".»[2]

Se il fatto di essere italiano ha reso più complicato il suo lavoro a Francoforte, di certo non gli ha facilitato le cose neanche in patria. Non a caso uno, dei soprannomi che gli erano stati appioppati agli esordi era «l'Americano». Per lui potrebbe valere anche la famigerata definizione di Theresa May, «cittadini di nessun luogo», sebbene le sue radici in Italia siano profondissime: famiglia a Milano, visite frequenti a Roma, la città in cui è nato, casa di campagna in Umbria, villetta al mare sul litorale di Lavinio. Le sue politiche, la sua personalità e la sua carriera sono spesso percepite come del tutto avulse dalle sue origini. Di certo ha scarsa pazienza per i tanti difetti dell'Italia e dei suoi cittadini, e non ha mai cercato né di giustificarli né di nasconderli. Al punto che a volte è stato accusato di essere «un italiano anomalo», se non addirittura un anti-italiano. Aggiungete il cosmopolitismo, gli agganci con le élite, il mistero dell'alta finanza e la predilezione tutta italiana per le teorie del complotto, e il risultato è un'impressione spropositata della sua influenza.

In Italia si parla molto della rete di relazioni sottobanco del presidente, del suo ruolo di regista occulto – secondo alcuni persino burattinaio – della politica italiana, del suo potere di brandire la leva finanziaria della BCE per pilotare in segreto il destino del Paese. Beninteso, è vero che Draghi è spesso in contatto con i premier (che incontra regolarmente al Consiglio europeo), i ministri delle Finanze (quando partecipa alle riunioni dell'Eurogruppo e dell'Ecofin) oltre che con i leader del mondo degli affari e i dirigenti delle banche. Ma non c'è alcuna prova di suoi interventi diretti nella politica italiana. Lo sconvolgimento sismico che con le elezioni del 2018 ha riconfigurato la classe di governo ha lasciato il consumato navigatore delle coalizioni degli anni Novanta e del bipolarismo degli anni Duemila con ben pochi legami accreditati ai vertici della politica.

Questo non significa che Draghi chiuda gli occhi davanti a quanto sta accadendo nel suo Paese. A margine dei summit europei e internazionali, gli viene sempre chiesto un parere sugli ultimi capovolgimenti della bizantina politica italiana, e negli anni ha offerto analisi dettagliate a colleghi, ministri e accademici. Ma solo di rado – e comunque in maniera indiretta – si è spinto a suggerire uno specifico corso d'azione come più adeguato o efficace. Insomma, l'impressione italiana di un suo strapotere è in parte la conseguenza del successo che si è costruito negli anni e in parte il riflesso dell'immagine di distaccato pragmatismo che lui stesso ha coltivato.

Da un certo punto di vista, però, è anche un prodotto dei tempi. Man mano che l'establishment – sia esso politico, finanziario, religioso o culturale – è diventato bersaglio di contestazioni sempre più accese, l'opinione pubblica si è anche convinta sempre di più della capacità di un manipolo di uomini di tirare le fila da dietro le quinte. A dispetto o forse in virtù della vertiginosa complessità acquisita da società e istituzioni, le politiche semplici, immediate e riassumibili in uno slogan hanno conquistato il favore degli elettori, spesso persuasi che il vero potere sia comunque esercitato nell'ombra da persone che non devono rispondere all'elettorato. L'idea che il nostro mondo ingovernabile sia in realtà controllato in segreto da una cabala di finanzieri e burocrati è un modo di reagire all'insicurezza diffusa.

Le banche centrali, con la loro dorata indipendenza e i loro poteri astrusi ma pervasivi, sono il bersaglio ideale dei cospirazionisti. Che per anni Draghi abbia continuato a ripetere che la politica monetaria non può tutto, e ad appellarsi a governi e politici affinché facciano la loro parte senza aspettarsi che siano le banche a salvarli dal baratro, non è servito granché a mitigare queste convinzioni.

Dopo che con tre sole parole – «Whatever it takes» – pronunciate nel 2012 aveva cambiato direzione alla crisi del debito europeo, lo status semi-mitico di Draghi agli occhi dell'élite della finanza mondiale ha moltiplicato le aspettative sul suo ruolo, presente o futuro, in Italia.

Con il solito fiuto per gli umori popolari, Silvio Berlusconi, il cui governo si era spesso scontrato con lui e che tuttavia nel 2011 ne aveva sostenuto la candidatura alla presidenza della BCE, ha sondato le sue intenzioni nella primavera del 2019. In un'intervista prima delle elezioni europee di maggio ha dichiarato che Draghi «sarebbe l'uomo giusto per un incarico di alto profilo».[3]

In vari momenti del suo mandato a Francoforte Draghi ha nutrito la speranza di un futuro più luminoso per l'Italia, solo per ritrovarsi deluso al successivo cambio di governo. Il rapporto con la madrepatria attraversa tre fasi durante la sua presidenza alla BCE.

La prima dura pochissimo, appena due settimane, ma è preceduta da un importante preludio che spazia per tutti gli anni conclusivi del suo periodo a Bankitalia ed è cruciale nel plasmare alcune delle sue iniziative audaci nel futuro.

Al suo insediamento alla BCE, mentre i mercati finanziari montano un assalto dopo l'altro all'Italia, a Palazzo Chigi c'è Silvio Berlusconi. In un disperato tentativo di riportare la stabilità, i partner europei lo sollecitano ad accettare un programma dell'FMI, a mantenere le promesse di riforme, a cambiare la compagine di governo per mettere fine alle sue continue schermaglie con il ministro delle Finanze Giulio Tremonti, a dimettersi: insomma, a fare qualcosa, qualsiasi cosa, invece di limitarsi a restare aggrappato al potere mentre il Paese va a rotoli.

Quando infine, il 12 novembre 2011, il magnate dei media si fa da parte, sono già passati tre anni e mezzo, e non c'è più tempo da perdere. Gli investitori esigono un governo capace di risanare il bilancio, ristabilire la fiducia e rafforzare la competitività di un'economia in ristagno. La lettera inviata nell'estate del 2011 in cui i cofirmatari, Draghi e l'allora presidente Jean-Claude Trichet, chiedevano una serie di misure di austerity ha prodotto molte promesse da parte del governo ma pochissimi fatti, a parte la furibonda levata di scudi per la sfacciata ingerenza dei banchieri nella politica nazionale. Altrettanto fallimentari i tentativi della BCE di placare il nervosismo degli investitori includendo una quota dei titoli di Stato italiani nel Securities Markets Programme.

È una lezione importante che Draghi metterà in pratica al momento di pianificare le OMT, le operazioni definitive monetarie, un anno dopo. Nel programma che dà attuazione al suo impegno a fare «tutto il necessario» per salvare l'euro, viene significativamente rafforzato il vincolo tra l'uso dei poteri della BCE e la capacità di assicurare il rispetto delle condizioni a cui l'uso di quei poteri è subordinato.

La crisi del governo Berlusconi raggiunge l'apice in coincidenza con l'insediamento di Draghi alla presidenza della Banca centrale europea. Nella sua prima conferenza stampa – tre giorni dopo il suo arrivo a Francoforte – il messaggio comunicato all'Italia e alla sua leadership è chiarissimo. «È assurdo pensare che i tassi sui titoli di Stato possano calare in modo stabile e duraturo grazie a interventi esterni. Il pilastro principale è la politica economica nazionale, che consiste di due componenti: primo, il risanamento del bilancio, e secondo, le riforme strutturali. In questo modo si potenzia la competitività, favorendo di conseguenza la crescita e la creazione di occupazione.»[4]

A quel punto a Roma sono già in corso i preparativi per dare al Paese una leadership più credibile e incisiva.

Con l'insediamento di Monti, nominato senatore a vita dal presidente Giorgio Napolitano ai primi di novembre, in Italia prende avvio una fase di dolorose riforme che la allontanano dall'orlo del baratro e risolvono alcuni dei suoi annosi problemi. Il processo è pieno di contraddizioni, retromarce e clamori, ma con Monti e i suoi successori, Letta, Renzi e Gentiloni, l'Italia si dota di governi che, quantomeno a parole, accolgono l'appello della BCE alla modernizzazione dell'economia e alla semplificazione dell'apparato statale. Letta e Gentiloni sono politici di lungo corso, membri dell'establishment da molti decenni, mentre Matteo Renzi sembra appartenere a una nuova generazione di leader. Draghi è curioso di conoscerne i progetti, le idee e le ambizioni.

Il presidente della BCE ha un collega fidato nel governo Renzi, il ministro delle Finanze Pier Carlo Padoan, col quale conserva un buon rapporto dai tempi della loro prima collaborazione, negli anni Novanta. I due si parlano regolarmente in occasione dei tanti incontri internazionali cui partecipano – senza dimenticare la Roma, per cui tifano entrambi. Ciò che Padoan dice sembra tale da suscitare un cauto ottimismo sulla possibilità che Renzi, l'impertinente ed energico ex sindaco di Firenze, sia davvero capace di fare la differenza. Un vortice di riforme avviate durante il primo anno in carica sembra confermarne il pragmatismo, come pure la disponibilità ad ascoltare suggerimenti da chi è al di fuori della sua cerchia più ristretta.

Il nuovo presidente del Consiglio chiede il parere di Draghi sull'economia e si dà molto da fare per avere un colloquio privato. Nell'estate del 2014 Renzi fa visita al presidente della BCE nella sua casa di campagna in Umbria, a Città della Pieve, circa 150 chilometri a nord di Roma. La situazione economica italiana non è rassicurante. Malgrado le misure di stimolo messe in atto dal governo, il Paese non è riuscito a riprendersi in maniera decisa dalla recessione, e le riforme stanno impiegando più tempo del previsto a dare i loro frutti. La luna di miele di Renzi con gli italiani, che alle europee di maggio gli hanno tributato il record di preferenze del 40 per cento, si avvicina alla fine. L'incontro con Draghi, pensato come una consultazione informale non registrata nel calendario ufficiale del premier, non impiega molto a diventare di dominio pubblico: l'elicottero della presidenza del Consiglio è rimasto parcheggiato per due ore e mezza in un campetto da calcio, impedendone l'utilizzo.[5]

Anche per Draghi la debolezza economica e la minaccia di deflazione sono in cima alle priorità, nel suo caso non soltanto per l'Italia ma per l'eurozona nel suo complesso. Un elemento chiave per risolvere il problema, ha ripetuto spesso, è aprire il mercato del lavoro. Il radicale intervento normativo portato a termine da Renzi l'anno dopo guadagna al premier lodi da Bruxelles e oltre, decretandone la credibilità come riformatore. Persino Draghi fa un'eccezione alla consueta reticenza a commentare in pubblico gli sviluppi nel suo Paese, e presenta il Jobs Act – accanto a politiche simili adottate in Spagna e Portogallo – come un esempio del tipo di cambiamento strutturale che può e deve avvenire nell'ambiente favorevole creato dalla politica monetaria della BCE.[6]

Ma, come molti altri governi italiani, quello di Renzi non è destinato a durare. Draghi non nasconde la delusione quando il giovane premier decide di giocarsi la carriera politica sul referendum costituzionale del dicembre 2016, un passo che alcuni leader europei lo avevano implorato di non compiere. Per giunta le condizioni desolanti del sistema bancario nazionale gli si sono ritorte contro. Solo negli ultimi anni si è assistito alla risoluzione di quattro piccole banche popolari, alla liquidazione di Banca Popolare di Vicenza e Veneto Banca, e alla ricapitalizzazione – dopo lunghi ed estenuanti negoziati – di Monte dei Paschi di Siena. Un altro istituto di credito, Carige, è ancora in bilico. Draghi segue l'evoluzione della situazione, tenendosi informato ma, dato il suo ruolo, senza prendere posizione.

Il comune denominatore di tutti questi casi risiede nelle nuove norme bancarie introdotte dopo la crisi finanziaria globale, in base alle quali tocca agli investitori privati accollarsi il conto di qualsiasi operazione di salvataggio prima che il governo possa spendere denaro pubblico. Tranne che in Italia alcuni di quegli investitori privati non sono spietati fondi speculativi a caccia di utili, ma normali cittadini che vi hanno investito i propri risparmi in vista della pensione. Quando sono singoli cittadini a dover pagare per il risanamento della banca in cui avevano investito in buona fede, a volte confusi da prospetti fumosi, il governo garantisce misure di compensazione.

Il problema è che pochi italiani sembrano essersene accorti, come pure del fatto che, anche grazie alle politiche decise da Draghi a Francoforte, dopo anni di affanno economico l'eurozona è tornata a una crescita costante, trascinando con sé anche l'Italia, come una grande marea che solleva tutte le barche. Con una disoccupazione ancora alta e una crescita più debole rispetto agli altri Paesi europei, vasti segmenti della popolazione non hanno avvertito alcun miglioramento. Ben oltre il loro impatto sulle economie locali di regioni produttive, come il Veneto e la Toscana, i fallimenti delle banche degli ultimi anni hanno rafforzato la percezione che in Italia la crisi non sia mai davvero finita. E parecchi ne hanno attribuito parte della colpa alla BCE, e a Draghi.

Quando, nel 2017, il Parlamento italiano istituisce una commissione d'inchiesta sulle magagne del sistema bancario e finanziario, alcuni dei suoi membri vorrebbero chiamare Draghi a deporre. La convocazione non avviene mai in forma ufficiale, grazie all'abile mediazione del consumato politico centrista a capo del gruppo, Pier Ferdinando Casini. Sottolineando che la BCE ha assunto la vigilanza delle banche solo alla fine del 2014, il Parlamento si accontenta di un'audizione di Ignazio Angeloni, che aveva presieduto l'avvio del Meccanismo di vigilanza unico.

Nel corso della seduta di due ore e mezza, appena prima di Natale, il nome di Draghi non viene citato nemmeno una volta. La relazione finale è approvata il 30 gennaio 2018, e conclude che Monte dei Paschi ha occultato le proprie operazioni alla Banca d'Italia allo scopo di far apparire la propria situazione patrimoniale più forte di quanto fosse in realtà. Neppure la relazione cita il nome del presidente della BCE, dissipando almeno per il momento le nubi sul suo operato.

Le elezioni di marzo del 2018 hanno cambiato radicalmente il paesaggio politico italiano, mettendo il Paese al centro dell'ondata populista e nazionalista che stava spazzando l'Europa. Dopo settimane di tentennamenti e strategie di rischio calcolato, ai primi di maggio si avviano i negoziati di coalizione tra la Lega e il Movimento 5 Stelle. Sul tavolo delle trattative ci sono gli impegni di revocare almeno alcune delle riforme varate negli anni precedenti, ignorare i limiti di spesa fissati dall'Europa, anche a costo di aumentare il debito pubblico, e l'ipotesi di uscire dall'unione monetaria. I mercati finanziari non perdono tempo a reagire, esigendo un premio molto più alto per l'acquisto dei titoli di Stato italiani e portando i rendimenti alla soglia di allarme. «Spread» diventa ancora una volta un termine ricorrente sui media italiani e nelle conversazioni quotidiane.

Infine, il 1° giugno, si forma il nuovo governo, con Giuseppe Conte, un docente di diritto, alla carica di presidente del Consiglio e il professore di economia Giovanni Tria al ministero delle Finanze. Entrambi privi di un'esperienza politica significativa, i due appartengono al manipolo di tecnocrati presunti super partes riunito dal presidente Sergio Mattarella per placare le preoccupazioni degli investitori sulle reali intenzioni dei populisti e per mediare le tensioni tra i due partiti.

La nomina di Tria ha un peso particolare, dato che spetterà a lui approvare il bilancio e guidare i negoziati con gli enti europei sui deficit previsti. In origine la Lega avrebbe voluto Paolo Savona, un anziano economista che negli anni Novanta era stato membro del governo di Carlo Azeglio Ciampi e in seguito è diventato un aspro critico dell'euro. Quando, dopo un tonfo sui mercati finanziari, Savona viene relegato alla carica largamente simbolica di ministro per gli Affari europei, sui giornali italiani campeggiano le insinuazioni che il nome di Tria sia stato suggerito a Mattarella da Mario Draghi in persona.

In realtà Draghi non lo conosceva prima del suo avvento al ministero delle Finanze, e viene a sapere dell'investitura durante un volo a Vancouver per un summit del G7. La sua reazione quando gli viene detto del professore dell'università romana di Tor Vergata è un meditabondo «Mhm», un'espressione equivalente e una piccola alzata di spalle.

I due si vedono per la prima volta nella seconda metà di giugno, a una seduta dell'Eurogruppo in Lussemburgo. Il debutto di Tria sul palcoscenico europeo, sotto lo scrutinio attento dei colleghi in cerca di indizi sui piani di spesa del governo populista, non è precisamente una performance da «wow», secondo uno dei presenti. Ma il primo incontro tra il presidente della BCE e il neoeletto ministro si rivela positivo. I due parlano a lungo, e con il passare dei mesi Tria acquista sicurezza.

Per parte sua, Draghi suggerisce ai suoi interlocutori a Bruxelles e nelle capitali europee di non avere pregiudizi verso Tria perché, stando a quanto riferito da un funzionario di vertice, è l'unico in grado di fare la differenza.

Con i populisti al potere, Draghi si trova più scollato dalla classe di governo italiana di quanto sia stato per decenni. Per ironia della sorte, il distacco avviene proprio nel momento in cui i ribaltamenti politici del Paese hanno indotto molti a prevedere – o a invocare, come ha fatto in più occasioni Berlusconi – un suo ritorno sulla scena nazionale una volta concluso il mandato alla BCE.

Il suo unico interlocutore regolare è il presidente Mattarella, eletto nel 2015, anno in cui la BCE lancia il quantitative easing. Draghi viene menzionato dai media italiani come papabile candidato al Quirinale con una tale insistenza da indurlo a rompere il riserbo per chiarire ufficialmente di non essere affatto interessato alla carica. «Non voglio fare il politico» dice al giornale tedesco «Handelsblatt» in gennaio.[7] È una frase che ha ripetuto spesso in privato ai ministri e ai funzionari di vertice europei.

Il solo membro del governo giallo-verde la cui strada abbia incrociato la sua prima dell'insediamento alla BCE è Giancarlo Giorgetti, un veterano della Lega divenuto sottosegretario alla presidenza del Consiglio nel governo

Conte. Nei primi mesi dopo le elezioni, quando la retorica antieuropeista e antieuro della nuova amministrazione era più aggressiva e la tensione sui mercati più alta, i due si sono parlati in un paio di occasioni. Ma a parte avvertirlo dei possibili effetti di certi proclami da parte di rappresentanti della coalizione di governo sullo stato d'animo degli investitori e dei partner europei, nell'interesse dell'indipendenza della BCE c'era ben poco che Draghi potesse dirgli.

«I problemi più complessi hanno soluzioni semplici, e sbagliate.» La frase che l'economista tedesco Rudi Dornbusch, docente di Draghi al MIT negli anni Settanta, usava ripetere è un buon sunto dell'atteggiamento del presidente della BCE rispetto all'ondata di malcontento e nazionalismo che ha travolto l'Europa negli ultimi anni e che in genere viene indicata con la definizione di populismo.

In realtà il fenomeno ha molti volti diversi. Ci sono la Brexit e l'avvento di partiti euroscettici e anti-immigrazione in tutto il continente (Germania, Spagna, Olanda e Finlandia). C'è la bellicosa retorica contro le regole e i valori dell'Unione Europea dei leader di Paesi dell'Europa dell'Est che hanno tratto enormi benefici dalla loro appartenenza alla UE. C'è Marine Le Pen, arrivata a un passo dal vincere le presidenziali del 2017 in Francia. E c'è, naturalmente, l'Italia.

Ciascuno fa caso a sé. Alcuni populisti vogliono lasciare l'Unione, mentre la gran parte vorrebbe cambiarla dall'interno, riducendone o decurtandone i poteri o semplicemente rivedendone le priorità. Alcuni chiedono una maggiore solidarietà nella gestione delle crisi economiche, e altri un'imposizione più rigorosa delle regole di bilancio e la riduzione dei trasferimenti di denaro intraeuropei. Alcuni contestano la moneta unica mentre molti si oppongono all'ulteriore integrazione che la renderebbe più sostenibile. Alla radice del successo di tutti c'è spesso un profondo senso di impotenza.

Non che la rabbia e la frustrazione sulle quali marciano i populisti siano infondate. Il presidente della BCE le ha sperimentate spesso di persona, soprattutto in Italia. Quando fa visita alla famiglia a Milano o a Roma, le sue giornate sono meno strutturate e il cordone di sicurezza che lo separa dal mondo si allenta. Gli piace fare shopping, e le persone che incontra colgono l'occasione per dire la loro. E non sempre si tratta di racconti piacevoli.

Nel 2013, quando la crisi è nel suo momento peggiore, un ragazzo lo avvicina nelle vie di Roma. Spiega che si barcamena tra lavoretti temporanei e turni di notte, e gli rivolge un'unica domanda: «Perché non stampa più soldi, così avremmo tutti di che campare?». La risposta richiederebbe una lunga argomentazione che andrebbe a toccare i rischi dell'inflazione, i trattati europei e vari esempi significativi tratti dalla storia economica, ma Draghi ci si impegna comunque. Però è dura quando si ha sotto gli occhi la sofferenza scritta sul volto del proprio interlocutore.

Ed episodi simili non sono certo casi isolati. Ecco perché, di fronte all'incapacità dei governi di mantenere le tante promesse di riforma, alla loro predilezione per le «risposte semplici e sbagliate» a problemi complessi, e all'antieuropeismo montante nel continente, Draghi evita di esprimere giudizi, persino in privato.

Dopotutto, almeno in Germania, anche lui è stato accusato di essere in parte responsabile dell'avvento del populismo. Le ristrettezze dovute alla crisi sono tangibili, il calo di sostegno nei confronti dell'euro è comprensibile, la tentazione di attribuire la colpa delle difficoltà a fattori esterni è pressoché irresistibile. L'immigrazione, l'Europa, la finanza globale, la Russia, Donald Trump, gli Stati Uniti, la BCE: ciascuno ha un suo capro espiatorio prediletto. L'umiltà è essenziale nel valutare l'operato di qualsiasi classe dirigente.

Beninteso, il realismo non significa che Draghi nutra alcuna simpatia per le tesi dei populisti. La sua posizione, espressa in una serie di discorsi negli ultimi anni della presidenza, si può riassumere come segue: se ad alimentare il populismo è il senso di impotenza davanti all'immigrazione, la globalizzazione, le rivoluzioni tecnologiche e, più in generale, la crescente complessità delle nostre società, asserragliarsi all'interno dei confini nazionali non è un buon sistema per «riprendere il controllo», per usare uno degli slogan della campagna a favore della Brexit. Al contrario, la condivisione dei poteri all'interno delle istituzioni europee è un modo per garantire che la sovranità popolare sia più di un semplice slogan. «Secondo questo modo di pensare, per riappropriarsi della sovranità nazionale sarebbe necessario indebolire le strutture politiche della UE» afferma all'inizio del 2019, in occasione del conferimento della laurea honoris causa dell'Università di Bologna. «Ritengo sbagliata questa convinzione, perché confonde l'"indipendenza" con la sovranità. La vera sovranità si riflette non nel potere di fare le leggi, come vuole una definizione giuridica di essa, ma nel migliore controllo degli eventi in maniera da rispondere ai bisogni fondamentali dei cittadini: "la pace, la sicurezza e il pubblico bene del popolo", secondo la definizione che John Locke ne dette nel 1690. La possibilità di agire in maniera indipendente non garantisce questo controllo: in altre parole, l'indipendenza non garantisce la sovranità.»[8]

Per i banchieri centrali, l'era del populismo ha anche una conseguenza più diretta: dopo decenni di vasti poteri e libertà d'azione quasi incondizionata, la loro preziosa indipendenza è finita sotto attacco.

A guidare la carica c'è il presidente americano Donald Trump, con il suo vizio di pretendere la riduzione dei tassi di interesse dalla Federal Reserve, di criticarne pubblicamente le decisioni e tentare di infiltrare i propri sostenitori nel consiglio direttivo. Ma nemmeno l'Europa è immune. Dalla Lettonia, dove il governatore della banca centrale è stato sospeso dalla carica e arrestato per corruzione in seguito a un'indagine complessa e opaca, alla Slovenia, dove il governo sta cercando di costringere la banca centrale a rimborsare gli investitori per le perdite subite durante il bail-out del 2013, dalla Grecia a Cipro all'Italia i governatori delle banche centrali dell'eurozona sono stati oggetto di indagini, campagne mediatiche e commissioni parlamentari d'inchiesta.

Per Draghi l'indipendenza è una prerogativa essenziale per permettere alle banche centrali di garantire prezzi stabili e un'economia forte, obiettivi che gli istituti nazionali e quello europeo hanno realizzato con notevole successo negli ultimi decenni. Nei vent'anni trascorsi dall'introduzione dell'euro, nell'eurozona l'inflazione si è attestata a una media dell'1,7 per cento, e i risultati raggiunti dai policy maker nella lotta alla crisi hanno aumentato le attese riposte in loro. «La banca centrale non dovrebbe essere sottoposta a sudditanza fiscale o politica, e va lasciata libera di scegliere gli strumenti che ritiene adeguati all'adempimento del proprio mandato» dichiara in conferenza stampa.[9]

Dietro le quinte, Draghi ha sempre sostenuto i suoi governatori di fronte agli attacchi subiti in patria, comparendo al loro fianco nei momenti clou e spendendosi per rafforzarne la posizione sia a livello nazionale sia sulla scena internazionale. Quando gli attacchi vanno sul personale, telefona – se è il caso, persino più volte al giorno – anche solo per chiedere notizie. E quando gli attacchi assumono contorni politici, dice senza mezzi termini ai governi che «non potremmo che deprecare qualsiasi tentativo di ostruire, minacciare o minare l'indipendenza della banca centrale».[10]

Ma l'indipendenza ha un prezzo. Il principio delle banche centrali indipendenti potrà sopravvivere solo finché l'opinione pubblica avrà la certezza che i funzionari non eletti stanno agendo nel migliore interesse dei cittadini. Per tutelare questa preziosa fiducia, le banche centrali devono avere mandati definiti con chiarezza, come quello della BCE fin dalla fondazione, ed essere più trasparenti nell'esporre le proprie politiche agli abitanti dell'eurozona, come sempre più la BCE si è impegnata a fare sotto Draghi. A fronte di un populismo montante che con le elezioni europee della primavera del 2019 si è radicato in profondità nel paesaggio politico dell'Unione, costruire e conservare la fiducia nell'euro e nelle persone e istituzioni che ne sono i custodi potrebbe rivelarsi la sfida più dura del nuovo presidente della BCE.

13

E adesso?

«Mario Draghi avrà un successore, non sarà sostituito.»

Così si è espresso Pierre Moscovici, commissario europeo per gli affari economici e monetari, cinque mesi prima che il mandato di Draghi al timone della BCE giungesse al termine. La dichiarazione riassume l'importanza del suo lascito, il successo delle sue iniziative di politica monetaria a tutela della valuta unica, e l'enorme impatto esercitato sull'eurozona e la UE in generale. Dà anche un'idea dello standard di cui il suo successore dovrà dimostrarsi all'altezza nei prossimi otto anni.

È l'inizio dell'estate e tra i leader europei ancora non c'è consenso sul candidato cui affidare un'economia da quasi 12.000 miliardi di euro, diciannove nazioni e 342 milioni di persone. È giudizio unanime che l'uomo incaricato del compito nel 2011 abbia superato ogni aspettativa. Al momento di assumere la carica, Draghi ereditava un'eurozona impantanata nella crisi, e ha dedicato gran parte del suo mandato a escogitare strategie per garantire che dopo di lui nessun presidente della BCE debba affrontare la domanda angosciante che nei suoi otto anni gli è stata rivolta tanto spesso: «L'euro può sopravvivere?».

La sua risposta è sempre stata un risoluto sì. Nel 2012, quando la crisi del debito aveva travolto Italia e Spagna, spingendolo a proclamare il famoso impegno a fare «tutto il necessario»; nel 2014, quando la regione aveva sfiorato la deflazione; e nel 2015, l'anno in cui l'eurozona era arrivata più vicina alla frattura, con la Grecia condotta sull'orlo del baratro. Quell'anno il presidente aveva trascorso molti giorni e molte notti al Consiglio europeo di Bruxelles, luogo in cui i capi di Stato e di governo si riuniscono regolarmente per decidere la rotta politica dell'area euro.

La sua ultima partecipazione a uno di quei summit avviene nel giugno del 2019. Dal suo punto di vista è ordinaria amministrazione: un aggiornamento sulla situazione economica, una sintesi delle esigenze di politica monetaria della regione per i prossimi mesi e qualche suggerimento di politica fiscale. Quando dice ai leader che quella sarà la sua ultima visita prima della fine del suo mandato, in ottobre, l'espressione di affetto e gratitudine che gli viene tributata lo coglie di sorpresa. Il presidente del Consiglio, Donald Tusk, la cancelliera tedesca Angela Merkel e tutti gli altri scattano in piedi per riservargli una lunga ovazione. Poi una successione di capi di Stato – inclusi il presidente francese Emmanuel Macron e il premier italiano Giuseppe Conte – prende la parola per lodare il suo operato.

I suoi risultati sono incontestabili. Ma gli ultimi mesi della sua presidenza sono tutt'altro che un giro d'onore. Il comparto manifatturiero patisce la flessione nelle esportazioni, il rischio di una guerra commerciale tra Stati Uniti e Cina minaccia gravi ripercussioni anche sull'Europa, e sul fronte politico si assiste a un acuirsi delle incertezze, con il tentativo sempre più caotico della Gran Bretagna di uscire dall'Europa, il complicarsi dei rapporti con l'Iran e lo spettro di un conflitto in Medio Oriente. E poi c'è l'Italia, dove nasce ancora un altro governo, sorretto da una fragile alleanza tra due partiti che fino a ieri erano nemici giurati.

Sono molti i motivi che spingono Draghi a rinunciare a un piano meticolosamente preparato per normalizzare le politiche monetarie. Mettere fine agli acquisti di asset, svezzare le banche dai finanziamenti illimitati forniti dalla BCE e infine un ritorno graduale al rialzo dei tassi di interesse sembrava la via giusta alla fine del 2018. Ma già a metà del 2019 l'attenzione della BCE si è spostata su come abbassare i tassi ancora di più sotto lo zero senza soffocare il credito alle imprese e alle famiglie, acquistare nuovi titoli e rassicurare gli investitori che la Banca centrale farà tutto ciò che è in suo potere per rimettere in sesto l'eurozona. Con l'inflazione ancora lontana dall'obiettivo del 2 per cento, il rischio di mantenere una politica espansiva troppo a lungo è nettamente più basso rispetto al 2007, quando l'economia mostrava segni di cedimento ma i prezzi minacciavano di schizzare in alto.

E ad aggravare le incertezze c'è anche una domanda di tutt'altro genere: chi veglierà sull'economia quando Draghi non ci sarà più? Nei corridoi delle torri di Francoforte si dibatte della complessità degli equilibri politici nella UE, degli ultimi, tettonici cambiamenti ai vertici del potere e delle implicazioni della scelta del prossimo beneficiario della vista mozzafiato dall'ufficio nell'angolo sudovest del quarantesimo piano.

Non che Draghi partecipi di persona alla discussione.

Ma, come per chiunque in una posizione di responsabilità, la scelta del suo successore non può essergli indifferente. Non soltanto in termini di ricadute simboliche – basti pensare, per fare un esempio, alla luce gettata sugli anni di Barack Obama alla Casa Bianca dall'elezione di Donald Trump –, ma anche da un punto di vista pratico: il prossimo presidente porterà avanti le sue politiche, si avvarrà dell'esperienza accumulata dall'istituzione sotto la sua guida, rafforzerà le strutture implementate? Oppure cercherà, più o meno apertamente, di invertire la rotta?

Alla fine, come accade molto spesso con Mario Draghi, la scelta cade su una persona che incontra la sua piena approvazione. Dopo un dibattito estenuante, durato qualcosa come trenta ore nel corso di tre giorni, il 2 luglio, pochi minuti dopo le diciannove, i leader della UE nominano Christine Madeleine Odette Lagarde quarto presidente della BCE.

Da un lato la scelta è insolita. Il primo presidente donna della BCE non è un economista, come Draghi e i suoi due predecessori, ma un avvocato. È francese, un dato che agli occhi di chi ha una visione ristretta del mercato delle poltrone a Bruxelles avrebbe dovuto squalificarla, dal momento che già il secondo presidente della BCE, Jean-Claude Trichet, era un suo connazionale. Senza contare che lei stessa si era chiamata fuori. «No, no, no... Non sono interessata a nessuna carica europea, né alla BCE, né alla Commissione, né a nessun'altra» aveva detto al «Financial Times».[1]

Eppure, e per motivi altrettanto cogenti, Christine

Lagarde era la candidata più ovvia. Dal 2011 è direttore operativo del Fondo monetario internazionale, uno degli incarichi di più alto profilo al mondo per la politica economica. E in precedenza, come ministro delle Finanze francesi durante la presidenza di Nicolas Sarkozy, ha affrontato la crisi europea che ha dominato la prima metà del mandato di Draghi. Nel corso degli anni il presidente presente e quello futuro della BCE hanno lavorato fianco a fianco in innumerevoli summit durati nottate intere, costruendo una solida intesa. Si sono incontrati regolarmente alle riunioni dell'FMI a Washington, ai summit del G7 e del G20 e ai vari appuntamenti del frenetico calendario di convegni economici in ogni parte del mondo. E non hanno nascosto la loro profonda stima reciproca.

Alla prima conferenza stampa dopo la nomina di Lagarde, Draghi si profonde in elogi, cercando di dissipare ogni dubbio sull'idoneità della francese all'incarico:

> Sarà un ottimo presidente della BCE, e lo dico con cognizione di causa, perché la conosco da più tempo di quanto a me e a lei piaccia ricordare. E, se ci pensate, il meccanismo del processo decisionale dell'FMI è sostanzialmente collegiale: il fondamentale apporto dello staff e degli economisti, il dibattito interno. Non è per niente diverso da quanto facciamo alla BCE.[2]

L'osservazione sul processo decisionale è cruciale. Se il pedigree di Draghi come economista, suffragato dalla sua esperienza nel settore privato e pubblico, è difficile da replicare, Christine Lagarde ha in comune con lui una qualità essenziale per qualsiasi presidente della BCE: la disponibilità a consultarsi con un vasto assortimento di economisti, giuristi e accademici, e la capacità di trasformare le loro competenze tecniche in politiche in grado di conquistare un ampio consenso tanto tra i governatori delle banche centrali quanto tra i politici.

Anzi, l'abilità dimostrata da Draghi nel costruire sostegno alle sue decisioni presso il consiglio direttivo e nel mantenere un dialogo rispettoso e produttivo con i leader della UE senza permettere che interferissero con le sue scelte è forse uno dei risultati più rilevanti del suo mandato.

Da capo dell'FMI, Christine Lagarde ha lodato spesso le politiche di Draghi, definendo a sua volta il modello con cui dovrà misurarsi:

> Mario, sei un uomo lungimirante, coraggioso e determinato. La crisi finanziaria globale ci ha posti di fronte a grandi sfide [...] e personalmente dubito che molti altri sarebbero stati capaci di una visione e di una risolutezza pari alle tue. [...] Hai fatto tutto ciò che era in tuo potere per sostenere l'Europa, rafforzarne l'unità e difendere la stabilità della sua moneta. Hai usato la tua influenza per condurre l'eurozona nella direzione giusta. [...] Hai dimostrato grande coraggio. [...] E grande determinazione. [...] È inevitabile che il tuo incarico al timone della BCE sia uno dei più ardui del mondo, e non sorprende che tu sia stato riconosciuto come uno dei leader più autentici del presente. [...] Ma malgrado tutte le complessità e le difficoltà del tuo compito, non hai mai perso né il senso dell'umorismo né la tua umanità. [...] Non sei solo un eccellente banchiere centrale, un europeo vero che ha portato avanti l'Unione e le ha impresso un indirizzo, [...] tu sei anche, e senza alcun dubbio, un cittadino globale.[3]

La *laudatio*, pronunciata all'Atlantic Council a New York nell'ottobre del 2015, a metà del mandato di Draghi, si concedeva anche toni più leggeri. E persino un pizzico d'ironia. «Buonasera» aveva esordito Lagarde in italiano, con il consueto slancio. E aveva proseguito: «Ciao, Mario. Non ti preoccupare, non sono Jens Weidmann. Io sono tua amica».

Già mesi, anzi anni, prima che venisse scelto il successore di Draghi, era chiaro a chiunque avesse un minimo di interesse per la BCE che Weidmann – presidente della Bundesbank e perenne spina nel fianco di Draghi – sarebbe stato il principale contendente per assumere la guida della Banca centrale nel 2019.

Il ragionamento era piuttosto semplice. A vent'anni dalla sua fondazione, sembrava ora che spettasse a un tedesco, un rappresentante della principale economia dell'eurozona e della scuola di pensiero economico che aveva definito l'identità della BCE, assumere il comando dell'istituzione che vigila sulla moneta unica.

A dispetto di tutte le sue frecciate da bordocampo e delle contestazioni esplicite delle politiche vessillo di Draghi, Weidmann si era dimostrato più accomodante e pragmatico del suo imprevedibile predecessore, Axel Weber, che si era bruciato la prospettiva di aggiudicarsi la carica nel 2011 rassegnando le dimissioni in un impeto di rabbia per le prime mosse anticrisi di Trichet. In aggiunta, nel momento clou del dibattito sulla successione, l'opera di Draghi sembrava già compiuta. Le sfide esistenziali al futuro dell'euro erano superate, l'economia era tornata a una crescita stabile, né stellare né troppo deludente, ma sufficiente a garantire che l'inflazione, il metro di giudizio di ogni azione della BCE, tornasse entro il suo parametro ideale: inferiore ma prossima al 2 per cento. All'eurozona avrebbe fatto comodo un ritorno a una politica monetaria più convenzionale. Finché tutto è cambiato.

Lo schieramento dei candidati alla successione di Draghi comincia con largo anticipo. Nel maggio del 2017 «Der Spiegel» riporta che Angela Merkel vuole il capo della Bundesbank come prossimo presidente della Banca centrale europea.[4] Come spesso accade con gli articoli che non citano le proprie fonti, non era chiaro se la dichiarazione rispecchiasse una strategia reale, un piano ancora in fieri o più semplicemente la pia illusione di un funzionario di basso livello, soprattutto tenuto conto del contesto infuocato della campagna per le elezioni politiche tedesche in cui era uscito il retroscena. Tuttavia l'articolo rivelava che già allora la questione era all'attenzione di qualcuno in qualche angolo dell'apparato governativo di Berlino.

Eppure, malgrado il fascino di Weidmann, l'ipotesi – reale o immaginaria – della sua candidatura non ha mai poggiato su basi solide. Che Merkel non lo avesse mai sponsorizzato pubblicamente come propria scelta per l'incarico era il minore dei problemi. Pesava molto di più l'annosa e manifesta opposizione del presidente della Bundesbank alle OMT, il programma di acquisto titoli con cui Draghi aveva dato concretezza al proprio impegno di salvare l'euro e al quale era ampiamente attribuito il merito di aver arrestato la spirale della crisi del debito sovrano. E poi c'era l'ostinata opposizione di un gruppo di Paesi del sud dell'Europa, Italia in prima fila, che nel corso degli anni erano stati bersaglio dei bruschi richiami di Weidmann a fare più sacrifici e meno affidamento sull'aiuto dalla BCE. Questi Paesi vedevano la possibilità di un tedesco a capo dell'euro come qualcosa di simile a una minaccia mortale.

Weidmann stesso ha tentato di ammorbidire la propria immagine di inflessibile guardiano dell'ortodossia monetaria tedesca e dell'austerity economica. Ha fatto qualche concessione ai suoi critici, ammettendo la legittimità del programma OMT, riconosciuta dalla più alta corte di giustizia europea, e sottolineando di non aver mai detto esplicitamente che il piano violava la legge, pur avendo sollevato dubbi sui suoi rischi e sulle possibili conseguenze legali. Ha lasciato intendere in maniera piuttosto chiara che da capo della BCE avrebbe assunto posizioni un po' diverse rispetto a quelle avute come presidente della Bundesbank. «Un'istituzione plasma sempre i propri funzionari» aveva detto a una sala gremita di reporter all'inizio del 2018.[5] Per dimostrarlo aveva citato l'esempio di Thomas Becket, nominato da re Enrico II arcivescovo di Canterbury per arginare il potere della Chiesa e che in seguito era diventato il più grande paladino delle prerogative ecclesiastiche. Ma per chi già nutriva qualche dubbio sull'idoneità di Weidmann, l'analogia non poteva che rafforzare l'impressione di rigidità ideologica: è vero che Becket aveva cambiato la propria posizione dopo l'ingresso nella Chiesa, ma alla fine aveva preferito morire piuttosto che scendere a compromessi.

Alla fine, a distruggere ogni possibilità di vittoria per Weidmann non sono state le critiche rivolte in passato a Draghi o i timori sull'impatto che le sue decisioni future avrebbero potuto avere sulla sopravvivenza dell'euro, e nemmeno un paragone storico infelice. Piuttosto è stata la complessa alchimia della politica europea.

La scelta di un presidente della BCE non è mai una decisione isolata, data la premessa che tutti gli incarichi di vertice della UE devono essere distribuiti in modo da rispettare l'equilibrio dei poteri tra gli Stati membri dell'Unione, i partiti politici e, idealmente, uomini e donne, senza ovviamente trascurare la necessità di individuare le persone più qualificate possibile per ogni ruolo. Per una coincidenza storica che non si ripeterà per altri quarant'anni, nell'estate del 2019 l'Europa si trova a dover nominare quattro presidenti e un alto rappresentante per gli affari esteri e la politica di sicurezza. Tutti in contemporanea.

Il premio più ambito di quelle lunghe notti a Bruxelles, dei negoziati infiniti, delle interminabili riunioni collegiali e delle consultazioni appartate nei corridoi e in anonime salette è la presidenza della Commissione, il braccio esecutivo della UE. Il candidato vincente definirà il tono della politica europea su quasi ogni tema, dai negoziati commerciali con gli Stati Uniti alle sanzioni contro la Russia, dalle nuove regole sulla concorrenza interna a quella sull'emigrazione. Solo una volta trovata quella persona si potrà passare alle altre nomine: il presidente del Consiglio europeo, quello del Parlamento, l'alto rappresentante per gli affari esteri e la politica di sicurezza e il presidente della BCE.

La scuderia di aspiranti all'incarico numero uno è piuttosto numerosa. All'inizio il dibattito ruota intorno a un tedesco, un olandese e un danese, nessuno dei quali riesce ad aggiudicarsi consensi sufficienti. L'impasse viene spezzata da Macron, con la proposta di un accordo che metta il ministro tedesco della Difesa, Ursula von der Leyen, a capo della Commissione e Christine Lagarde al vertice della BCE. Due donne, due rappresentanti delle principali potenze dell'Unione, due moderate con impeccabili credenziali europeiste: precisamente ciò che gran parte degli osservatori aveva dato per impossibile.

Christine Lagarde troverà una BCE già messa sulla rotta della massima continuità. Al momento del suo arrivo, in novembre, Draghi avrà già stabilito il corso della politica monetaria per anni a venire. Tassi di interesse sotto lo zero per un lungo periodo, un bilancio che sfiora i 5000 miliardi di euro, un programma per continuare a finanziare le banche fino al 2023. Un altro fattore che garantisce una transizione senza scarti di traiettoria è lo stesso processo decisionale basato sul consenso che vige presso la Banca centrale. Senza voler sminuire l'autorevolezza con cui Draghi ha guidato la BCE ed escogitato decisioni sia efficaci sia sostenute dalla maggioranza, l'orientamento della gran parte dei governatori dell'eurozona è sempre stato – per usare un termine favorito dagli osservatori delle banche centrali – quello di «colomba». Molti dei membri del consiglio direttivo erano convinti che la politica monetaria debba intervenire a sostegno della crescita economica e per sventare i rischi di deflazione. In poche parole: condividevano in partenza le posizioni cardine di Draghi. È improbabile che la situazione cambi durante la presidenza di Christine Lagarde, anche se nel 2019 si è assistito a un notevole turnover nel gruppo dei policy maker della BCE. Sette nuovi governatori sono entrati a far parte del consiglio direttivo, e se alcuni possono sembrare meno entusiasti del proseguimento di una politica monetaria accomodante, sarà comunque una colomba a occupare la posizione che conta di più in assoluto: quella di capo economista.

Il favorito indiscusso alla successione di Peter Praet è sempre stato Philip Lane, lo stimato governatore della banca centrale irlandese laureato a Harvard. La sua elezione unanime all'inizio del 2019 dimostra il rispetto di cui Lane gode tra gli accademici e gli economisti, l'apprezzamento per il suo stile pacato e il riconoscimento del suo sostegno eloquente e costante alle posizioni di Draghi fin dal suo primo ingresso nel consiglio direttivo, nel 2015. Toccherà a lui difendere le scelte economiche della BCE, visto che molti dei neonominati – il vicepresidente Luis de Guindos, il finlandese Olli Rehn, lo slovacco Peter Kažimír, ma anche Christine Lagarde – hanno un background di tipo politico.

Non è escluso che questo si riveli un vantaggio. Con la politica monetaria ormai portata quasi all'estremo e con un ridotto margine di manovra per stimoli aggiuntivi – per quanto insistenti le rassicurazioni che la Banca centrale non esaurirà mai gli strumenti necessari al perseguimento dei suoi obiettivi –, spetterà agli Stati e ai loro strumenti fiscali fornire la prima linea di difesa nell'eventualità di una crisi. In quel caso è possibile che chi ha ricoperto l'incarico di ministro delle Finanze prima di avviare la carriera di banchiere centrale sappia meglio di altri che tipo di aiuto i governi sono realisticamente in grado di fornire, e come convincerli – o costringerli – a scendere in campo.

Significa che sotto la presidenza di Christine Lagarde, con tutto il rispetto per l'indipendenza della Banca centrale, i governi saranno agenti attivi nella protezione e difesa dell'economia dell'eurozona, oltre che nella prosperità e benessere dei propri cittadini. Qualsiasi elenco delle sfide poste di fronte alla regione è destinato a essere lungo, e in ogni caso, con ogni probabilità, non esaustivo: l'indebolimento dell'impulso di crescita; la frammentazione dell'ordine mondiale multilaterale e orientato al consenso che è stato alla base dell'agiatezza degli ultimi decenni; la prospettiva di guerre commerciali conclamate e un ritorno in auge del protezionismo; un rallentamento economico della Cina, con la perdita di un mercato chiave per le esportazioni europee, e l'irrigidimento delle sue relazioni con il resto del mondo; la necessità di spingere la politica monetaria verso nuovi territori ignoti, che si tratti dell'acquisto di titoli, dell'assunzione de facto del debito sovrano dei Paesi dell'eurozona o persino dell'estensione diretta di fondi ai cittadini, bypassando le banche, come scossa per rianimare un'economia moribonda; la Brexit; un ulteriore rafforzamento del populismo, che minaccia di smembrare il progetto di un'integrazione europea sempre più coesa su cui si fonda la BCE; o la crisi del debito in Italia, terza principale economia dell'euroblocco ed esempio principe di quel *too big to fail* – «troppo grande per fallire» –, che potrebbe mettere a rischio la sopravvivenza dell'euro. L'elenco potrebbe proseguire, e finora include solo le minacce già individuate, e che dunque probabilmente non porranno rischi reali perché in varia misura i policy maker si stanno già preparando ad affrontarle.

«I rendimenti passati non costituiscono alcuna garanzia di rendimenti futuri.» È una clausola che si trova spesso nei prospetti di investimento, come monito agli aspiranti acquirenti che quando si tratta di soldi non esistono certezze. Il promemoria andrebbe inserito in calce a ogni documento sull'euro per i prossimi vent'anni. Ma a dispetto delle tante, ottime ragioni di pessimismo, resta comunque un barlume di speranza, perché finora l'Europa e l'euro hanno sempre potuto contare su persone lungimiranti impegnate ad assicurarne la sopravvivenza. E tutte hanno agito sulla base di una semplice premessa: non c'è alternativa valida.

È una tesi che Draghi ha sostenuto spesso, sia in pubblico sia in privato. Data la crescente complessità ed entità delle sfide, l'unica via percorribile per garantire la prosperità europea per le generazioni a venire è continuare a costruire un'Unione sempre più salda:

> Si riscoprono antiche idee che hanno plasmato gran parte della storia, per cui la prosperità degli uni non può essere raggiunta senza la miseria di altri; organizzazioni internazionali o sovranazionali perdono di interesse come luoghi di negoziato e di indirizzo per soluzioni di compromesso; l'affermazione dell'io, dell'identità, diventa il primo requisito di ogni politico. In questo mondo la libertà e la pace divengono accessori dispensabili all'occorrenza. Ma se si vuole che questi valori restino essenziali, fondanti, la strada è un'altra: adattare le istituzioni esistenti al cambiamento. [...] Non ci devono essere equivoci: questo adattamento dovrà essere profondo quanto lo sono i fenomeni che hanno rive-

> lato la fragilità dell'ordine esistente, e vasto quanto lo sono le dimensioni di un ordine geopolitico che va cambiando in senso non favorevole all'Europa. [...] Non c'è che una risposta: recuperare quell'unità di visione e di azione che da sola può tenere insieme Stati così diversi. [...] Bisogna rispondere alla percezione che [l'Unione Europea] manchi di equità: tra Paesi e classi sociali. Occorre sentire, prima di tutto, poi agire e spiegare.[6]

Le considerazioni formulate da Draghi in questo intervento a Bologna nel febbraio del 2019 varranno ancora molto a lungo.

Il presidente non ha lasciato alcun margine di dubbio sulla sua convinzione che la moneta unica è al sicuro nelle mani di Christine Lagarde, e che sarà felice di passare il testimone a una donna che da molti punti di vista gli è affine. Ma questo non significa che lui stesso ritenga concluso il suo, di lavoro.

Ringraziamenti

Ogni libro è frutto del lavoro di molte persone, non soltanto degli autori. Ringraziarle tutte sarebbe impossibile, ma vorremmo almeno dare un segno di riconoscimento a quanti ci hanno concesso il loro tempo, i loro consigli e il loro sostegno in questi ultimi due anni.

La prima idea di raccontare la presidenza di Mario Draghi alla Banca centrale europea risale al 2012, alle ore immediatamente successive alla sua promessa di fare «tutto il necessario» per salvare l'euro. Parecchie crisi dopo, alla fine del 2017, l'idea ha iniziato a prendere forma.

Sono seguite qualcosa come sessanta interviste con funzionari passati e presenti delle banche centrali, dei governi, delle organizzazioni internazionali e delle istituzioni finanziarie, condotte in oltre diciotto mesi e in tre continenti diversi. Molti degli interpellati hanno accettato di contribuire a patto di conservare l'anonimato. Queste persone sanno chi sono, e vorremmo ringraziarle ancora una volta per aver trovato il tempo di parlare con noi malgrado le loro agende fittissime di impegni: è stato un onore ascoltare le vostre testimonianze.

Molti aneddoti contenuti nel libro si basano sul ricordo di fatti vissuti in prima persona a Francoforte, in Europa e oltre. Sono stati argomento di tantissime conversazioni con colleghi diventati, nel corso degli anni, dei cari amici. Siamo in debito con loro per l'ispirazione, i pareri e l'incoraggiamento.

Niente di tutto questo sarebbe potuto accadere senza la pazienza e la generosità dei nostri colleghi di Bloomberg. Sono davvero troppi per citarli tutti, ma per quanto incompleto vorremmo comunque stilarne un piccolo elenco. Simon Kennedy, il nostro redattore capo, ha sostenuto il progetto fin dall'inizio. Il suo entusiasmo e i suoi racconti dalle trincee del giornalismo finanziario sono stati un'ispirazione. Craig Stirling, il nostro direttore editoriale, ha offerto molti consigli e pareri illuminanti che hanno contribuito a plasmare la narrazione. Siamo profondamente grati a Fergal O'Brien e Paul Gordon per le tante ore di prezioso tempo libero che hanno sacrificato per leggere le varie stesure e offrire un punto di vista personale sugli eventi narrati. L'interesse che hanno dimostrato per il nostro lavoro ci ha commossi e resi orgogliosissimi del privilegio di lavorare con loro ogni giorno. Grazie a Piotr Skolimowski e a Carolynn Look per essersi accollati il nostro lavoro oltre al proprio mentre noi eravamo impegnati a ricostruire le vicende del passato recente. Un grazie speciale a Viktoria Dendrinou, a Bruxelles, per aver condiviso le sue esperienze di scrittrice, e a Chris Condon, Craig Torres e Saleha Mohsin, a Washington, che ci hanno aperto la loro agendina di contatti e presentati a interlocutori preziosissimi.

Come quasi ovunque, anche nel mondo delle banche centrali le cariche più alte fanno affidamento su squadre di collaboratori eccezionali. Purtroppo non possiamo citarli tutti per nome, ma abbiamo un debito enorme con il personale dell'ufficio comunicazioni della BCE e di varie altre istituzioni in ogni parte del mondo.

Questo libro non sarebbe esistito senza il generoso sostegno di Christine Graeff, direttrice generale della comunicazione della BCE. Ha riposto enorme fiducia in noi, ci ha dedicato molto più tempo di quanto si aspettasse all'inizio e ha fatto in modo che molti che sono stati al fianco di Draghi nel combattere la crisi facessero lo stesso.

Wiktor Krzyzanowski, al tempo al Fondo monetario internazionale, è stato tra i primi ad appoggiare con entusiasmo il nostro progetto, e in parte è stato grazie al suo sprone e al suo aiuto che il libro è quello che avete davanti.

Grazie anche a Nick Matthews e al drappello di esperti, funzionari ed economisti che hanno letto i singoli capitoli e passato meticolosamente al setaccio il nostro lavoro per individuare lacune ed errori. Di quelli rimasti siamo, gli autori, gli unici responsabili.

Cristiano Peddis di Rizzoli merita una menzione speciale. Lui e Manuela Galbiati hanno lavorato pazientemente con noi, prestando ascolto a tutte le nostre idee, ambizioni e preoccupazioni. Da autori debuttanti, non avremmo potuto desiderare guide migliori.

Scrivere un libro può essere un'esperienza molto alienante. Non ce l'avremmo fatta senza le nostre famiglie e i nostri amici, che ci hanno sopportato, ci hanno rifornito di caffè e snack, si sono incaricati della nostra parte di impegni domestici e familiari, insomma, ci hanno permesso di non perdere la ragione nei lunghi mesi di scrittura. Heiderose e Horst Randow, Veronica Venturini,

Elda Paradisi, Costanza e Bernardo Speciale, Johanna Treeck, Meera Louis, Christiane Jelinek, Maja Roßig, Agnese Leonello, Gianluca Greco, Adriano Giovannini, Laura Bacchini meritano la nostra più profonda gratitudine. Vi amiamo!

Note

Introduzione

1. Mario Draghi, conferenza stampa dopo la riunione del consiglio direttivo, 25 luglio 2019, disponibile al link: www.ecb.europa.eu/press/pressconf/2019/html/ecb.is190725~547f29c369.en.html.

2. Mario Draghi, *Elogio dell'Unione Europea*, lectio magistralis tenuta in occasione del conferimento della laurea honoris causa della Scuola superiore Sant'Anna di Pisa, 15 dicembre 2018. Il testo integrale è disponibile al link: www.ecb.europa.eu/press/key/date/2018/html/ecb.sp181215.it.html.

1. Mario, è fatta!

1. Tutti i dati sugli sviluppi dei mercati finanziari, inclusi tassi di cambio, titoli e azioni, oltre a gran parte dei dati economici riportati in questo libro, sono ricavati con l'impiego del Bloomberg Terminal.

2. Jean-Claude Trichet, *Rivitalizzare il sogno europeo: un parere aziendale*, discorso tenuto a Bruxelles, 28 giugno 2011. Il testo, in lingua inglese, è disponibile al link: www.ecb.europa.eu/press/key/date/2011/html/sp110628.en.html.

3. Mario Draghi, Risposte al questionario dei parlamentari europei, 16 giugno 2011. Il testo, contenuto nella Relazione sulla raccomandazione del Consiglio relativa alla nomina del presidente della Banca centrale europea, è disponibile al link: www.europarl.europa.eu/sides/getDoc.do?pubRef=-//EP//TEXT+REPORT+A7-2011-0229+0+DOC+XML+V0//IT#title3.

4. Winston Churchill, discorso tenuto all'Università di Zurigo, 19

settembre 1946, disponibile al link: www.isesp.eu/discorsoChurchill.pdf.

5. Steve Scherer, *Italy Would Be «Honored» If Draghi Were ECB Chief, Minister Says*, Bloomberg, 29 settembre 2009.

6. *Frankreich für Axel Weber als EZB-Präsident*, «Die Welt», 13 febbraio 2010, disponibile al link: www.welt.de/finanzen/article6377998/Frankreich-fuer-Axel-Weber-als-EZB-Praesident.html.

7. Jean-Claude Trichet, conferenza stampa dopo la riunione del consiglio direttivo, Lisbona, 6 maggio 2010, disponibile al link: www.ecb.europa.eu/press/pressconf/2010/html/is100506.en.html.

8. Richard Tomlinson, Sandrine Rastello, *Strauss-Kahn Bailouts Give IMF Chief Popularity Over Sarkozy*, Bloomberg, 26 gennaio 2011.

9. Brian Parkin, *Merkel Says EU Leaders Making «Concerted Effort» to Save Euro*, Bloomberg, 10 maggio 2010.

10. Martin Greive, Florian Hasseln, *Woher kommt das ganze Geld für das Auffangnetz?*, «Die Welt», 10 maggio 2010, disponibile al link: www.welt.de/wirtschaft/article7563528/Woher-kommt-das-ganze-Geld-fuer-das-Auffangnetz.html.

11. Jana Randow, Zijing Wu, *Trichet Says ECB Wasn't Pressured into Buying Government Bonds*, Bloomberg, 10 maggio 2010.

12. David Tweed, Simone Meier, *Trichet Indicates ECB Bond Purchases Not Supported by Whole Council*, Bloomberg, 10 maggio 2010.

13. Jürgen Schaaf, intervista al presidente della Bundesbank Axel Weber, *«Kaufprogramm birgt erhebliche Risiken»*, «Börsen-Zeitung», 10 maggio 2010, disponibile al link: www.boersen-zeitung.de/index.php?li=1&artid=2010089001.

14. Flavia Rotondi, Lorenzo Totaro, *Merkel Made Investors Fear «Unthinkable Problems», Prodi Says*, Bloomberg, 26 novembre 2010.

15. Jeffrey Donovan, *Berlusconi Says Italy Would Be Honored If Draghi Headed ECB*, Bloomberg, 12 gennaio 2011.

16. Tutte le citazioni non attribuite a una fonte specifica contenute in questo libro sono state raccolte nel corso di interviste a circa sessanta funzionari passati e presenti delle banche centrali, dei governi, delle organizzazioni internazionali e delle istituzioni finanziarie.

17. Ufficio stampa del governo federale, conversazione della cancelliera Merkel con il presidente della Bundesbank Weber, 11 febbraio 2011.

18. Veit Medick, Roland Nelles, *SPD fordert Mitsprache bei Weber-Nachfolge*, «Der Spiegel», 11 febbraio 2011, disponibile al link: www.spiegel.de/politik/deutschland/reaktionen-auf-bundesbank-rueckzug-spd-fordert-mitsprache-bei-weber-nachfolge-a-745039.html.

19. Armin Mahler, Christoph Pauly, *It Is Not Important Which Nation Puts Forward the ECB President*, Spiegel Online, 14 febbraio 2011, disponibile al link: www.spiegel.de/international/germany/spiegel-interview-with-axel-weber-it-is-not-important-which-nation-puts-forward-the-ecb-presidente-a-745350.html.

20. Simon Kennedy, *Draghi Favorite to Succeed Trichet at ECB, Paddy Power Says*, Bloomberg, 16 febbraio 2011.

21. Tony Czuczka, *Draghi Would Make a «Very Good» ECB Chief, Germany's Hoyer Says*, Bloomberg, 15 aprile 2011.

22. *Merkel stützt Draghi als EZB-Chef*, «Die Zeit», 11 maggio 2011, disponibile al link: www.zeit.de/wirtschaft/2011-05/merkel-draghi-ezb-praesident.

23. Mario Draghi, Risposte al questionario dei parlamentari europei, cit.

24. Alessandra Migliaccio, *Tremonti Says He Supports Draghi's Candidacy to Head the ECB*, Bloomberg, 5 maggio 2011.

25. Mario Draghi, intervento all'assemblea annuale dell'ABI, 13 luglio 2011, disponibile al link: www.bancaditalia.it/pubblicazioni/interventi-governatore/integov2011/draghi-130711.pdf.

26. Jean-Claude Trichet, Mario Draghi, lettera al presidente del Consiglio Silvio Berlusconi, 5 agosto 2011, disponibile al link:

www.corriere.it/economia/11_settembre_29/trichet_draghi_italiano_405e2be2-ea59-11e0-ae06-4da866778017.shtml.

27. Jean-Claude Trichet, comunicato del presidente della BCE, 7 agosto 2011, disponibile al link: www.ecb.europa.eu/press/pr/date/2011/html/pr110807.en.html.

28. Jim Brunsden, Rebecca Christie, *Geithner Says UE Must Avoid Leaving Its Fate With Others*, Bloomberg, 16 settembre 2011.

2. Affrontare la sfida

1. Jeff Black, Simon Kennedy, *Draghi in Battle Mode on Day One as Debt Crisis Torments ECB*, Bloomberg, 31 ottobre 2011.

2. Giovanni di Lorenzo, intervista a Mario Draghi, «Die Zeit», 15 gennaio 2015, disponibile al link: www.ecb.europa.eu/press/inter/date/2015/html/sp150115.de.html.

3. *Ibidem.*

4. Lorenzo Totaro, Simon Kennedy, *Draghi Channeling Bradley Deploys Self-Reliance in ECB Role*, Bloomberg, 25 maggio 2011.

5. *Ibidem.*

6. Giovanni di Lorenzo, intervista a Mario Draghi, cit.

7. Lorenzo Totaro, Simon Kennedy, *Draghi Channeling Bradley Deploys Self-Reliance in ECB Role*, cit.

8. Mario Draghi, Risposte al questionario dei parlamentari europei, 16 giugno 2011. Il testo, contenuto nella Relazione sulla raccomandazione del Consiglio relativa alla nomina del presidente della Banca centrale europea, è disponibile al link: www.europarl.europa.eu/sides/getDoc.do?pubRef=-//EP//TEXT+REPORT+A7-2011-0229+0+DOC+XML+V0//IT#title3.

9. Giovanni di Lorenzo, intervista a Mario Draghi, cit.

10. Mario Draghi, *Essays on Economic Theory and Applications*, novembre 1976, disponibile al link: dspace.mit.edu/bitstream/handle/1721.1/54263/04184143-MIT.pdf?sequence=2.

11. Jeff Black, Simon Kennedy, *Draghi in Battle Mode on Day One as Debt Crisis Torments ECB*, cit.

12. *Draghi, «Riacquisire la sovranità su bilancio»*, Ansa, 5 giugno 1992.

13. Ministero del Tesoro, Libro bianco sulle privatizzazioni, aprile 2001.

14. Mario Draghi, discorso all'assemblea generale ordinaria dei partecipanti, 31 maggio 2006, disponibile al link: www.bancaditalia.it/pubblicazioni/interventi-governatore/integov2006/cf05_considerazioni_finali.pdf.

15. Mario Draghi, conferenza stampa dopo la riunione del consiglio direttivo, 7 febbraio 2013, disponibile al link: europeancentralbank.wordpress.com/2013/02/07/conferenza-stampa-7-febbraio-2013/#QA.

16. Mario Draghi, audizione davanti alla VI Commissione del Senato, 21 ottobre 2008, disponibile al link: www.bancaditalia.it/pubblicazioni/interventi-governatore/integov2008/draghi_211008.pdf.

3. I primi giorni della crisi

1. Matthew Brockett, Gabi Thesing, *Draghi Chooses Rates Over Printing Press as Recession Looms*, Bloomberg, 4 novembre 2011.

2. Peter Spiegel, *How the Euro Was Saved*, «Financial Times», 11 maggio 2014, disponibile al link: www.ft.com/content/f6f4d6b4-ca2e-11e3-ac05-00144feabdc0.

3. Mario Draghi, conferenza stampa dopo la riunione del consiglio direttivo, 8 dicembre 2011, disponibile al link: www.ecb.europa.eu/press/pressconf/2011/html/is111208.en.html.

4. Mario Draghi, audizione davanti al Parlamento europeo in seduta plenaria, 1° dicembre 2011, disponibile al link: www.ecb.europa.eu/press/key/date/2011/html/sp111201.en.html.

5. Mario Draghi, conferenza stampa dopo la riunione del consiglio direttivo, 8 dicembre 2011, cit.

6. Rebecca Christie, *Draghi Says Summit Lays Framework for «Good Fiscal Compact»*, Bloomberg, 9 dicembre 2011.

7. Mario Draghi, conferenza stampa dopo la riunione del consiglio direttivo, 12 gennaio 2012, disponibile al link: www.ecb.europa.eu/press/pressconf/2012/html/is120112.en.html.

8. Neil Unmack, *Sarkozy Courts Danger With ECB-Bank-Sovereign Plan*, Reuters Breakingviews, 9 dicembre 2011.

9. Kati Pohjanpalo, Gabi Thesing, *Liikanen Says ECB's Crisis Measures Will Need a «Timely» Exit*, Bloomberg, 16 marzo 2012.

10. Jeff Black, Rainer Buergin, Meera Louis, *Draghi's ECB Rejects Geithner-IMF Push for Measures*, Bloomberg, 23 aprile 2012.

11. Rainer Buergin, *Weidmann Says Europe's Woes Can't Be Solved by Monetary Policing*, Bloomberg, 21 aprile 2012.

12. Timothy Geithner, intervento alla riunione dell'IMFC (International Monetary and Financial Committee), 21 aprile 2012, disponibile al link: www.treasury.gov/press-center/press-releases/Pages/tg1544.aspx.

13. Mario Draghi, *Un percorso per l'Europa*, intervento alla giornata in ricordo di Federico Caffè, 24 maggio 2012, disponibile al link: www.ecb.europa.eu/press/key/date/2012/html/sp120524_1.it.html.

14. Kasper Viita, *Euro Area Is Running Significant Risk of Break-Up: Rehn*, Bloomberg, 1° giugno 2012.

15. James G. Neuger, *Draghi Lured by Fractious EU Leaders to Build Bridge to Euro 2.0*, Bloomberg, 7 settembre 2012.

16. Herman van Rompuy, *Europe in the Storm. Promise and Prejudice*, Davidsfonds, Lovanio 2014.

4. Whatever it takes

1. Alcune parti di questo capitolo sono state pubblicate da Jana Randow e Alessandro Speciale con il titolo «*Whatever it takes.*» *How Mario Draghi Made Central Bank History*, Bloomberg Markets, dicembre 2018-gennaio 2019.

2. David Cameron, discorso alla Global Investment Conference, 26 luglio 2012, disponibile al link: www.ukpol.co.uk/david-cameron-2012-speech-at-global-investment-conference.

3. Mario Draghi, discorso alla Global Investment Conference, 26 luglio 2012, disponibile ai link: www.ecb.europa.eu/press/key/date/2012/html/sp120726.en.html; www.youtube.com/watch?v=hMBI50FXDps&t=3s.

4. Alessandro Speciale, *Draghi Passes ECB Halfway Mark Still Missing Inflation Goal*, Bloomberg, 3 novembre 2015.

5. *President Obama Tops Forbes' 2012 Ranking of the World's Most Powerful People*, Forbes Corporate Communications, 5 dicembre 2012, disponibile al link: www.forbes.com/sites/forbespr/2012/12/05/president-obama-tops-forbes-2012-ranking-of-the-worlds-most-powerful-people/#689b8de103cc.

6. Cancelleria tedesca, dichiarazione congiunta del presidente della Repubblica francese François Hollande e della cancelliera tedesca Angela Merkel, 27 luglio 2012, disponibile al link: www.bundeskanzlerin.de/bkin-de/aktuelles/gemeinsame-erklaerung-des-frozoesischen-staatspraesidenten-fran%C3%A7ois-hollande-und-der-deutschen-bundeskanzlerin-angela-merke-440110.

7. Cerstin Gammelin, Stefan Kornelius, *Juncker warnt vor Zerfall der Euro-Zone*, «Süddeutsche Zeitung», 30 luglio 2012, disponibile al link: www.sueddeutsche.de/wirtschaft/schuldenkrise-in-der-eu-juncker-warnt-vor-zerfall-der-euro-zone-1.1425814.

8. Erik Izraelewicz, Claire Gatinois, Philippe Ricard, intervista a Mario Draghi, «Le Monde», 21 luglio 2012, disponibile al link: www.ecb.europa.eu/press/inter/date/2012/html/sp120721.en.html.

9. Dichiarazione riportata sul sito della Bundesbank, disponibile al link: bundesbank.de/de/presse/pressematerial/60-jahre/zitate-ueber-die-bundesbank/stimmen-aus-wissenschaft-und-politik-607848.

10. Jana Randow, *Bundesbank Says ECB Bond Buying Not Best Way to Address Crisis*, Bloomberg, 27 luglio 2012.

11. Intervista a Timothy Geithner, *Charlie Rose*, PBS, 23 luglio 2012.

12. Ian Katz, *Geithner Says Europe Committed to Resolving Crisis*, Bloomberg, 31 luglio 2012.

13. Verbale della riunione del Federal Open Market Committee, 31 luglio-1° agosto 2012, disponibile al link: federalreserve.gov/monetarypolicy/files/FOMC20120801meeting.pdf.

14. *55 Jahre für Stabilität*, intervista a Jens Weidmann e Helmut

Schlesinger pubblicata sul giornale interno della Bundesbank, 27 luglio 2012, disponibile al link: www.bundesbank.de/de/presse/interviews/55jahre-fuer-stabilitaet-662268.

15. Michael Sauga, Georg Mascolo, Anne Seith, *Wie eine Droge*, «Der Spiegel», 27 agosto 2012, disponibile al link: www.spiegel.de/spiegel/print/d-87927659.html.

16. Brian Parkin, Rainer Buergin, *Merkel Ally Signals Weidmann Won't Derail Backing for ECB*, Bloomberg, 8 agosto 2012.

17. Simon Kennedy, *Bernanke Signals Draghi Support as Officials Seek Crisis Fix*, Bloomberg, 1° settembre 2012.

18. Ben Bernanke, *Monetary Policy since the Onset of the Crisis*, 31 agosto 2012, disponibile al link: www.federalreserve.gov/newsevents/speech/bernanke20120831a.htm.

19. Jeff Black, Jana Randow, Jonathan Stearns, *Draghi Told Lawmakers ECB Must Buy Bonds for Euro's Survival*, Bloomberg, 4 settembre 2012.

20. Verbale della riunione del Federal Open Market Committee, 12-13 settembre 2012, disponibile al link: www.federalreserve.gov/monetarypolicy/files/FOMC20120913meeting.pdf.

21. Mario Draghi, conferenza stampa dopo la riunione del consiglio direttivo, 10 gennaio 2013, disponibile al link: europeancentralbank.wordpress.com/2013/01/10/conferenza-stampa-10-gennaio-2013.

22. James G. Neuger, Gregory Viscusi, *EU to Set Up Fund to Prevent Spread of Greek Crisis*, Bloomberg, 8 maggio 2010; Tony Czuczka, Patrick Donahue, *Merkel Ready to Do «Whatever Needed» to Save Euro*, Bloomberg, 12 gennaio 2011.

23. Dichiarazioni di Mario Draghi durante un intervento al convegno sulle comunicazioni della BCE, 14 novembre 2017, disponibile al link: www.youtube.com/watch?v=DI7p-g51O8g&t=2615s.

5. *Nein zu allem*

1. Nikolaus Blome, *So deutsch ist der neue EZB-Chef*, «Bild», 29 aprile 2011, disponibile al link: www.bild.de/geld/wirtschaft/mario-draghi/ist-neuer-ezb-chef-17630794.bild.html.

2. Kai Diekmann, Nikolaus Blome, intervista a Mario Draghi, «Bild», 23 marzo 2012, disponibile al link: www.ecb.europa.eu/press/inter/date/2012/html/sp120323.en.html.

3. *Kein deutsches Geld mehr für Pleite-Staaten, Herr Draghi!*, «Bild», 24 ottobre 2012, disponibile al link: www.bild.de/politik/ausland/euro-krise/ezb-entscheidung-ueber-neue-milliarden-hilfen-esm-staatsanleihen-kauf-25453080.bild.html.

4. Jan W. Schäfer, *Wer passt jetzt auf unseren Euro auf?*, «Bild», 11 febbraio 2011, disponibile al link: www.bild.de/politik/witschaft/banken-krise/wer-passt-jetzt-auf-euro-auf-15924766.bild.html.

5. Tobias Piller, *Alle sollten dem deutschen Beispiel folgen*, «Frankfurter Allgemeine Zeitung», 15 febbraio 2011, disponibile al link: www.faz.net/aktuell/wirtschaft/konjunktur/mario-draghi-alle-sollten-dem-deutschen-beispiel-folgen-1590580.html.

6. Marco Bertacche, *Italy Can't Put Off Lasting Deficit Solution, Draghi*, Bloomberg, 29 aprile 2011.

7. Lorenzo Totaro, *Draghi Says Ensuring Price Stability Is Best Policy for ECB*, Bloomberg, 21 febbraio 2011.

8. Ferdinand Knauß, *Warum die Kanzlerin Draghi hätte verhindern müssen*, «WirtschaftsWoche», 7 settembre 2012, disponibile al link: www.wiwo.de/politik/europa/ezb-entscheidung-macht-deutschen-angst-warum-die-kanzlerin-draghi-haette-verhindern-muessen/7108514.html.

9. Mario Draghi, conferenza stampa dopo la riunione del consiglio direttivo, 3 novembre 2011, disponibile al link: www.ecb.europa.eu/press/pressconf/2011/html/is111103.en.html.

10. Bundesbank, *Die Deutsche Bundesbank, Notenbank für Deutschland*, 2017, disponibile al link: www.bundesbank.de/resource/blob/597802/0999030a0e146917e5807559cba369ee/mL/die-deutsche-bundesbank-data.pdf.

11. Infratest dimap, *ARD Deutschlandtrend*, settembre 2012, disponibile al link: www.infratest-dimap.de/fileadmin/_migrated/content_uploads/dt1209_bericht.pdf.

12. Nikolaus Blome, *Würfelzucker im Salzstreuer*, «Bild», 7 set-

tembre 2012, disponibile al link: www.bild.de/news/standards/bild-kommentar/wuerflzucker-im-salzsteuer-26071478.bild.html.

13. Giovanni di Lorenzo, intervista a Mario Draghi, «Die Zeit», 15 gennaio 2015, disponibile al link: www.ecb.europa.eu/press/inter/date/2015/html/sp150115.de.html.

14. Alexander Hagelüken, Markus Zydra, intervista a Mario Draghi, «Süddeutsche Zeitung», 14 settembre 2012, disponibile al link: www.ecb.europa.eu/press/inter/date/2012/html/sp120914.en.html.

15. Bundesbank, *Die Deutsche Bundesbank, Notenbank für Deutschland*, cit.

16. Alexander Hagelüken, Markus Zydra, intervista a Mario Draghi, cit.

17. Dichiarazioni di Mario Draghi durante un intervento al convegno sulle comunicazioni della BCE, 14 novembre 2017, disponibile al link: www.youtube.com/watch?v=DI7p-g51O8g&t=2615s.

18. Johanna Treeck, *ECB's (Non)Communication Strategy Keeps Investors in the Dark*, «Politico», 16 agosto 2017, disponibile al link: www.politico.eu/article/mario-draghi-christine-graeff-foggy-ecb-communication-risks-darker-days.

19. Mario Draghi, lettera a Marco Valli e Marco Zanni, 18 gennaio 2017, disponibile al link: www.ecb.europa.eu/pub/pdf/other/170120letter_valli_zanni_1.it.pdf?3ea18e5d94e7b94141581bc89c182772.

20. Mario Draghi, lettera a Joachim Starbatty e Ulrike Trebesius, 12 settembre 2018, disponibile al link: www.ecb.europa.eu/pub/pdf/other/ecb.mepletter180914_Starbatty_Trebesius.en.pdf?e43470bab378a5da038448f3870a07a0.

21. Dichiarazioni rese da Frank-Walter Steinmeier durante una visita alla BCE, 26 settembre 2018.

22. Kai Diekmann, Nikolaus Blome, intervista a Mario Draghi, cit.

23. Jens Weidmann, dichiarazione iniziale all'udienza nel procedimento MES/BCE, 11 giugno 2013, disponibile al link: www.bundesbank.de/de/presse/stellungnahmen/eingangserklaerung-anlaesslich-der-muendlichen-verhandlung-im-hauptsacheverfahren-esm-ezb-662878.

24. Jörg Asmussen, discorso di apertura della BCE all'udienza davanti alla Corte costituzionale federale tedesca, 11 giugno 2013, disponibile al link: www.ecb.europa.eu/press/key/date/2013/html/sp130611.en.html.

25. Gordon A. Craig, *The Germans*, Meridian (nuova edizione), New York 1991.

26. Intervista a Mario Draghi, «Der Spiegel», 30 dicembre 2013.

27. Thomas Röll, Frank Thewes, *Streit zwischen Draghi und Weidmann eskaliert*, «Focus», 13 ottobre 2014, disponibile al link: focus.de/magazin/archiv/ezb-streit-zwischen-draghi-und-weidmann-eskaliert_id_4196478.html.

28. Corte di giustizia dell'Unione Europea, comunicato stampa n. 2/15, 14 gennaio 2015, disponibile al link: curia.europa.eu/jcms/upload/docs/application/pdf/2015-01/cp150002it.pdf.

29. Stefan Wagstyl, Claire Jones, *Germany Blames Mario Draghi for Rise of Rightwing AfD Party*, «Financial Times», 10 aprile 2016, disponibile al link: www.ft.com/content/bc0175c4-ff2b-11e5-9cc4-27926f2b110c.

30. Kai Diekmann, Nikolaus Blome, Daniel Biskup, intervista a Mario Draghi, «Bild», 28 aprile 2016, disponibile al link: www.ecb.europa.eu/press/inter/date/2016/html/sp160428.en.html.

31. Mario Draghi, conferenza stampa dopo la riunione del consiglio direttivo, 21 aprile 2016, disponibile al link: www.ecb.europa.eu/press/pressconf/2016/html/is160421.en.html.

32. Thomas Escritt, Tom Koerkemeier, *Merkel Says ECB Criticism in Germany Is Legitimate*, Reuters, 21 aprile 2016, disponibile al link: www.reuters.com/article/ecb-policy-germany-idUSB4N13101X.

33. Giovanni di Lorenzo, intervista a Mario Draghi, cit.

34. *Ibidem*.

6. Rompere con le convenzioni

1. Mario Draghi, conferenza stampa dopo la riunione del consiglio direttivo, 10 gennaio 2013, disponibile al link: european-

centralbank.wordpress.com/2013/01/10/conferenza-stampa-10-gennaio-2013.

2. Ben Bernanke, *The Courage to Act. A Memoir of a Crisis and Its Aftermath*, Norton & Company, New York 2015, pp. 35-36.

3. Mario Draghi, conferenza stampa dopo la riunione del consiglio direttivo, 7 novembre 2013, disponibile al link: europeancentralbank.wordpress.com/2013/11/07/conferenza-stampa-7-novembre-2013.

4. Benoît Cœuré, *Central Banks and the Challenges of the Zero Limit Bound*, intervento al Meeting on the Financial Crisis presso la University of Chicago Booth School of Business, Miami, 19 febbraio 2012, disponibile al link: www.ecb.europa.eu/press/key/date/2012/html/sp120219.en.html.

5. Mario Draghi, conferenza stampa dopo la riunione del consiglio direttivo, 2 maggio 2013, disponibile al link: europeancentralbank.wordpress.com/2013/05/02/conferenza-stampa-2-maggio-2013.

6. Mario Draghi, conferenza stampa dopo la riunione del consiglio direttivo, 4 luglio 2013, disponibile al link: europeancentralbank.wordpress.com/2013/07/04/conferenza-stampa-4-luglio-2013.

7. Mark Deen, Caroline Connan, *Trichet Says Flexibility Is Implicit in ECB's Forward Guidance*, Bloomberg, 7 luglio 2013.

8. Dichiarazioni di Mario Draghi durante un intervento al convegno sulle comunicazioni della BCE, 14 novembre 2017, disponibile al link: www.youtube.com/watch?v=DI7p-g51O8g&t=2615s.

9. Jane Randow, Jeff Black, *ECB Said to Consider Minus 0,1 Percent Deposit Rate*, Bloomberg, 20 novembre 2013.

10. Jane Randow, *ECB's Constâncio Says Negative Deposit Rate Is Extreme Option*, Bloomberg, 27 novembre 2013.

11. Mario Draghi, conferenza stampa dopo la riunione del consiglio direttivo, 5 giugno 2014, disponibile al link: europeancentralbank.wordpress.com/2014/06/05/conferenza-stampa-5-giugno-2014.

12. Jana Randow, Corina Ruhe, *ECB Confronted by Banks Testing Exit in Threat to Frail Recovery*, Bloomberg, 27 gennaio 2014.

13. Mario Draghi, conferenza stampa dopo la riunione del consiglio direttivo, 5 giugno 2014, cit.

7. Tolleranza zero per gli stupidi

1. Giovanni di Lorenzo, intervista a Mario Draghi, «Die Zeit», 15 gennaio 2015, disponibile al link: www.ecb.europa.eu/press/inter/date/2015/html/sp150115.de.html.

2. Mario Draghi, discorso in occasione del conferimento del premio Cavour 2016, 23 gennaio 2017, disponibile al link: www.ecb.europa.eu/press/key/date/2017/html/sp170123.it.html.

8. Finalmente, QE

1. Johanna Treeck, *ECB Weidmann: Euro No Danger to Inflation Yet, Rate Appropriate*, Market News International, 25 marzo 2014.

2. Mario Draghi, conferenza stampa dopo la riunione del consiglio direttivo, 22 gennaio 2015, disponibile al link: www.ecb.europa.eu/press/pressconf/2015/html/is150122.en.html.

3. Mario Draghi, conferenza stampa dopo la riunione del consiglio direttivo, 3 aprile 2014, disponibile al link: europeancentralbank.wordpress.com/2014/04/03/conferenza-stampa-3-aprile-2014.

4. Mario Draghi, *Comunicazione monetaria in tempi turbolenti*, 24 aprile 2014, disponibile al link: europeancentralbank.wordpress.com/2014/04/24/comunicazione-monetaria-in-tempi-turbolenti.

5. Philip Plickert, *EZB hat Berechnungen zu 1000-Milliarden-Geldspritze*, «Frankfurter Allgemeine Zeitung», 4 aprile 2014, disponibile al link: www.faz.net/aktuell/wirtschaft/wirtschaftpolitik/fuer-hoehere-inflationsrate-ezb-hat-berechnungen-zu-1000-milliarden-geldspritze-12880693.html.

6. Mario Draghi, *La disoccupazione nella zona euro*, 22 agosto 2014, disponibile al link: europeancentralbank.wordpress.com/2014/08/22/discorso-di-jackson-hole-2014.

7. John Maynard Keynes, *An Open Letter to President Roosevelt*,

16 dicembre 1933, disponibile al link: www.la.utexas.edu/users/hcleaver/368/368KeynesOpenLetFDRtable.pdf.

8. Mario Draghi, conferenza stampa dopo la riunione del consiglio direttivo, 4 settembre 2014, disponibile al link: europeancentralbank.wordpress.com/2014/09/04/conferenza-stampa-4-settembre-2014.

9. Mario Draghi, dichiarazione introduttiva alla Commissione per i problemi economici e monetari del Parlamento europeo, 22 settembre 2014, disponibile al link: www.ecb.europa.eu/press/key/date/2014/html/sp140922.en.html.

10. Mario Draghi, conferenza stampa dopo la riunione del consiglio direttivo, 2 ottobre 2014, disponibile al link: europeancentralbank.wordpress.com/2014/10/02/conferenza-stampa-2-ottobre-2014.

11. Thomas Röll, Frank Thewes, *Streit zwischen Draghi und Weidmann eskaliert*, «Focus», 13 ottobre 2014, disponibile al link: www.focus.de/magazin/archiv/ezb-streit-zwischen-draghi-und-weidmann-eskaliert_id_4196478.html.

12. Eva Taylor, Paul Taylor, *Central Bankers to Challenge Draghi on ECB Leadership Style*, Reuters, 4 novembre 2014, disponibile al link: uk.reuters.com/article/uk-ecb-governors/exclusive-central-bankes-to-challenge-draghi-on-ecb-leadership-style-idUKKBN0IO1H020141104.

13. Mario Draghi, conferenza stampa dopo la riunione del consiglio direttivo, 6 novembre 2014, disponibile al link: europeancentralbank.wordpress.com/2014/11/06/conferenza-stampa-6-novembre-2014.

14. Mario Draghi, conferenza stampa dopo la riunione del consiglio direttivo, 22 gennaio 2015, cit.

15. Corte di giustizia dell'Unione Europea, comunicato stampa n. 2/15, 14 gennaio 2015, disponibile al link: curia.europa.eu/jcms/upload/docs/application/pdf/2015-01/cp150002it.pdf.

16. Mario Draghi, conferenza stampa dopo la riunione del consiglio direttivo, 22 gennaio 2015, cit.

17. Mario Draghi, conferenza stampa dopo la riunione del consi-

glio direttivo, 5 marzo 2015, disponibile al link: www.ecb.europa.eu/press/pressconf/2015/html/is150305.en.html.

9. Odissea greca

1. Ulrich Deppendorf, Rainald Becker, intervista al presidente del Partito liberale democratico Philipp Rösler, ARD, 22 luglio 2012, disponibile al link: www.tagesschau.de/multimedia/video/video1152286.html.

2. Valentina Za, *Citi Sees 90 Percent Chance of Greece Leaving the Euro*, Reuters, 26 luglio 2012, disponibile al link: www.reuters.com/article/grexit-citi/citi-sees-90-pct-chance-of-greece-leaving-the-euro-idUSL6E8IQ1TN20120726.

3. Jonathan Stearns, Maria Petrakis, *Greece Requests EU-IMF Rescue in Euro's Biggest Test*, Bloomberg, 23 aprile 2010.

4. Ott Ummelas, *Honohan Says Greece Exit Can Be Managed, Sees Confidence Hit*, Bloomberg, 12 maggio 2012.

5. Ralph Atkins, *Greek Exit from Eurozone «Possible»*, «Financial Times», 13 maggio 2012.

6. Nikos Chrysoloras, Marcus Bensasson, Eleni Chrepa, *Greece Sets Up Cash Crunch for March Telling EU Financial Bailout Is Over*, Bloomberg, 31 gennaio 2015.

7. Corina Ruhe, *Dijsselbloem Says Greece Has to Decide How to Move Ahead*, Bloomberg, 31 gennaio 2015.

8. Nikos Chrysoloras, *Tsipras Targets Deal With Euro Area After Bond-Market Pummeling*, Bloomberg, 31 gennaio 2015.

9. Karl Stagno Navarra, Alessandro Speciale, *Draghi Urged Greece to Allow Troika Back Before It's Late*, Bloomberg, 9 marzo 2015.

10. Karl Stagno Navarra, Ben Sills, Marcus Bensasson, *IMF Considers Greece Its Most Unhelpful Client Ever*, Bloomberg, 18 marzo 2015.

11. Paul Gordon, Alessandro Speciale, *Lew Calling Tsipras Shows Greek Nerves Eclipsing G7 Agenda*, Bloomberg, 27 maggio 2015.

12. Cancelleria tedesca, *Merkel: «Wir arbeiten mit Hochdruck»*, 3 giugno 2015, disponibile al link: www.bundeskanslerin.de/bkin-de/aktuelles/merkel-wir-arbeitein-mit-hochdruck--433608.

13. Banca centrale europea, Procedure per l'erogazione di liquidità di emergenza, disponibile al link: www.ecb.europa.eu/pub/pdf/other/201402_elaprocedures.it.pdf?80e4911d602820cf8204 4f661b6c5481.

14. Jeff Black, Dara Doyle, Lorcan Roche Kelly, *How Draghi Shifted ECB Crisis Tactic Amid Greek Brinkmanship*, Bloomberg, 24 giugno 2015.

15. Mario Draghi, audizione davanti alla Commissione per i problemi economici e monetari del Parlamento europeo, 15 giugno 2015, disponibile al link: www.ecb.europa.eu/press/key/date/2015/html/sp150615_1.en.html.

16. Yanis Varoufakis, *Adulti nella stanza*, La nave di Teseo, Milano 2018.

17. Paul Gordon, *Draghi Can't Avoid Spotlight With Greek Destiny in ECB Hands*, Bloomberg, 27 giugno 2015.

18. Alexis Papahelas, intervista a Mario Draghi, «Kathimerini», 11 ottobre 2015, disponibile al link: www.ecb.europa.eu/press/inter/date/2015/html/sp151011.en.html.

19. Milda Seputyte, *EU Not Prepared to Pay for «Irresponsible» Greece*, Bloomberg, 7 luglio 2015.

20. Rebecca Christie, *EU Commission Has Grexit Scenario Prepared , Juncker Says*, Bloomberg, 7 luglio 2015.

21. Karl Stagno Navarra, James G. Neuger, Mark Deen, *Tsipras Moves from Predator to Prey at Euro «Torture» Summit*, Bloomberg, 13 luglio 2015.

10. Una vigilanza da inventare

1. Consiglio dell'Unione Europea, comunicato stampa sulla 3214ª sessione del Consiglio economia e finanza, 13 giugno 2012, disponibile al link: europa.eu/rapid/press-release_PRES-12-524_it.htm.

2. Banca centrale europea, *ECB Starts Comprehensive Assessment in Advance of Supervisory Role*, 23 ottobre 2015, disponibile al link: www.ecb.europa.eu/press/pr/date/2013/html/pr131023.en.html.

3. Stefan Riecher, Jeff Black, *Draghi Says ECB Won't Hesitate to Fail Banks in Stress Tests*, Bloomberg, 23 ottobre 2013.

4. Rebecca Christie, Jana Randow, Ian Wishart, *Draghi Challenges EU Bank-Aid Rules Over Forced Losses*, Bloomberg, 21 ottobre 2013.

5. Alessandro Speciale, Jeff Black, *ECB Supervisor Nouy Says Greek Banks Strong Enough to Survive*, Bloomberg, 28 gennaio 2015.

6. Rebecca Christie, Jana Randow, Ian Wishart, *Draghi Challenges EU Bank-Aid Rules Over Forced Losses*, cit.

7. Banca centrale europea, *ECB Reinforces Its NPL Guidance for Banks*, 4 ottobre 2017, disponibile al link: www.bankingsupervision.europa.eu/press/pr/date/2017/html/ssm.pr171004.en.html.

8. Antonio Tajani, lettera a Mario Draghi, versione pubblicata da «Politico», 9 ottobre 2017, disponibile al link: www.politico.eu/wp-content/uploads/2017/10/Letter-to-President-Draghi.pdf.

9. Danièle Nouy, lettera ad Antonio Tajani, 13 ottobre 2017, disponibile al link: www.ecb.europa.eu/pub/pdf/other/ecb.mepletter171013_tajani_dn.en.pdf?d638aa08cb32692aa638c69081 13c6ba.

11. Tutto sta cambiando

1. Jan Mallien, Frank Wiebe, *Die Unabhängigkeit der Notenbanken ist in Gefahr*, «Handelsblatt», 27 maggio 2018.

2. Mario Draghi, conferenza stampa dopo la riunione del consiglio direttivo, 9 gennaio 2014, disponibile al link: www.youtube.com/watch?v=cW7usmhoRhU&list=PL5C2C2383444CDA3D (minuto 49 circa).

3. Banca centrale europea, newsletter, marzo 2015, disponibile al link: www.ecb.europa.eu/ecb/premises/pdf/ECB_NEP_NL_9_201404_EN.pdf.

4. *Ibidem*.

5. Mario Draghi, conferenza stampa dopo la riunione del consiglio direttivo, 4 dicembre 2014, disponibile al link: www.youtube/watch/?v=tY63t8LWjWg&list=PL5C2C2383444CDA3D.

6. Mario Draghi, discorso all'inaugurazione della nuova sede del-

la BCE, 18 marzo 2015, disponibile al link: www.ecb.europa.eu/press/key/date/2015/html/sp150318.en.html.

7. Misyrlena Egkolfopoulou, intervista via Skype a Josephine Witt, pubblicata il 25 novembre 2015, disponibile al link: www.youtube.com/watch?v=KbgwlgPNoMs.

8. Mario Draghi, conferenza stampa dopo la riunione del consiglio direttivo, 15 aprile 2015, disponibile al link: www.ecb.europa.eu/press/pressconf/2015/html/is150415.en.html.

9. Mario Draghi, conferenza stampa dopo la riunione del consiglio direttivo, 3 settembre 2015, disponibile al link: www.ecb.europa.eu/press/pressconf/2015/html/is150903.en.html.

10. Mario Draghi, conferenza stampa dopo la riunione del consiglio direttivo, 22 ottobre 2015, disponibile al link: www.ecb.europa.eu/press/pressconf/2015/html/is151022.en.html.

11. Jeff Black, *Draghi's Weeks of Rhetoric Culminate in ECB Stumble on Stimulus*, Bloomberg, 3 dicembre 2015.

12. Jana Randow, Alessandro Speciale, *Draghi Convinces All But Five Officials on ECB Proposal*, Bloomberg, 3 dicembre 2015.

13. Mario Draghi, *Accompanying the Economic Recovery*, 27 giugno 2017, disponibile al link: www.ecb.europa.eu/press/key/date/2017/html/ecb.sp170627.en.html.

14. Annette Weisbach, intervista a Vítor Constâncio, CNBC, 28 giugno 2017, disponibile al link: www.ecb.europa.eu/press/inter/date/2017/html/ecb.in170628.en.html.

12. Realtà italiane

1. Intervista a Mario Draghi, «Der Spiegel», 30 dicembre 2013.

2. Giovanni di Lorenzo, intervista a Mario Draghi, «Die Zeit», 15 gennaio 2015, disponibile al link: www.ecb.europa.eu/press/inter/date/2015/html/sp150115.de.html.

3. Pietro Perone, *Berlusconi rilancia Forza Italia e il governo tecnico: «Draghi premier, è lui l'uomo giusto»*, «Il Mattino», 18 maggio 2019.

4. Mario Draghi, conferenza stampa dopo la riunione del con-

siglio direttivo, 3 novembre 2011, disponibile al link: www.ecb.europa.eu/press/pressconf/2011/html/is111103.en.html.

5. Guido Gentili, Alessandro Merli, *Incontro segreto Renzi-Draghi a Città della Pieve. Il premier conferma: lo vedo spesso. L'Italia non è osservato speciale*, «Il Sole 24 Ore», 13 agosto 2014, disponibile al link: www.ilsole24ore.com/art/notizie/2014-08-13/incontro-segreto-renzi-draghi-citta-pieve-132401.shtml?uuid=AB2BAujB.

6. Mario Draghi, intevento alla conferenza *Structural Reforms in the Euro Area*, 18 ottobre 2017, disponibile al link: www.ecb.europa.eu/press/key/date/2017/html/ecb.sp171018.en.html

7. Gabor Steingart, Sven Afhüppe, Hans-Jürgen Jakobs, *Mario Draghi: «Es gibt keinen Plan B»*, «Handelsblatt», 2 gennaio 2015, disponibile al link: www.ecb.europa.eu/press/inter/date/2015/html/sp150102_1.en.html.

8. Mario Draghi, *La sovranità nel mondo globalizzato*, 22 febbraio 2019. Il testo integrale del discorso è disponibile al link: www.ilfoglio.it/politica/2019/02/25/news/un-europa-da-draghi-239842.

9. Mario Draghi, *Central Bank Independence*, 26 ottobre 2018, disponibile al link: www.ecb.europa.eu/press/key/date/2018/html/ecb.sp181026.en.html.

10. Jeff Black, *Draghi Says ECB Takes «Dim View» of Pressure on Cyprus Governor*, Bloomberg, 12 ottobre 2013.

13. E adesso?

1. James Politi, Sam Fleming, Alex Barker, *Christine Lagarde Rules Herself Out of Race for Top Jobs in EU*, «Financial Times», 12 settembre2018,disponibileallink:www.ft.com/content/1252e064-b606-11e8-bbc3-ccd7de085ffe.

2. Mario Draghi, conferenza stampa dopo la riunione del consiglio direttivo, 25 luglio 2019, disponibile al link: www.ecb.europa.eu/press/pressconf/2019/html/ecb.is190725~547f29c369.en.html.

3. Christine Lagarde, discorso all'Atlantic Council in occasione della cerimonia di assegnazione del Global Citizen Awards 2015,

1° ottobre 2015, disponibile al link: www.atlanticcouncil.org/news/transcripts/2015-global-citizen-awards.

4. Christian Reiermann, *Merkel und Schäuble wollen deutschen EZB-Chef*, «Der Spiegel», 19 maggio 2017, disponibile al link: www.spiegel.de/wirtschaft/soziales/angela-merkel-und-wolfgang-schaeuble-wollen-deutschen-ezb-chef-a-1148477.html.

5. Jana Randow, Zoe Schneeweiss, *Weidmann Cites Thomas Becket Example for Guindos Shift to ECB*, Bloomberg, 27 febbraio 2018.

6. Mario Draghi, *La sovranità nel mondo globalizzato*, 22 febbraio 2019. Il testo integrale del discorso è disponibile al link: www.ilfoglio.it/politica/2019/02/25/news/un-europa-da-draghi-239842.

Indice dei nomi

Indice

Finito di stampare nel febbraio 2021 presso
Elcograf S.p.A. - stabilimento di Cles (TN)
Printed in Italy